¡SOCORRO!
¡TENGO UN HIJO
ADOLESCENTE!

ROBERT T. BAYARD y JEAN BAYARD

¡SOCORRO! ¡TENGO UN HIJO ADOLESCENTE!

Una guía práctica de supervivencia para padres desesperados

Traducción:
Dorotea L. Placking de Salcedo

EDITORIAL ATLANTIDA   BUENOS AIRES

Título original: HELP! I'VE GOT A TEENAGER!
© by Robert T. Bayard and Jean Bayard.
Derechos reservados. Desimoquinta edición publicada por
EDITORIAL ATLANTIDA S.A.; Azopardo 579, Buenos Aires, Argentina.
Hecho el depósito que marca la ley 11.723.
Impreso en Brasil. Printed in Brasil. Esta edición se terminó
de imprimir en el mes de Febrero de 1993 en los talleres
gráficos de la companhia Melhoramentos de São Paulo,
Industrias de Papel, Rua Tito 479, São Paulo.

I.S.B.N. 950-08-0727-0

RECONOCIMIENTO

El contacto con ciertas personas realmente fuera de serie nos ha ayudado a desarrollar las ideas que hay detrás del presente libro, y finalmente a escribirlo y editarlo. Queremos expresar nuestra gratitud:

Especialmente, a los muchos padres desesperados y a sus hijos adolescentes, que trabajaron con nosotros como pacientes.

A Pat Kaspar, nuestro editor y asesor.

A Catherin Young, Ph.D.; Al Stratton, Ph.D.; Helen Mehr, Ph.D.; a nuestro colega, asesor y amigo Arthur Bodin, Ph.D., y a Richard Fisch, M.D., Paul Watzlawick, Ph.D., y John Weakland, del "Brief Therapy Group" del Instituto de Investigación Mental (Mental Research Institute)

Y a nuestros colegas del Centro de Tratamiento de Emergencia (Emergency Treatment Centre) de Santa Clara:

Ilustraciones de David Lock

Indice

Su problema con su adolescente. . . Cómo se
siente usted al respecto. . . Un aspecto
positivo. . . Qué puede lograr usted a través
de este libro. . . El primer paso: sentirse
distendido frente al problema.

Dos hábitos que usted deberá cambiar. . .
Su "lista del adolescente" y su "lista del
adulto". . . transfiriendo a su adolescente la
responsabilidad de su propia vida. . .
Cómo puede reaccionar su hijo o su hija
ante este cambio.

Viejas ideas sustentadas por padres
bienintencionados. . . Cómo las mismas
pueden dañar la relación padre-hijos. . .
Comunicando amor a través de (1) dando el
ejemplo y (2) alentando la toma de
decisiones. . . Pasos
para lograr este objetivo.

Reacciones más habituales. . . Ansias y
temores frente a la libertad. . . Cómo usted
y su adolescente pueden manejar este
conflicto. . . la demanda de "atención
negativa" y cómo manejarla.

PREFACIO

Si usted se siente preocupado por o molesto con su adolescente, queremos darle la bienvenida a una gran cofradía que siente lo mismo y compartir con usted, a través de este libro, una manera de aliviar su carga emocional. No se sienta un solitario o solitaria, pues hay miles de padres que enfrentan sus mismos problemas, e incluso existe la posibilidad de que algunos de ellos estén más cerca suyo de lo que usted piensa: quizás sean sus vecinos, o algunos de sus amigos. Probablemente usted no se dé cuenta de que tiene tantos "colegas", porque en nuestra sociedad se "supone" que los padres se tienen que sentir avergonzados si un hijo o una hija se hace la rabona, se emborracha o comete otras tropelías; y es por eso que usted quizás ni siquiera confía a los amigos más íntimos cuáles son los verdaderos problemas que está teniendo con sus hijos y qué es lo que usted siente como padre o como madre. Es posible que cuando sus amigos demuestran interés por sus hijos, preguntando: "¿Y cómo andan los chicos?", usted sólo les informe sobre las cosas positivas, socialmente aprobadas, que hacen sus hijos, y no les hable ni de sus rebeliones, ni de las discusiones que tiene con ellos, ni de sus llegadas tarde, ni de sus trampas y triquiñuelas. Porque hacer referencia a los aspectos negativos de sus hijos es como admitir haber fracasado como padre. Y, dado que sus amigos abrigan los mismos sentimientos sobre el tema, cada uno calla sus problemas y sólo en la intimidad da rienda suelta a su desesperación.

Nosotros, Bob y Jean Bayard, hemos pasado por todas estas experiencias, de modo que sentimos un interés y una simpatía especiales para con los padres acosados por sus adolescentes. Según nuestra forma de ver, la *manera* en que usted encare la resolución de su situación conflictiva es de vital importancia. Seguramente usted piensa que el problema se origina de alguna forma en una determinada actitud de su hijo, y que la solución está en modificar esa actitud, logrando que él o ella asuma una conducta distinta. Sin embargo, es muy probable que esa situación sea corregida mucho más adecuadamente si usted ve esa circunstancia como una oportunidad para cambiar algo en su propia vida, ensanchando su horizonte y aprendiendo a enriquecerla. En este libro le daremos nuestras ideas de cómo actuar de esta segunda manera, en beneficio suyo y en beneficio de sus hijos.

No siempre nos hemos sentido tan seguros en el manejo de este tipo de situaciones. Criamos cinco hijos y, a lo largo de esa etapa, hemos hecho todo lo que mencionamos en este libro, correcto o equivocado. Las cosas que hicieron nuestros hijos son parte de la historia de cada uno de ellos, y respetaremos su privacidad, de modo que sólo diremos que hemos pasado por una gama muy amplia de situaciones en las cuales nos hemos visto enfrentados prácticamente a todos los problemas que luego nos plantearon los padres con quienes hemos trabajado a lo largo de todos estos años, y que esos problemas han sido parte de nuestras vidas durante mucho tiempo.

Después de haber conducido a nuestros dos primeros hijos a través de los tormentosos años de la adolescencia y hasta casi la adultez, sentíamos que todavía podíamos brindar mucho como padres, que teníamos fuerzas para demostrar nuestra capacidad afectiva y, por lo tanto, aportar algo positivo a la sociedad. Fue por eso que, con mucha alegría interior y con la sensación de que empezábamos una hermosa aventura, adoptamos tres niños más, uno de once años y dos de cinco, nacidos en Corea. Cuando llegó el momento en que nuestros cinco hijos llegaron finalmente a la adultez y fueron capaces de vivir sus propias vidas, habíamos completado un ciclo de más de treinta años consecutivos criando y educando niños.

Nuestras experiencias durante ese período tuvieron grandes altibajos. Hubo épocas en que los chicos andaban "10 puntos" y nosotros, en consecuencia, nos sentíamos muy bien. En otras, en cambio, ellos se empeñaban en actuar tal como describimos en este libro y durante esos períodos nos sentíamos muy mal, heridos, enojados y atrapados en una situación que no podíamos manejar. Esos incidentes desencadenaban una serie de sentimientos muy negativos en nosotros. A Bob, por ejemplo, se le cruzaban ideas tales como:

En algo estoy fallando.

No soy capaz de establecer una buena relación con mis hijos.

Ellos no me ven como un individuo, como una persona.

Jean generalmente tenía sentimientos de culpa y muchos temores, y pensaba:

Soy una mala persona.

Debería dedicar toda mi vida a mis hijos, pero, en lugar de hacerlo, estudio y trabajo. Los estoy privando del cuidado, de la atención necesaria, y por eso ellos se comportan así.

Ambos nos avergonzábamos de esos sentimientos y, durante mucho tiempo, sufrimos en silencio. Recién mucho más tarde aprendimos a considerar esos sentimientos simplemente como una forma equivocada de encarar el problema. Una forma en la cual, sin embargo, muchos padres en nuestra sociedad se ven enredados, sin encontrar la solución, pero que puede y debe ser modificada.

A fin de superar las dificultades que enfrentábamos en la crianza y educación de nuestros hijos, probamos todos los medios que parecían prometer algún éxito.

Leímos libros sobre la crianza de los hijos, algunos de ellos muy buenos. Sin embargo, la mayoría acrecentaba nuestros sentimientos de culpa, porque sólo hablaban de lo que los padres debían hacer por sus hijos, lo cual, en alguna forma, implicaba, en nuestro sentir, que nuestras propias vidas no tenían ninguna importancia.

Llevamos a nuestros hijos a sesiones de psicoterapia durante años. Probablemente las mismas tuvieron, en esencia, cierta utilidad, pero el resultado concreto que nosotros *veíamos* era que nuestros hijos comenzaban a considerarse "pacientes", pensando que algo andaba mal con ellos y que necesitarían ayuda en todo cuanto emprendiesen en la vida, ya que no eran capaces de valerse por sí mismos. Además, nos sentíamos tan avergonzados de tener que recurrir a ese tipo de ayuda que nunca se lo contamos ni a nuestros familiares ni a nuestros amigos más íntimos. Asistimos a un curso basado en el libro "Parent Effectiveness Training", o sea: "Entrenamiento de eficiencia para padres", del Dr. Thomas Gordon. Fue la primera vez que sentimos que recibíamos una ayuda concreta y real. Comenzamos a sentirnos —dentro de nuestra familia— como miembros que tenían los mismos derechos que sus hijos, y a ver a nuestros adolescentes como personas interesantes, valiosas y responsables.

Empezamos a estudiar psicoterapia y terapia familiar en la universidad, y seguimos cursos de posgrado sobre psicología. Luego comenzamos a trabajar como asesores profesionales para adolescentes en crisis y sus familias.

Actualmente podemos afirmar que hemos trabajado con cientos y cientos de adolescentes vulnerables, rebeldes, furiosos, melancólicos o decididos a imponer su voluntad, y con sus (generalmente) desesperados padres. Mucho de lo que hemos visto en todas esas situaciones nos ha resultado familiar, por haberlo vivido en carne propia, y sentimos que lo comprendemos perfectamente.

Trabajando para buscar soluciones en todas esas crisis, hemos notado que quienes están preocupados cuando las cosas andan

mal son los padres. Sólo en raras oportunidades fuimos consulta-
dos directamente por adolescentes. En algunos casos, hubo jóvenes que pidieron nuestra ayuda para solucionar sus problemas de
drogadicción o alcoholismo. Pero fueron muy escasos los adolescentes que nos consultaron a raíz de problemas surgidos por
andar en malas compañías, mentir, robar, no ir a la escuela,
escaparse de sus hogares, etc. Cuando los hijos hacen esas cosas,
son los padres quienes se desesperan y piden ayuda. Es por eso
que, en el presente libro, es a ellos a quienes nos dirigimos en
primera instancia.

Durante el tiempo de crianza de nuestros cinco hijos hemos pensado,
trabajado, agonizado y lidiado con todo tipo de problemas. Tuvimos
altibajos, con llantos y esperanzas, con desesperación y júbilo, con
impotencia y triunfos. Y todas esas sensaciones se potenciaban cuando
uno de nuestros hijos entraba en la etapa de la adolescencia, alcanzan-
do —al menos nosotros lo sentíamos así— un punto conflictivo máximo en el cual era casi imposible convivir con ellos. Y durante todos
esos años no dejamos de luchar contra todos estos problemas para
lograr superarlos.

Y llegó un momento —y ésta es una hermosa lucecita de esperanza
que queremos encender para todos los padres conflictuados— en que la
lucha comenzó a decrecer en intensidad. De tanto en tanto empezábamos a percibir que nos sentíamos bien con respecto a nuestros hijos.
Poco a poco, la relación comenzó a teñirse con ciertos toques de
humor; aprendimos a ver que algunas de las cosas que hacían y decían
eran muy humanas y también muy patéticas, y no pudimos dejar de
comprenderlos e incluso de sonreír, al mismo tiempo que algunas de
las situaciones en que se metían también nos preocupaban. Con frecuencia cada vez mayor comenzaban a suceder cosas positivas que nos
sorprendían gratamente. Nuestros hijos nos iban demostrando, con
hechos muy significativos, que nos amaban y que, cada uno a su
manera, hacían cosas buenas y nobles, de esas que hacen que los
padres se sientan orgullosos. Y un buen día nos dimos cuenta de que
nos sentíamos muy contentos con nuestros hijos.

Al principio, pensamos que ese sentimiento se debía a que ellos,
finalmente, habían comenzado a madurar. En parte, eso era verdad.
Pero recién después nos fuimos dando cuenta de que quienes habían
cambiado éramos nosotros. Nuestros hijos siempre fueron leales y
tramposos, bondadosos y desconsiderados, cariñosos y egoístas. Por
supuesto que maduraron y, en muchos aspectos, modificaron su forma
de ser. Pero en lo que hace a nuestra relación con ellos, tenemos que
admitir que comenzamos exigiéndoles algo específico —que ellos fueran tales como nosotros queríamos que fuesen— y que fueron ellos
quienes, al desbaratar con sus actitudes todas esas expectativas, nos
alejaron de ellas y nos enseñaron finalmente a disfrutarlos tales como

eran realmente. Tenemos una deuda de gratitud para con ellos, en virtud de las experiencias que hemos compartido. Si no hubieran actuado de esa forma, hubiésemos seguido por el resto de nuestras vidas con esas rígidas expectativas. Fueron nuestros hijos, con sus actitudes, quienes nos ayudaron a conocer un mundo más amplio y más rico.

Sentimos que el principal aporte que podemos hacer a través de este libro es alentar a los padres a que vean los problemas con sus adolescentes no como un hecho consumado en cuanto a que tienen un hijo malo o que transita por caminos equivocados, sino como un desafío para con ellos mismos, para mirar el problema desde otra perspectiva, cambiar de actitud y comprobar, además, que ahora es una inmejorable oportunidad para hacerlo. Si bien puede, al principio, resultar duro, les aseguramos que es perfectamente posible encarar este problema como un desafío para modificar *su propia vida*, no la de su hijo.

Por supuesto que no podemos pretender tener todas las "respuestas" para un determinado problema, pero, eso sí, tenemos muchísima experiencia en estos temas.

Nos importa y nos preocupa la felicidad y responsabilidad de padres e hijos, y les podemos decir qué es lo que probablemente haríamos nosotros si estuviésemos en su lugar. Creemos firmemente que si usted adopta el enfoque que en estas páginas proponemos, podrá, seguramente, modificar positivamente su situación.

● A veces le será difícil, e incluso aterrador, y probablemente requerirá de usted realizar algunas modificaciones fundamentales en su propia forma de pensar.

● Pero estamos seguros de que este cambio les hará sentir que han crecido interiormente y que se han liberado de un problema que hasta hacía poco tiempo no tenía solución a la vista.

Le sugerimos que pase algunas noches leyendo este libro —los textos, los ejercicios, los ejemplos y todo el resto de su contenido—, procurando hacerlo sin tensiones, simplemente para tener un panorama general del mismo, haciéndolo con la esperanza de que, de ponerlo en práctica, todo saldrá bien. Luego retome el libro desde el comienzo y trabaje seriamente, cumpliendo cada una de las etapas. Le sugerimos no saltear éstas, porque no resultará positivo hacer las cosas que indicamos al final del libro sin haber preparado el terreno basándose en los capítulos previos.

Y otra cosa: trátese bien a sí mismo. Comprendemos perfectamente que usted quizás no pueda hacer algunas de las cosas que sugerimos en determinadas situaciones de crisis con sus hijos, porque tampoco nosotros, en su momento, nos sentimos capaces de hacerlo. Pero le aseguramos que si tuviéramos que enfrentar esas situaciones de nuevo sabiendo lo que sabemos hoy, decididamente seguiríamos los consejos que damos aquí. Hemos llegado a estas conclusiones luego de un largo y duro aprendizaje. . . y hemos cometido muchos errores. Errores que, sin embargo, nos perdonamos, como esperamos que usted también se perdone cuando no pueda seguir una recomendación al pie de la letra. Lo que deseamos es que usted simplemente se sienta bien con las cosas que sí pueda hacer, y que la lectura de este libro le aporte elementos que le ayuden a modificar actitudes y que ese cambio le permita crecer interiormente y llegar así a ser cada vez más usted mismo.

Capítulo uno

Observando el problema
con otra perspectiva

Este es un período muy difícil para usted. Está preocupado, alterado, quizás incluso furioso por algo que su adolescente está diciendo.

Puede que sea alguna tontería insignificante a los ojos de los demás:
- Jane parece carecer totalmente de autoconfianza. Pasa la mayor parte del tiempo encerrada en su habitación y durante las comidas prácticamente no habla con nosotros.

Puede que sea algo tan significativo que, incluso, involucre a otros miembros de la comunidad, como ser autoridades policiales o del colegio:
- Dan ha sido detenido por la policía por conducir un coche ajeno sin tener registro de conductor.

Pero, sea lo que fuere, para usted es importante, y ese hecho hace que se preocupe seriamente por la forma en que irá evolucionando su hijo o hija en el futuro, preguntándose qué otras cosas puede llegar a hacer y quizás, incluso, cómo se las arreglará usted para soportar la convivencia con esa persona hasta que él o ella llegue a la adultez.

Puede tratarse de cualquiera de los siguientes casos, los que hemos escuchado de boca de padres profundamente alterados y preocupados:

Tom (14) nos roba dinero, bebidas y joyas.

Jan (13) regresa a casa a cualquier hora o incluso pasa la noche fuera de la casa si se le da la gana.

El (17) no quiere ayudar en la casa. Es terriblemente desordenado, tanto en su cuarto y en la cocina como en todo el resto de la casa, y se niega a ordenar y limpiar lo que ensucia.

Sé que Linda (14) fuma marihuana.

Ella (12) sale con amigos mayores, vulgares y mal educados, que

no hacen nada y simplemente andan por ahí como unos margina-
dos roñosos.

Ann (16) tuvo ya dos abortos. Ahora está embarazada por tercera
vez.

Mary (14) se asoció a un club de Kung-fu y en cuanto le compré el
equipo decidió no concurrir más a las clases.

Lo que no soporto es la mentira. No puedo creer absolutamente
nada de lo que me dice Karen (14), porque miente permanentemente.

Martin (15) no quiere ir al colegio. En los últimos dos años no
asistió más que unas pocas semanas.

Cathryn (12) fue arrestada por pequeños hurtos en comercios.

Lo que me preocupa es su vocabulario. Dave (13) me insulta con
expresiones que ningún chico debería siquiera pronunciar delante de su madre.

Emma (17) siempre quiere estar sola. Pasa horas y horas encerrada en su habitación.

El (16) no quiere integrarse a la familia. No va a ninguna parte
con nosotros, y a menudo ni siquiera nos dirige la palabra.

Mi hijo (14) se fue de casa. Estuvo en la casa de un amigo durante
seis días.

Es natural que todas esas cosas aterroricen a la mayoría de los
padres y les hagan pensar que:

Mi hijo o mi hija terminará mal.

y

He sido un mal padre.

así como también, quizás:

> Mi hijo no me ama.
>
> La gente sabrá que fracasé como padre.
>
> El o ella me ha ganado la partida.
>
> Estoy condenado a vivir estos problemas con esta persona duran-
> te otros tres (o cinco o siete) años, y no tengo escapatoria.

Además de tener todos esos pensamientos dolorosos, probablemente se sienta sumamente desalentado, ya que parece que no hay nada que usted pueda hacer para modificar la situación. Probablemente intentó cuanto método se le cruzó por la cabeza sólo para descubrir que ninguno de ellos, a la larga, servía para nada.

Usted intentó castigarlo/la:

> Está bien, no tendrás más salidas.
>
> Lo has hecho de nuevo, de modo que no saldrás durante todas las vacaciones.

O prefirió dar "premios":

> Te daré veinte dólares si no faltas una sola vez al colegio durante toda la semana.
>
> Te preparé un lindo programa sorpresa para esta tarde, si te quitas el uniforme del colegio cuando llegas a casa.

O bien probó, apelando al sentido común, dar consejos:

> Anne, realmente deberías ir al colegio y hacer tus deberes. Si no lo haces, nunca podrás conseguir un trabajo como la gente cuando seas grande, y te vas a arrepentir.
>
> Tienes que darte cuenta de que no está bien robar y, por lo tanto, no debes hacerlo.
>
> No trates a tu madre de este modo.

Es posible que haya intentado ejercer una supervisión directa:

> Te levantaré a las 7.00, te llevaré al colegio en coche y te acompa-
> ñaré hasta tu aula; y a la salida te estaré esperando.

Quizás usted supuso que lo que su hijo o hija necesitaba era comprensión y cariño, e intentó acercársele manifestándole su interés y su apoyo:

> Andy, ¿por qué haces estas cosas? Ven, vamos a charlar sobre el tema.
>
> Sabes bien que te quiero mucho.

Es posible que haya recurrido a ayuda profesional para su adolescen-
te sólo para comprobar que, después de un breve período de mejoría, las cosas volvían a deteriorarse; o bien que nada cambiaba, o que su hijo se negaba directamente a asistir a las sesiones.

Probablemente usted tiene la sensación de que intentó atacar el problema con todos los medios a su alcance, y de que ninguno sirvió de nada, razón por la cual la falla debe ser suya:

> ¿Qué es lo que estoy haciendo mal? ¿En qué he fallado?
>
> Tendría que haberle dedicado más tiempo cuando era pequeño.

Quizás es porque lo he criado solo. Al divorciarme, lo privé de su
padre (o madre).
Etcétera.

Todo esto conduce a una situación extremadamente dolorosa para
los padres. *Duele* sentirse preocupado, impotente, humillado, culpa-
ble.Y es a ese sentimiento al que atacaremos en este libro. Queremos
decirle que no es necesario que usted se sienta dolorido de esta forma.

*Estamos seguros de que si usted trabaja con toda sinceridad en aplicar
el enfoque que le proponemos podrá, en primer lugar, sentirse más cómodo
y feliz, y, al mismo tiempo, logrará hacer lo máximo posible para mejorar
el desarrollo de su adolescente.*

De hecho, incluso puede haber aspectos positivos en la dolorosa
situación que usted está atravesando. Cuanto más grave sea el problema que usted enfrente con su adolescente, tanto más alterado se
sentirá y, en consecuencia, estará dispuesto a dedicar un máximo de
energía y esfuerzo para solucionar el problema y modificar la situación. Le pediremos que pruebe hacer las cosas en forma diferente,
incluso a modificar su forma de pensar, y muchas veces usted se
sentirá tentado de hacer caso omiso a esas sugerencias. Pero quizás su
dolor y su desesperación lo motiven para intentar algunas de estas
nuevas actitudes que finalmente lo llevarán a encontrar una forma de
vida más plena y feliz, tanto para usted como para su hijo.

Supongamos que usted está perturbado por algo que su adolescente
está haciendo, y quiere saber cómo proceder. Le describiremos la
forma de actuar, en cinco o seis pasos, con uno o dos capítulos dedica-
dos a cada uno de ellos. Le sugerimos que analice cada paso muy
seriamente y lo ponga en práctica durante un tiempo antes de pasar a
la próxima etapa, ya que cada paso se basa en la suposición de que
usted maneja adecuadamente todos los pasos precedentes. Probablemente usted leerá rápida y someramente todo el libro para ver de qué
se trata y tener una idea general de la metodología.

Una vez hecho esto, le recomendamos trabajar conscientemente en
cada una de las etapas. A nuestro modo de ver, usted se encuentra en
una situación conflictiva que se ha ido gestando a través de mucho
tiempo, en la que han intervenido e intervienen todos los miembros de
su familia, y que no será posible resolver simplemente poniendo en
práctica unas cuantas técnicas superficiales. Por otro lado, suponiendo
un honesto compromiso de su parte para trabajar seria y *persistente-*

mente en este método, siguiéndolo paso a paso, consideramos que las diferencias comenzarán a percibirse en el término de seis a ocho semanas. Un esfuerzo sostenido a lo largo de varios meses probablemente le permitirá obtener nuevos avances.

Antes de comenzar, queremos hacer un comentario sobre los diversos niveles de participación de los padres. Si usted es la única persona responsable de la crianza de sus hijos, su esfuerzo personal le permitirá alcanzar, con seguridad, resultados positivos. Si hay un padre y una madre involucrados en esa tarea, decididamente los resultados serán más evidentes si ambos adoptan el enfoque presentado en este libro. Sin embargo, si su pareja se niega a participar es perfectamente factible que usted aplique el método en forma individual: nuestra experiencia nos demuestra que, siempre y cuando el padre o la madre (conjuntamente o uno solo de ellos) hagan un esfuerzo sincero y constante en seguir los lineamientos de nuestro método, pueden alcanzarse cambios positivos.

Ahora sí estamos listos para comenzar. El primer paso consiste en conseguir que usted confíe en sí mismo. Pensamos que es importante que se permita entusiasmarse con esta posibilidad, relajándose, encuadrando su problema y su situación particular y, en general, buscando alcanzar un cierto grado de serenidad interior. Cada vez que se siente preocupado, alterado o furioso, tiende a actuar impulsivamente y a hacer cosas con las que, de hecho, logrará exactamente lo contrario de lo que quería conseguir realmente. Así que, ante todo, le pedimos que invierta algunos minutos en ponerse "en clima" para alcanzar resultados positivos a partir de una posición de paz interior y relax.

Cada persona tiene su propio método para alcanzar esa serenidad. Quizás si usted camina unos cuantos kilómetros, se toma media hora para quedarse solo, sin exigencia alguna, consiga relajarse y obtener una mejor perspectiva de su problema. Quizás habitualmente practique algunos ejercicios que lo descansen y relajen; en tal caso, le sugerimos que los realice antes de comenzar a trabajar con este libro y que los repita cada vez que se encuentre en situaciones difíciles. En caso de que quiera probar nuestro método para fortalecer su confianza en sí mismo, incluimos aquí algunos ejercicios que pueden ayudarle. Quizás le parezcan muy elementales, pero no se engañe: si usted practica con completa dedicación, pueden llegar a ser sumamente eficaces.

Creemos que lo único que puede impedir a alguien sentirse relajado y seguro de sí mismo es el *dudar de que pueda lograrlo.* La mayoría de la gente no se da cuenta de que es ella misma la que forja sus estados de ánimo y de que, por lo tanto, es quien puede cambiarlos, y, más aún, está muy bien que los cambie. Si usted se da el "permiso interior", puede alcanzar un estado de ánimo sereno, sintiendo que "todo-está-básicamente-bien-y-ahora-veamos-qué-puedo-hacer-para-resolver-este problema". Hemos conocido mucha gente que logró esa serenidad y distensión; nosotros mismos la hemos logrado y, por lo tanto, creemos que la mayoría de nuestros lectores tendrán capacidad de lograrla igualmente.

Entonces, para prepararse interiormente antes de comenzar a trabajar directamente con el problema de su adolescente, intente cumplir los siguientes ejercicios:

Primero, sentado en su silla, relaje todos los músculos, salvo aquellos que necesita para mantenerse sentado y sostener su libro.

La mayoría de los adultos adquiere el mal hábito de contraer sus músculos cuando se ven enfrentados a situaciones de mucha tensión. En realidad es un hábito insólito, porque los músculos tensionados no nos ayudan a superar una situación negativa, sino que, por el contrario, tienden a meternos aún más en ella. Vale la pena aprender a responder en forma inversa, es decir, *relajar* todos nuestros músculos cuando aparece el conflicto o la tensión. Eso nos pondrá en una posición mucho más favorable para resolver o modificar el problema.

Con cierta práctica, logrará relajarse totalmente en uno o dos segundos. No piense que algo que se puede hacer en tan poco tiempo es una zoncera o que no tiene ninguna importancia. Le pedimos que lo haga en forma sistemática una y otra vez, que lo repita día tras día, hasta que se convierta en un acto reflejo, y que cada vez que se enfrente a un problema afloje automáticamente sus músculos innecesariamente tensionados. *Con el solo hecho de relajarse completamente será prácticamente imposible que la situación conflictiva con su hijo siga igual que hasta ahora, por el simple hecho de que ya no reaccionará ante los conflictos como lo hacía hasta el momento. Es posible que ni siquiera llegue a enojarse o a preocuparse más allá de lo lógico si está verdaderamente relajado.* El tipo de relax que le recomendamos incluso puede ser marcadamente beneficioso para su salud física.

Como decíamos, mientras está sentado en su silla, primero *tensione* todos los músculos de su cuerpo durante diez segundos. Permanezca sentado lo más rígido y tenso que pueda. Y luego aflójese totalmente: deje caer su cuerpo en la silla como si fuera él de un muñeco de trapo. Preste atención a cómo se siente, y observe cómo su respiración se torna más pausada y profunda. Sentirá que la tensión se va yendo lentamente de su cuerpo.

Permanezca sentado en su silla y dedique por lo menos diez minutos a profundizar ese relax, recorriendo mentalmente cada parte de su cuerpo. Mientras hace eso, trate de generar una sensación de serenidad interior que invada todo su cuerpo a medida que cada parte del mismo se relaja.

Mentalmente, vaya imaginado y ordenándose acciones como las siguientes: "Ahora los dedos de mis pies se están relajando" (mientras, los va dejando lo más flojos posible). "Ahora se relajan los arcos de mis pies. Ahora los talones. Ahora los tobillos se aflojan y relajan. Ahora dejo aún más flojos los músculos de mis piernas y pantorrillas."

Continúe recorriendo así, lenta y suavemente, todo su cuerpo repitiendo el ejercicio en aquellas zonas del mismo que ofrezcan mayor resistencia al relax, hasta que sienta un grado satisfactorio de relajamiento en todo su cuerpo.

Seguidamente, manteniendo esa sensación de relax que ha logrado alcanzar, pase a la próxima etapa utilizando exclusivamente los músculos necesarios para sostener su libro y leer.

Sentado muy quieto en su silla, imagínese que, en el preciso centro de su ser, hay una pequeña parte de usted mismo que está muy, muy calma y feliz. Esa parte suya no es afectada por ningún tipo de temor o preocupacón por el futuro; está ahí, esencialmente en paz, plena de firmeza y felicidad. Nada la puede afectar. Represéntesela mentalmente bajo la forma que más le plazca: una llama, una piedra preciosa, un pequeño lago oculto, calmo, sereno y sin una sola ola. Inunde ese lugar con una profunda paz, felicidad y quietud; tome conciencia de que es un lugar fuerte y seguro, y de que siempre está ahí, muy adentro suyo. Imagínese que *usted es* esa llama o piedra o lago, muy en el fondo de su propio ser

Compenétrese de la idea de que ese centro secreto estará siempre dentro de usted y que permanecerá ahí, calmo y sereno, aun mientras usted atraviese por todo tipo de situaciones conflictivas, aun cuando se vea abrumado por sus deberes u obligado a enfrentar crisis y problemas. Y que usted *puede aprender a recordar que está ahí*. Es un pequeño núcleo de paz interior que usted podrá recordar y tocar mentalmente a lo largo de su rutina COTIDIANA. Y el saber que está ahí le permitirá sentirse sereno y relajado para enfrentar los futuros encuentros con su hijo o hija.

Manteniendo esa sensación de relax y paz interior, comience a expander lentamente su visión del mundo, de modo tal que el problema con su hijo se reduzca a una dimensión manejable dentro de un panorama general. Si hasta ahora, cada vez que pensaba en ese problema, sentía preocupación o resentimiento o cualquier otra emoción negativa o dolorosa, probablemente era porque encuadraba el mismo en un marco limitado, el cual también limitaba su creatividad para elaborar soluciones a dicho problema. Su espacio interior se ensanchará a medida que usted vaya ampliando su perspectiva.

De modo que, sentado cómodamente en su silla, reflexione sobre el problema específico que usted tiene con su hijo o con su hija. Hágase una imagen mental de usted y de su hijo o hija inmersos en esa preocupante situación. Cuando tenga esa visión bien definida, piense en los dos, pero en el contexto de su hogar, incorporando a todos los que conviven allí a la imagen que se está formando, hasta terminar pensando claramente en usted, su hijo o hija y todos los que comparten su vida familiar, siempre *dentro* de su casa.

Ahora, agregue a esta imagen su vecindario. Piense en las casas y en los edificios que lo conforman y en toda la gente que vive allí; es decir, reiterando, conforme una imagen en la que están usted, su adolescente y todo su vecindario. Cuando esta imagen haya cobrado fuerza en su mente, amplíe la misma, extendiéndola a todo el barrio o ciudad: usted, su hijo o hija, y los cientos de padres con su prole y toda la otra gente que vive, trabaja y se interrelaciona en ese lugar. Pase de inmediato a ampliar aún más esa imagen, de modo que abarque todo su país, millones de personas y familias, millones de kilómetros cuadrados de tierras. Habiendo alcanzado esa dimensión, imagínese acto seguido todo el mundo, los continentes y océanos y los seres humanos que pueblan nuestro planeta. Aléjese más aún, y piense en la Tierra, en el inmenso y ardiente Sol y en los planetas, lunas y polvo cósmico girando a su alrededor. De ahí pase a imaginarse toda la galaxia, ese congelamiento de sistemas solares que se extiende a tales distancias que sólo con su intuición el individuo logra ponerles medida. Y finalmente procure imaginarse todo el universo, los millones de galaxias dispersas en todas direcciones, hasta un límite inimaginable por el ser humano.

Teniendo presente la inconmensurable inmensidad de todo lo creado, vuelva a pensar en el problema que tiene con su hijo o con su hija, y asígnele la importancia que le corresponde, dentro del esquema general que acaba de incorporar a su conciencia. Comprenda que sí, que efectivamente es un problema, real y tangible... pero que lo más probable sea que, en el marco de la inmensidad de la Creación, el mismo se solucione de alguna manera, independientemente de lo que usted haga, sin perturbar real o perdurablemente el equilibrio de nuestro mundo.

Ahora piense que está de vacaciones en Italia, y que está curioseando por las ruinas de la antigua ciudad de Pompeya. Es un día sereno y soleado. Mirando a su alrededor, descubre, en todas partes, evidencias de la vida cotidiana de un pasado lejano: calles e hileras de casas derrumbadas, patios, cocinas, barricas de piedras que alguna vez contuvieron vino. Casi dos milenios atrás, en este lugar, ahora tan silencioso y desierto bajo el tibio sol, hubo gente que trabajaba, hablaba, se preocupaba por sus familias. E imagínese que, de pronto, encuentra una columna de piedra en la cual un habitante de esa antigua ciudad anotó los hechos sobresalientes de su vida diaria, y que usted lee, grabadas en la piedra, confesiones tales como: "Hoy me sentí angustiado y furioso porque mi hijo fue detenido por la policía de Pompeya", o bien: "Hoy me di cuenta de que mi hija toma drogas alucinógenas".

Fíjese cuánta —mejor dicho, cuán poca— adrenalina genera su organismo ante el problema de aquel padre que vivió milenios atrás. Es posible que usted sienta cierta compasión o empatía, pero sus sentimientos no alcanzan un grado de angustia real.

Ahora imagínese que usted es ese habitante de Pompeya, y que la inscripción en la columna de piedra describe *su* problema con *su* hijo o hija y que, desde entonces, han transcurrido dos mil años. Observe cómo cambian sus sentimientos enfocando el problema desde ese punto de vista.

En su estado actual y relajado, continúe leyendo el presente libro. Consideremos juntos algunas realidades concretas e importantes:

La mayoría de los jóvenes que hacen las cosas que enumeramos al principio del presente capítulo se convierten en adultos normales. Eso significa que se las arreglan para mantenerse y desempeñar un rol medianamente útil o productivo en el medio en que se mueven, al mismo tiempo que sus relaciones con quienes los rodean son cordiales, incluyendo las que mantienen con sus padres. Lo más probable es que, por más angustiado, enojado o desesperado que usted se haya sentido en su momento, la situación mejore y su hijo se convierta en una persona razonablemente decente y feliz.

La mayor parte de las familias atraviesa un período durante el cual la convivencia con los hijos adolescentes resulta problemática. La mayoría de los adolescentes, incluso los que hacen las cosas que antes enumeramos, sufren un cambio psicológico con el paso del tiempo —generalmente entre los dieciocho y los veinticinco años— y entablan una relación de franca amistad con los padres.

Usted no está solo. Miles de padres atraviesan por la misma situación que usted, y otros tantos miles han pasado por esos problemas y salieron victoriosos en su enfrentamiento con ellos.

Lo más probable es que usted no haya arruinado la vida de su hijo, por más que ahora piense, con gran sentimiento de culpa, que ha sido "un mal padre". El ser humano en general y muy en especial los jóvenes tienen una fuerza interna tremenda, que los impulsa a realizarse como personas, y es esa fuerza, mucho más que cualquier otra cosa que usted pueda hacen o dejar de hacer, lo que determinará qué clase de adultos llegarán a ser. Existe una muy amplia gama de entornos y circunstancias en los cuales, a pesar de todo, es posible que los jóvenes crezcan y se desarrollen en forma perfectamente normal: en los villorrios de América Central, donde viven hacinados en oscuras cabañas; en los iglús de los esquimales; en las tribus primitivas donde son criados por otros niños o por los ancianos de la tribu y prácticamente nunca ven a sus verdaderos padres

Si usted se siente atrapado y resentido, y tiene la sensación de que su adolescente lo está manejando, tenga presente que es casi seguro que posee mucha más fuerza y capacidad de lo que cree, y que incluso tiene la fuerza suficiente y la capacidad necesaria para modificar la situación que vive, a fin de sentirse mejor.

El hecho de llevar a cabo esa modificación, lejos de resultar destructivo para su adolescente, probablemente lo beneficiará a él tanto como a usted.

Y finalmente le pedimos que considere muy seriamente lo siguiente, por más osado que le parezca:

Usted tiene tanta necesidad de y tanto derecho a la felicidad, a la libertad, a la consideración y al amor como su adolescente.

Suponemos que ahora se encuentra dispuesto para comenzar a trabajar en el problema específico que está teniendo actualmente con su adolescente. Ante todo, veamos exactamente cuál es su objetivo: ¿Qué es lo que pretende alcanzar en relación con su hijo o su hija? Si clarifica este punto y tiene presente cuál es su meta cuando se relaciona con él o ella, podrá sentirse plenamente seguro de estar bien encaminado y evitará enterrarse aún más en la presente situación, cosa que seguramente no desea en absoluto. ¿De modo que se planteó su objetivo?

Los padres que se encuentran en este tipo de situaciones generalmente desean varias cosas simultáneamente, pero a distintos niveles. En el nivel más inmediato y específico, quieren que su hijo o hija modifique la actitud o el comportamiento particular que los está preocupando.

　　No puede seguir robando.

　　Tiene que ir al colegio.

　　Quiero que regrese temprano a casa.

　　Quiero que deje de decir malas palabras

Cuando se les pregunta por qué desean esos cambios específicos, los padres suelen responder con objetivos menos inmediatos, ubicados en nivel más general. Por ejemplo.

　　Quiero que deje de robar porque

　　quiero que sea una persona honesta.

　　Quiero evitar que se vea en dificultades.

Tiene que ir al colegio porque. . .

　　. . .quiero que vaya a la universidad,

　　. . .quiero que tenga la posibilidad de obtener un buen empleo.

Debería llegar temprano a casa, porque. . .

　　. . .no quiero que tenga problemas en el peligroso mundo que nos rodea

Y cuando se les pregunta qué es lo que desean lograr a largo plazo, cuál es el objetivo final en la crianza de sus hijos, los padres suelen describir, finalmente, sus objetivos más amplios:

　　Quiero que cuando crezca sea una persona decente y buena.

　　Quiero que sea feliz.

　　Quiero que su vida de relación sea buena y gratificante.

Si resumimos todas estas metas y las proyectamos a un nivel general, podemos decir qué el objetivo final de la mayoría de los padres es el siguiente

> *Quiero que mi hijo se convierta en una persona responsable y decente capaz de tomar para sí mismo la decisiones adecuadas y correctas.*

Hemos comprobado algo sumamente interesante con referencia al proceso para lograr los objetivos en situaciones interpersonales, tales como las que existen entre usted y su adolescente. La actitud que "funciona mejor" y le brinda la mayor posibilidad de alcanzar lo que se propuso en todos los niveles es olvidarse, por el momento, de los objetivos inmediatos y a mediano plazo, focalizando todas las energías en alcanzar los generales. Además, es casi imposible alcanzar los objetivos inmediatos si se insiste en ellos directamente. Los intentos en ese sentido tienden más bien a empeorar la situación que a mejorarla. Si usted pretende que su hijo o hija deje de robar, o vaya al colegio, e insisten en ello, probablemente el problema se acreciente, especialmente si el adolescente recibe, de este modo, mayor atención por parte de sus padres. Si usted, en cambio, apunta a cosas más amplias y generales, frecuentemente esos tramos inmediatos se logran automáticamente. En razón de eso le pedimos que, por el momento, deje de lado su preocupación más inmediata; es decir, la referida a la crisis presente y a las situaciones específicas relacionadas con el colegio o con los robos o con las malas compañías. Por el contrario, cuando trata con su hijo o su hija, dirija su atención hacia los objetivos a largo plazo. Al decidir la forma de actuar en el trato con su adolescente, olvide ese impulso de forzarlo a comportarse de acuerdo con sus propios deseos frente a una situación específica y en lugar de ello pregúntese: "¿Qué actitud puedo adoptar en esta situación para lograr que mi hijo o hija sea más responsable y capaz de tomar sus propias decisiones?"

Capítulo dos

Transfiriendo la responsabilidad
a su adolescente

Aquí vamos a presentarle algunas ideas que lo podrán sorprender y quizás incluso le parezcan egoístas, inmorales o revolucionarias, sobre todo si usted está teniendo serios problemas con su hijo o hija adolescente. Si ésta es su primera reacción, le pedimos que lea hasta el final antes de emitir un juicio, para poder comprender nuestro punto de vista. Porque si bien admitimos que quizás sean ideas a las que hay que ir acostumbrándose poco a poco, estamos seguros de que son tan perfectamente comprensibles desde el punto de vista humano como efectivas en cuanto a sus resultados.

Si tiene actualmente problemas con su hijo o hija, es muy probable que esté actuando de alguna de estas dos maneras:

1. Usted se está olvidando de hacer algo muy importante: *buscar su propia felicidad.*

2. Usted está asumiendo una responsabilidad que va más allá de lo que le corresponde: *manejar la vida de su adolescente.*

El objetivo básico del programa de acción presentado en este libro es modificar estos dos puntos. En éste y en los tres capítulos subsiguientes nos abocaremos a trabajar sobre el punto 2, enseñándole a que deje de manejar la vida de su hijo o hija, ya que ésta es la acción más fácil de encarar. Si bien estudiaremos cada punto con el máximo detalle, para comenzar —y para que usted se sienta más cómodo al enfrentar el problema en su totalidad— le pedimos que siga los siguientes pasos:

Primer paso

Siéntese, tome lápiz y papel y haga una lista —lo más completa posible— de las cosas que su hijo hace y que a usted le preocupan o molestan.

Aun en el caso de que usted trabaje conjuntamente con otra persona para solucionar su problema, complete la lista en forma individual, sugerencia ésta que es válida para todos los ejercicios de este libro. Si el padre y la madre están trabajando juntos para solucionar el problema, cada uno hará una lista por separado y probablemente comprobarán que cada lista contiene, por lo menos, algunos ítem que *no* coinciden.

Esta lista será la base para todo su trabajo, y esperamos poder enseñarle a resolver cada uno de los problemas presentados en ella.

Una vez que haya comenzado, seguramente surgirán ocho, diez o más ítem. A continuación le damos algunos de los que han sido mencionados por otros padres:

Cosas que hacen los adolescentes y que molestan o preocupan a los padres.

Se acuesta tarde.
Miente; por ejemplo:
Dice que va a cierto lugar y en cambio va a otro.
Dice que terminó sus deberes escolares cuando en realidad no los ha hecho.
Dice que no sacó dinero de mi monedero, cuando está comprobado que lo hizo.
Deja la cocina sucia y desordenada.
Guarda las tablitas para el pan llenas de migas.
Deja el baño sembrado de toallas mojadas.
Deja vajilla sucia en el living.
No atiende a sus animalitos domésticos.
No limpia la suciedad de su perro.
Usa mi ropa sin pedírmela.
Se viste como un vagabundo.
Presta mi ropa (secador de cabello/cosméticos) a sus amigas.
Lleva las uñas muy largas y pintadas y usa mucho maquillaje.
Lleva tatuajes vulgares.
Se escapa de noche por la ventana.
Regresa tarde a casa o no regresa.
Deja su bicicleta afuera, DESPREOCUPANDOSE DE QUE SE LA ROBEN.
Deja mis herramientas tiradas o las pierde.
Está colgado al teléfono durante horas.
Hace prolongadas llamadas de larga distancia sin pedir permiso.
No se cambia de ropa cuando regresa del colegio.
Tiene una actitud beligerante.
Siempre está malhumorado.
Frecuenta malas compañías.
Tiene un novio (o novia) mayor de edad.
Mira demasiada televisión.

Está tirado todo el día sobre el sofá, escuchando música o mirando televisión.

No hace sus deberes.

No quiere usar el uniforme del colegio.

No quiere ir al colegio.

Anda mal en el colegio.

Trae amigos a casa mientras yo estoy fuera de ella.

Permite que otros adolescentes nos roben.

No se baña.

No ayuda en la casa.

A menudo se enoja con actitudes histéricas y nos amenaza cuando no se hace su voluntad.

No quiere limpiar su cuarto. Deja todo desordenado y sucio.

Se escapa de casa.

Se pelea con sus hermanos.

Dice que no lo quiero.

Dice malas palabras.

Me insulta.

No quiere compartir actividades familiares.

Siempre quiere estar solo.

Pide dinero.

Cuenta a otros que la maltrato.

Me roba (a mí y a otros miembros de la familia) (dinero, joyas, colecciones de monedas).

Fuma.

Se pasa horas en un bar, siendo aún menor de edad.

Bebe cerveza con sus amigos.

Fuma marihuana.

Tiene marihuana en su dormitorio.

Es sexualmente activa e incluso promiscua.

Me amenaza físicamente (y lo mismo hace con otros).

Embarazó a su novia.

Tuvo un aborto, y ahora está otra vez embarazada.

Destroza la pared a golpes cuando se enoja.

Lleva aritos y tiene un corte de pelo a lo "mohicano".

No quiere buscar trabajo.

Gasta todo su dinero y después pide más.

No quiere aportar a los gastos de la casa.

Conduce su motocicleta a altas velocidades y no quiere usar casco de seguridad.

Usa coches ajenos sin permiso y sale a pasear con ellos.

Entra en la casa de nuestros vecinos y roba.

Comete "raterías" en comercios.

Amenaza con quitarse la vida.

Viaja en coches conducidos por amigos irresponsables.

Deteriora la relación con mi pareja.

Es una lista realmente desalentadora. Si usted la hubiese podido leer antes de decidirse a tener hijos, quizás su contenido le hubiese hecho cambiar de idea. Sin embargo, descubrirá algo positivo: ¡Probablemente usted no tenga *todos* los problemas que figuran en ella! Estamos convencidos de que cada uno de estos problemas puede ser visto como una oportunidad que le permitirá cambiar su vida para mejor. Comencemos pues a clasificar y ordenar su lista.

Segundo paso

Una vez que haya concluido de hacer su listado, dedíquese un buen tiempo a analizarlo con el objeto de definir, para cada uno de los problemas incluidos en él, a cuál de estos tres tipos pertenecen:

1 Problemas que pueden tener consecuencias para el adolescente, pero no para usted. A ésta la llamaremos la "lista del adolescente", conformada por los "Item del adolescente".
2 Problemas que pueden tener consecuencias para su propia vida, además de tenerla para el adolescente. Esta será la "lista del adulto" conformada por los "Item del adulto".
3 Problemas que tienen que ser divididos en varias partes, ya que sólo algunos aspectos de los mismos afectan su propia vida y por lo tanto estos aspectos (no todo el problema) deberán ser incluidos en la "lista del adulto".

Si en algunos casos le resulta difícil definir si un determinado problema tiene que ir ubicado en una u otra lista, pregúntese si tiene o no

alguna influencia directa sobre esa situación. Por ejemplo, si los cos-
méticos que le presta a su hija suelen no regresar a sus manos, usted
puede dejar de prestárselos. Pero si, en cambio, su hija fuma fuera de la
casa, no hay posibilidad alguna de que pueda actuar directamente
sobre el problema. En el primer caso, tiene influencia directa sobre la
situación, en cambio en el segundo no. Hemos comprobado que los
problemas del adolescente que no afectan directamente la vida del
adulto son aquellos sobre los que el adulto, generalmente, no puede
influir. Consideremos que es una mala táctica insistir tercamente en
tratar de modificar estas situaciones. De modo que le sugerimos que, si
puede, pase estos ítem a la "lista del adolescente". Reserve sus fuerzas
para aplicarlas en áreas que trataremos más adelante, sobre las cuales
usted sí tiene posibilidades de actuar.

Por supuesto que la manera de seleccionar y clasificar los problemas
dependerá de su situación personal. Sólo usted puede decidir si un
determinado ítem pertenece o no al grupo de cosas que afectan su
propia vida. No obstante, revisaremos la lista dada anteriormente y
señalaremos a qué lista corresponden, por lo general, los problemas
mencionados.

● Se acuesta tarde

Este es un punto que, casi siempre, preocupa a los padres, porque
consideran que una persona joven necesita determinada cantidad de
horas de descanso para poder levantarse a horario al día siguiente y
estar lúcida y atenta en el colegio. Es cierto que el acostarse tarde
puede tener consecuencias, en ese sentido, *para su adolescente* —por
ejemplo, que sienta ardor en la vista y esté adormilado y soñoliento—,
pero decididamente no afecta su vida. Piense en la posibilidad de
incorporarlo sin duda a la "lista del adolescente", reservando para la
"lista del adulto" los siguientes aspectos relacionados con el problema
que lo preocupa, que sí pueden afectarlo a usted:

Está de mal humor al día siguiente.

Invade mi privacidad y/o hace ruido por la noche cuando quiero
dormir.

Pretende que yo lo despierte a la mañana siguiente.

● Mira demasiada televisión

Ante este punto se nos ocurren algunas consecuencias para la
vida de su hijo o hija, que probablemente sean las mismas que
lo están preocupando: que pierden el tiempo; que los afecta
físicamente (mala posición y esfuerzo para la vista); que el
adolescente deja que le llenen la cabeza con trivialidades en
lugar de aprender a usar su mente en forma creativa. Pero nada
de esto incide sobre la vida del adulto. De modo que este ítem
corresponde claramente a la "lista del adolescente"; posible-

mente, eso sí, con las siguientes consecuencias para los padres:
Impide que yo vea los programas que me interesan a mí.
Tiene el televisor prendido tanto tiempo y a tal volumen que me
molesta.

● **No se baña**

Una pesadilla terrible acosa a los padres cuyos hijos no se lavan: se
ven caminando por la calle, de aquí a treinta años, ellos limpios y
atildados, y el hijo o la hija, a su lado, roñoso y desaliñado. Y que,
además, quienes los ven piensan de inmediato: "Algo debe andar muy
mal con esos padres, que dejaron que su hijo se convirtiese en semejante vagabundo".

Pero aparte de la vergüenza que pueda llegar a sentir, el hecho de
que su adolescente no se bañe no afecta su vida de adulto, en cambio sí
puede tener consecuencias para la vida del adolescente, cuyos amigos,
maestros, familiares, etcétera, se formarán una opinión sobre su persona que tendrá relación con su apariencia, y probablemente lo traten
correspondientemente. De modo que puede asignar este ítem decididamente al grupo "lista del adolescente", pasando a la "lista del adulto"
los siguientes aspectos del problema:
Cada vez que se mueve despide un rancio y desagradable olor a
transpiración.
Ensucia los muebles cuando se sienta en ellos.
Cuando le toca cocinar, no se lava las manos, y tengo la sensación
de que la comida está sucia.

● Se pelea con sus hermanos

Esta es una de las preocupaciones más comunes y frecuentes de los padres que tienen más de un hijo, y toma tantas formas distintas y ocurre en tan diferentes grados de intensidad que aun después de muchos años de tratar ese asunto nos encontramos permanentemente con nuevas variantes sobre el mismo. Cada vez que se nos presenta un nuevo aspecto de ese problema, solemos pensar: "Esta es realmente una situación excepcional", y comenzamos a encararla de manera diferente. Pero siempre volvemos a enfocarla desde el punto de vista que aquí planteamos.

Su mayor preocupación, cuando sus hijos se pelean, es la seguridad; usted teme que uno lastime seriamente al otro. Por cierto, eso tendría serias consecuencias, tanto para el lastimado como para su atacante. Suponiendo que las cosas no llegaran a tal extremo, usted siente el temor de que sus hijos adopten determinadas actitudes beligerantes para el resto de sus vidas, el uno aprendiendo a ser un matón y el otro a asumir el papel de víctima. Admitimos que éstas son consecuencias serias. . . que afectan principalmente la vida de sus hijos. Sugerimos, por lo tanto, que traslade este problema a la "lista del adolescente", siempre y cuando los "chicos" sean lo suficientemente grandes como para decir lo que les está sucediendo. Reserve para la "lista del adulto" los siguientes aspectos que lo afectan más directamente:

Me aterroriza la posibilidad de que se lastimen seriamente.

Hacen mucho ruido, gritan y golpean los muebles.

Hacen tanto ruido que el dueño del departamento amenazó con desalojarme.

● Grita, se enoja y tiene berrinches

Cuando no se le dan los gustos es normal que les moleste que su hijo o su hija estén disgustados o enojados con usted, y además no le gusta que los vecinos —o cualquier otra persona ajena a su familia— se entere de esa conducta fuera de lugar. Sin embargo, lo más probable es que esos berrinches no tengan consecuencias concretas sobre la vida del adulto. Para los adolescentes, el resultado de los gritos y enojos generalmente es afonía y dolor de garganta y una cierta sensación de impotencia, ya que no son capaces de buscar el logro de sus objetivos por otros medios más apropiados. A veces el adolescente encuentra en esta actitud el alivio que da explotar de vez en cuando. Así que consideramos que éste es un problema para colocar en la "lista del adolescente".

Algunos jóvenes acostumbran arrojar objetos cuando se enojan. La decisión de si este problema va en la "lista del adolescente" o no, dependerá de quién es el dueño de los objetos que arroja, y contra qué o quién los arroja. Si usted es el dueño de los mismos, ciertamente afectará *su* vida. Si los objetos son propiedad del adolescente, es decir, que rompe sus propias cosas, pondremos el problema en la "lista del adolescente".

Los enojos o berrinches configuran una problemática que no resulta simple de tratar. Generalmente son una reacción a una actitud del adulto, la cual puede referirse tanto a un problema incluido en la "lista del adolescente" ("No, no puedes ir a lo de Luis hasta que no hayas terminado tus deberes") como a uno de la "lista del adulto" ("No, no te prestaré el coche esta noche"). Los berrinches se producen si hay antecedentes de que usted termine CEDIENDO A LOS CAPRICHOS DE SU HIJO O HIJA. Es posible que haya acostumbrado a su adolescente a tener berrinches, porque, en algunas ocasiones, los mismos surtieron efecto. Ahora usted tendrá que reeducar a su adolescente. En los capítulos subsiguientes le enseñaremos cómo hacerlo.

Un aspecto de los berrinches que quizás pueda ponerse en la "lista de los padres" es el ruido (En una oportunidad trabajamos con una madre que tuvo un problema de salud serio en sus tímpanos). De modo que, en el tema de los berrinches, reserve para su propia lista lo siguiente:

El ruido me irrita o me produce jaqueca.

● **No cuida sus cosas**
● **Deja su bicicleta tirada a la intemperie donde puede mojarse con la luvia o se la pueden robar**

Todo adulto que trabaja para su sustento y el de su familia se siente mal cuando ve que se maltratan cosas que tienen un cierto valor, y cuando se trata de cosas que le ha costado cierto sacrificio adquirir el malestar se puede tornar agudo. Al observar que las cosas que pudo obtener haciendo un gran esfuerzo son tratadas sin el menor cuidado, usted mismo se siente menospreciado.

Su ansiedad también puede estar relacionada directamente con el aspecto económico. Usted pagó por algo que no es apreciado en su justo valor, y tiene la sensación de que tendrá que seguir comprando cosas y de que todo lo que gastó y tendrá que gastar en el futuro es simplemente dinero tirado.

Para modificar tal situación y volver a obtener tranquilidad con respecto de sus finanzas, le recomendamos que haga una clara diferenciación entre las cosas que pertenecen a su adolescente y las cosas que le pertenecen. Y anote, sin dudas, en la "lista del adolescente", el tema de cómo cuida éste sus propias cosas. Es evidente que si la bicicleta de su adolescente se estropea o es robada, si arruina su uniforme o si regala su propio dinero, son circunstancias que afectarán la vida de él o de ella, y no la suya. Pero reserve para su propia lista el siguiente aspecto, que sí le trae consecuencias:

Espera que yo reemplace los objetos arruinados o regalados:

● Deja su cuarto hecho un chiquero

Este es un punto que puede sacar de quicio a los padres, especialmente a las madres. Y sin embargo, en la mayoría de los casos, sólo afecta la vida de los hijos. Porque es su hijo o su hija quien tiene que vivir en ese chiquero, quien finalmente terminará por sentir vergüenza de invitar a sus amigos a ese lugar, pierde sus cosas en medio de ese caos general o tiene que ponerse su ropa sucia y arrugada.

Los padres, por lo general, sienten que es parte de su tarea enseñar a sus hijos a ser prolijos y ordenados, y que un elemento importante de esa educación consiste en insistir en que tengan su cuarto ordenado. Sin embargo, quisiéramos que se convenciera de que este ítem tiene que figurar en la lista del adolescente. Si tuviese un inquilino, ¿lo perseguiría para que ordene su cuarto? Pensamos que no. Una persona que paga un alquiler por su cuarto está en su propio territorio, dentro del cual puede hacer lo que quiere. Por supuesto, su hijo o hija no pagan alquiler, pero pensamos que es bastante razonable que un sector de la casa sea realmente su propio territorio. Si puede aceptar este enfoque, anote el tema de la limpieza del cuarto de su hijo o hija en "la lista del adolescente".

Un cuarto desordenado le afecta a usted sólo en los siguientes aspectos:

Deja la puerta de su cuarto abierta y no puedo dejar de ver el desorden que hay en él.

Me estoy quedando sin tazas porque siempre las deja sucias en su cuarto.

Atrae hormigas y ratones a la casa, porque deja restos de comida tirados.

Estamos interesados en vender la casa y su cuarto, dado el estado en que lo deja, no se le puede mostrar a potenciales compradores.

● No quiere compartir actividades en las que participa toda la familia
● La mayor parte del tiempo quiere estar a solas

Generalmente los padres se sienten mortificados, superfluos y rechazados cuando su adolescente se niega a compartir salidas familiares, o prefiere estar con sus amigos, o quedarse solo, escuchando música. Más adelante le indicaremos algunas cosas que puede hacer para aumentar las posibilidades de que su hijo o su hija quiera compartir salidas en familia. Aquí solamente le sugerimos que trate de poner esta actitud en la "lista del adolescente". Enfoque el problema desde la siguiente óptica: usted es una persona agradable, simpática y divertida, y quien se pierde la oportunidad de compartir un determinado momento con usted es él.

Los aspectos de este ítem que puede reservar para su propia lista son:

> Impide que yo pueda salir, ya que si lo dejo solo demolerá la casa, invitará amigos, etcétera, mientras yo esté afuera.

> Me avisa a último momento que no vendrá conmigo, cuando ya es demasiado tarde para cancelar reservas, devolver entradas o reorganizar la salida.

● Sale con amigos indeseables. Los amigos que caen bajo esa clasificación son aquellos que sostienen valores diametralmente opuestos a los suyos, que son mucho mayores que sus propios hijos, o que tuvieron problemas con la policía, o que están involucrados en asuntos de drogas o de relaciones sexuales promiscuas, o que se hacen permanentemente la rabona en el colegio, o que tienen comportamientos similares a los señalados

"Que me permitan elegir a mis amigos" es probablemente la segunda de las prioridades que los adolescentes manifiestamente expresan. La primera es: "Quiero mayor libertad". A menudo, estos dos deseos se conjugan y entonces lo que realmente quieren tener es "mayor libertad para estar con los amigos que yo elijo". Al mismo tiempo, es muy común que los padres se sientan responsables por las amistades que frecuentan sus hijos, y en muchos casos las autoridades escolares y asesores pedagógicos contribuyen a reforzar esta sensación de responsabilidad insistiendo en que "usted es el responsable de las compañías que frecuenta su hijo". Sin embargo, ésta es una situación que no puede controlar y que no afecta su vida en forma directa.

A nuestro modo de ver, ésta es la situación ideal para ser utilizada a fin de obtener mayor libertad y además anotarse puntos a favor frente a su hijo o a su hija. Pensamos que es un ítem que corresponde claramente a la "lista del adolescente". En todo caso, podrían incorporarse a su lista puntos como los siguientes:

Trae esos amigos "indeseables" a casa, aun cuando le niego el permiso para ello.

Permite que esos amigos roben mis cosas.

Trae esos amigos a casa cuando yo no estoy.

Pretende que yo esté al servicio de esos amigos, dándoles de comer y beber, llevándolos en coche a fiestas, etc.

● **Se escapa de casa**

Esta es una situación sumamente angustiante para los padres, sobre todo cuando sucede por primera vez. Usted probablemente sienta un profundo dolor y tal ansiedad que por un tiempo no podrá pensar en otra cosa. Lo abrumará la preocupación, se sentirá herido y avergonzado. Mientras su hijo o su hija permanezcan fuera de su casa, creerá verlos en cada joven que pasa a su lado, y se sentirá estremecer interiormente. Sin embargo, no podemos afirmar que sean los hijos quienes originan esas dolorosas sensaciones, sino más bien es un cúmulo de sensaciones que nosotros, los padres, generamos espontáneamente cuando el adolescente se escapa de la casa. En parte, porque pensamos que deberíamos ser capaces de controlar por completo su comportamiento, y el descubrir que tienen la posibilidad de marcharse de casa nos enfrenta con la realidad de que hay cosas que no podemos controlar. Y esa realidad duele terriblemente.

Cuando se produce una situación de esa índole, tanto el adolescente como sus padres la sienten como algo que el adolescente "les está haciendo a los padres", generalmente para lograr un objetivo (aunque más no sea que llamar la atención). Para darle un toque dramático y justificar de alguna forma una actitud esencialmente irracional, el adolescente contará a quien quiera escucharlo que sus padres son unos horrendos monstruos, palmípedos de dos cabezas y ocho cuernos. Y de alguna forma, a lo largo de todo el proceso, los padres se enterarán de esa descripción filial. Todo esto, lo admitimos, hace muy difícil poner este ítem en la "lista del adolescente". . . y sin embargo consideramos que es el lugar donde debe ir ubicado.

Si consideramos al joven como un individuo responsable de su propia vida frente al mundo, veremos que el escaparse de casa no es algo con lo que el adolescente ataca a sus padres, sino con que se ataca a sí mismo. Será él quien tendrá que enfrentar los riesgos que su actitud conlleve, quien disfrutará la sensación de aventura y libertad, quien tomará conciencia de que es injusto con sus padres y quien sufrirá los problemas de atrasarse en el colegio, tener que abandonar sus estudios, encontrar amigos que lo alojen, aguantar la incomodidad de pasar algunas noches en el atrio de una iglesia, en una estación de ferrocarril o en algún zaguán

De modo que, reiteramos, le recomendamos que ponga este ítem en la "lista del adolescente". Para su propia lista quedarán los aspectos relacionados con este problema que puedan afectar su vida, como ser:

Soy, desde el punto de vista legal, responsable por los daños que él o ella ocasione y tendré que afrontar las consecuencias económicas resultantes (aunque usted también tiene esta responsabilidad cuando su hijo o hija viva en su casa).

No sé si debo seguir reservándole su cuarto y contar con él para las comidas, etc.

● Anda en coche o en motocicleta con amigos irresponsables

En este caso, lógicamente, su principal preocupación será la seguridad de su hijo o de su hija. Puede imaginar que terminarán malheridos, o quizás que serán responsables de algún accidente con consecuencias para terceros. Este sí es un problema que puede llegar a tener repercusiones gravísimas para la vida futura de su adolescente, pero también un problema respecto del cual puede hacer muy poco. Su prohibición terminante sólo logrará que el joven se las ingenie para hacerlo a sus espaldas, y, de esa forma, habrá perdido por completo el control sobre las acciones del chico en este aspecto.

Por lo tanto, pensamos que corresponde anotar este asunto en la "lista del adolescente". Un aspecto importante que le puede afectar a usted en forma directa es:

Que se lastime seriamente y quede incapacitado, convirtiéndose en una carga para mí por el resto de mi vida.

● Bebe, fuma, consume marihuana u otras drogas

Todas éstas son prácticas que no sólo dañan la salud de su hijo, sino que algunas de ellas también son ilegales, de modo que, sin lugar a dudas, tendrán consecuencias para la vida de su adolescente. Los aspectos que le atañen a usted son:

Llega a casa ebrio, excitado o alborotado por el efecto del consumo de bebidas o drogas.

Tiene drogas en la casa (por lo cual usted puede ser procesado).
Se ve involucrado en acciones policiales que lo obligan a usted a
comparecer ante el juez.

● **Tiene relaciones sexuales**

Si la actividad sexual de su hijo o hija no se lleva a cabo en su hogar, la
misma sólo afectará su vida en forma limitada, pero podrá tener repercusiones serias en la vida de su adolescente, ya que está estrechamente ligada con
temas tan fundamentales como la imagen personal y la autoestima, la
relación con otros, la moral, el amor, la posibilidad de embarazo y las
enfermedades venéreas. E incluso la decisión de tener el bebé, darlo en
adopción o abortar corresponderá que sea tomada por la joven madre.

Los aspectos que afectan al adulto involucrado son:

Mi hijo tiene relaciones con una chica menor de edad.

Tiene relaciones sexuales en nuestra propia casa.

Espera que yo le críe el bebé mientras ella va al colegio o sale a
trabajar.

● **Regresa a casa a altas horas de la noche**

● **Se escapa por la ventana en horas de la noche**

También aquí lo que más lo preocupará es la seguridad de su hijo o
de su hija. Usted no puede menos que pensar en todos los peligros que
los acechan a altas horas de la noche —asaltos, violaciones, etcétera—
y por lo tanto prefiere que su adolescente permanezca en casa. Por
supuesto que la seguridad es un tema importante... pero esencialmente para la vida de su hijo o hija. A usted sólo le afecta por la preocupación que esta situación implica. Entonces, anote este ítem en la "lista
del adolescente", reservando para la propia los aspectos que tienen una
repercusión directa en su vida, tales como:

Perturba mi descanso haciendo mucho ruido cuando regresa, o
me despierta a altas horas de la noche.

Rompe los vidrios y las cerraduras de las puertas al salir o al
entrar, y deja los muebles y las paredes marcados por trepar en
ellos para salir por la ventana.

● **Conduce el coche de un amigo sin registro de conductor (o roba un
coche y sale a dar vueltas por ahí)**

● **Entra por la fuerza en la casa de vecinos y roba cosas.**

● **Comete pequeños hurtos en los supermercados y negocios del vecindario**

Sin lugar a dudas que estas actividades ilegales afectarán la vida de su
adolescente. Está violando los derechos de otras personas y hasta puede
llegar a lastimar a otros. El joven también está haciendo sus primeras
experiencias en relación con la ley. Probablemente, lo primero que sentirá
es que es relativamente fácil violarla, pero pronto se dará cuenta de que,
después de todo, la cosa no es tan sencilla, sino que puede tener consecuencias sumamente desagradables. No hay modo de evitar directamente que su
hijo o hija cometa esos pequeños delitos, pero es de esperar que, a la larga o

a la corta —y ojalá que sea a la corta—, la policía intervendrá y pondrá freno a sus actividades. Y será entonces cuando su adolescente comenzará a crecer de golpe. . . siempre y cuando usted permita que éste sea realmente un problema del joven y no de los padres.

Muchas veces los padres se resisten a que las autoridades castiguen a sus hijos por contravenir las leyes, porque piensan que el hecho de ser arrestados es un castigo demasiado extremo y drástico, y que un prontuario con antecedentes delictivos puede perjudicar su vida de adulto. Aun si la cosa realmente fuese tan dramática, recomendaríamos anotar este ítem en la "lista del adolescente". Para su tranquilidad, le podemos asegurar que los encuentros con las fuerzas de la ley generalmente no son tan dramáticos o drásticos como supone. La mayoría de las autoridades que entienden en delincuencia juvenil están a favor de los adolescentes y no en contra de ellos, y hacen todo lo posible por volverlos a la vida normal sin que queden cicatrices o daños permanentes en su personalidad. Si su hijo o hija se está involucrando en actividades ilegales, un encuentro con las autoridades será lo único que lo hará entrar en razón, evitando males mayores; no hará falta que usted le grite y lo reprenda.

En síntesis, sugerimos que incluya estos puntos en la "lista del adolescente". Algunos aspectos, sin embargo, no irán en esa lista, ya que le afectan directamente a usted:

Oculta en mi casa objetos robados.

Recibo llamados de la policía.

Tengo que presentarme en los tribunales con mi hijo o mi hija.

Tengo que correr con los gastos por daños y perjuicios ocasionados por mi adolescente.

- Usa corpiños provocativos. Usa demasiado maquillaje.
- Lleva su cabello cortado al estilo "mohicano" (o se afeita la cabeza).
- Usa ropas sucias y desprolijas.
- Siendo varón, usa maquillaje y se pinta las uñas.

La manera de vestir de un adolescente afecta su vida de diversas maneras: de alguna forma es una evidencia de cómo el joven se ve a sí mismo, o cómo quiere ser, y demuestra a quienes lo rodean qué es lo que pueden o deben esperar de él o de ella. Esto es algo que no afecta la vida de los padres del adolescente, dado que la misma se verá afectada por la propia forma de vestir del adulto y no por la de los hijos. Además, usted tendrá muy poca posibilidad de influir en la forma en que su adolescente se viste y se arregla, salvo que lo tenga continuamente controlado y totalmente dominado. Sugerimos que anote este punto en la "lista del adolescente", reservándose como un aspecto que le incumbe a usted el siguiente:

Pretende salir conmigo con ese aspecto de marginado o de "mujerzuela".

- No quiere hacer sus tareas escolares.
- No quiere ir al colegio.
- Es muy mal alumno.

La forma en que su adolescente actúe en relación con sus obligaciones con el colegio y con sus estudios, sin lugar a dudas dejará un efecto directo en su vida, sobre todo en cuanto a las posibilidades de elección que tendrá más adelante, al tipo de trabajo al que podrá acceder, a la gente con que se relacionará, a su propia imagen. Básicamente no es un tema que afecte su vida como padre. Es de suponer que usted ya ha completado su ciclo formativo, y que no tiene necesidad de repetirlo a través de su hijo. Además, lo más probable es que usted no pueda obligar a su hijo a asistir al colegio y mucho menos a que tenga un buen rendimiento escolar. Nunca observamos un resultado positivo en los casos en que los padres "obligaban" a sus hijos a hacer sus deberes. Así que lo mejor será que anote todo lo relativo al colegio y al estudio en "la lista del adolescente". Los aspectos que puede reservar para usted son:

Recibo llamadas telefónicas de las autoridades escolares, que me reprochan la mala conducta de mi hijo.

Anda dando vueltas por la casa sin hacer nada durante las horas en que debe estar en el colegio.

Vive en nuestra casa como un parásito, sin cumplir con sus responsabilidades ni aportar al hogar nada de lo que le corresponde. (En cierto modo, el acuerdo tácito con su adolescente es que usted provee los medios para su mantenimiento y él, por su parte, hace todo lo posible para completar exitosamente su educación y su formación. Si él o ella destruye el compromiso tácito o corta ese proceso educacional pero sigue pretendiendo que se lo mantenga sin reemplazar la actividad escolar abandonada por alguna otra contribución positiva, está convirtiéndose en parásito de la casa).

● **Se pasa el día tirado en su cama o en el sofá, comiendo y mirando televisión.**

Este es, a primera vista, un ítem sin mucha importancia, pero puede ser una actitud sumamente irritante para los mayores. Y lo que más incomoda a los padres es que no pueden alegar ante el adolescente una razón valedera para molestarse tanto por esa actitud de su hijo o hija. De modo que, además del fastidio que les causa el hecho en sí, se sienten culpables e incómodos frente a esta situación.

Nuestra experiencia nos indica que esta actitud del adolescente generalmente es un problema secundario. Lo más común es que los padres se sientan fastidiados, furiosos e impotentes ante alguna otra actitud de su adolescente, de modo tal que todo cuanto haga su hijo o hija les irrita. Si usted siente que alguien se está aprovechando de usted, que lo rechaza o que lo trata en forma injusta, es lógico que tenga reacciones negativas ante esa persona. Una vez que los problemas fundamentales hayan sido solucionados, resulta mucho más fácil sentirse bien en su presencia. Por lo tanto, recomendamos trabajar sobre los ítem de mayor peso y anotar el presente punto, sin lugar a dudas, en la "lista del adolescente", reservando para la "lista del adulto" los siguientes aspectos:

Se come todas las provisiones.

Desparrama platos sucios y colillas de cigarrillos por toda la casa.

Invade permanentemente mi privacidad.

Esta lista debería ser suficiente para darle una idea sobre qué clase de problemas corresponde anotar en la "lista del adolescente".

Hay otro grupo de problemas que, en realidad, deberían figurar en la "lista del adolescente", a pesar de lo cual no lo hemos incluido aquí. Son aquellos que se refieren a cosas que su hijo o su hija *dice* o a *actitudes* que adopta o expresa. En cierta manera, el hecho de que su adolescente mienta, lo insulte o adopte una actitud rencorosa o de mal humor permanente no debiera afectar la vida de sus padres, salvo que éstos tomen estos hechos con preocupación desmedida. Pero como no vamos a tratar de solucionar estos problemas mediante la metodología que en seguida recomendaremos para los otros comportamientos incluidos en la "lista del adolescente", no los hemos colocado en este capítulo sino que analizaremos su enfoque y solución por separado.

Consideramos que los demás ítem que figuran en la lista de las páginas 34 y 35 le afectan a usted directamente, y por lo tanto los dejaremos en la "lista del adulto", para tratarlos en la segunda mitad de este libro.

Tercer paso

Si ha seguido hasta aquí nuestras instrucciones, usted tendrá una lista de cosas que hace su adolescente, pero que realmente no afectan a su propia vida. Le vamos a pedir que encare cada uno de estos ítem de una forma determinada y específica, que detallaremos en los próximos párrafos. Sin embargo, le recomendamos *no poner en práctica todavía estas instrucciones*, sino proceder como sigue:

● **Lea cuidadosamente todas las instrucciones incluidas en este capítulo.**

● **Después, lea los capítulos 3 y 4. Estos le ayudarán a desarrollar una forma racional de actuar frente a su adolescente, y además le permitirán generar la autoconfianza suficiente como para servir de soporte a las futuras actitudes que adoptará con su hijo o su hija.**

● **Relea las instruccidones del presente capítulo y, esta vez sí, póngalas en práctica.**

Básicamente, le pediremos hacer dos cosas con respecto de los ítem que figuran en la "lista del adolescente". *Primero, desentiéndase de la responsabilidad por estos ítem. Segundo, confíe en que su adolescente es capaz de tomar —y tomará— las decisiones correctas para él en cada uno de estos temas, y manifiéstele abiertamente su confianza.*

Es posible que esto le resulte relativamente fácil. De ser así, es probable que esa actitud, de por sí, genere un cambio notable en su relación con su hijo o con su hija.

Sin embargo, hay muchos padres a quienes este paso les resulta tremendamente difícil, y quizás usted sea uno de ellos. Si éste es el caso, comience lentamente, buscando su propio tiempo para cumplir esta etapa. No aconsejamos que se desentienda de los problemas a regañadientes y sin una íntima convicción, porque si usted se tiene que esforzar demasiado en hacerlo es probable que sí pueda delegar la responsabilidad, pero continuará sintiéndose preocupado o resentido por el problema en cuestión. Y esto significará que, al final de cuentas, usted *no* se ha desentendido realmente. Vale la pena que haga un esfuerzo por lograr una delegación total del problema. Cuanto antes transfiera a su adolescente uno o más de los ítem anotados en la lista, tanto antes va a experimentar el alivio y los beneficios que se deriven de ello, y se sentirá incentivado para continuar con la puesta en práctica de los pasos siguientes.

A continuación le daremos la forma práctica de transferir los problemas a su adolescente y aprender a confiar en él.

PRIMERO: Elija de la lista el ítem más importante que usted sienta que pueda transferir sin sentirse conflictuado interiormente.

SEGUNDO: Tómese unos minutos para imaginarse cómo se sentirá al desentenderse del problema. Reléjese y busque la forma de sentirse en paz consigo mismo y con el mundo, y luego repítase mentalmente, varias veces, la siguiente secuencia:

Imagínese que está viendo a su hijo o a su hija involucrado en el problema en cuestión. Experimente mentalmente la habitual punzada ante ese problema: esa sensación que combina impotencia, enojo y angustia ante una realidad que usted se siente incapaz de modificar en forma afectiva.

Luego trate de imaginarse que está recordando que la responsabilidad por ese comportamiento de su hijo o hija ya no es suya sino de él o de ella, y que no tiene por qué sentirse involucrado.

Se sentirá invadido por una sensación de alivio y liberación al comprobar que se le ha quitado un peso de encima.

Logrado ese clima de alivio y liberación, permítase sentir un nuevo interés por lo que su hijo o hija está realizando, pero sin asumir la responsabilidad por lo que haga. Enfóquelo como si estuviese leyendo un libro que le gusta mucho y del cual sabe que tendrá un final feliz, lo cual, sin embargo, no impide que sienta una gran intriga por saber cómo se desarrollará el próximo párrafo. La certeza de que la "historia termina bien" le permitirá disfrutar de las sorpresas. Cuando haya logrado alcanzar este estado, imagínese de nuevo que está viendo a su hijo o hija involucrado en el problema en cuestión: ahora usted sentirá un especial interés y una real sensación de confianza en que su adolescente será capaz de manejar esa situación en forma adecuada.

AHORA: Ensaye la forma en que le dirá a su hijo o a su hija que de aquí en más él o ella será responsable de ese ítem. Podría ser, por ejemplo:

"Brian, todo este tiempo me estuve sintiendo muy mal, preocupado y disgustado por el hecho de que últimamente no ibas al colegio, e hice lo posible para obligarte a ir.

"Estuve reflexionando mucho sobre este asunto y me he dado cuenta de que mi actitud es bastante necia. En realidad, no puedo obligarte concretamente a hacer tal o cual cosa. Y además, al único a quien afecta tu actitud es a ti mismo, de modo que el problema es realmente tuyo y no mío.

"Me he dado cuenta de que eres perfectamente capaz de tomar las decisiones correctas en lo que se refiere al tema de tus estudios.

"De ahora en adelante no interferiré más en el asunto "colegio", ya que confío plenamente en que, sea lo que fuere, lo que decidas será lo correcto para ti.

"Por supuesto que el tema me sigue importando, y estoy dispuesto a ayudarte, si así me lo pides, dentro de mis posibilidades, pero, básicamente, éste es un problema tuyo."

Usted se habrá dado cuenta de que todo el breve discurso no tiene más que seis frases, que el sujeto de cada una de estas oraciones es la primera persona del singular (yo), es decir, usted, y que el mensaje no contiene preguntas. Llamaremos a este tipo de oraciones "frases primera persona". Más adelante nos ocuparemos en forma más profunda acerca del tipo de frases a utilizar dentro de este esquema. A esta altura sólo le pedimos que siga "al pie de la letra" todo lo que le sugerimos. Exprese ante su hijo o su hija qué es lo que *usted* siente o qué es lo que va hacer, y no lo que su hijo o su hija puede o debe hacer. No olvide nada de lo que tenga que decir, pero sea breve y no formule preguntas, como por ejemplo: "¿Por qué no quieres ir al colegio?" "¿Quisieras que hable con tu profesor?" "¿Fuiste al colegio hoy?", etcétera.

DESPUES: Analice los aspectos de este ítem que le afectan a usted, y prepare un planteo adecuado para decírselo a su adolescente. Por ejemplo:

"No me voy a meter más en el asunto de tu asistencia o no asistencia al colegio. Pero, eso sí, te exijo que cumplas con ciertas condiciones que yo pondré:

"No quiero ver a tus amigos por esta casa durante los horarios del colegio.

"Exijo que todos en esta casa aporten su parte, y no voy a mantener un parásito."

Observe que también este mensaje es breve, y está armado exclusivamente con frases en primera persona ("yo"). Dice lo que *usted* siente, lo que *usted* quiere, lo que *usted* va a hacer. Sea breve y claro.

Ensaye su planteo hasta que se sienta cómodo con lo que va a decir y lo pueda expresar con naturalidad y convicción.

AHORA: Enfrente a su hijo o hija y dígale abiertamente que ha tomado una decisión sobre ese problema específico y expóngale su posición

LUEGO: En el curso de los días o semanas siguientes, vaya transfiriéndole la responsabilidad por los demás ítem anotados en la lista del adolescente, procediendo en forma similar.

Es posible que la respuesta que obtenga de su hijo o hija sea un tanto sorprendente. Hemos visto que los adolescentes reaccionan de las formas más variadas: desde sentir alegría hasta tener ataques de cólera; desde lanzar acusaciones ("¡Yo no te importo nada!") hasta rogar que sean los padres quienes retengan la responsabilidad; e incluso demostrar apatía o falta total de respuestas. Le recomendamos que escuche y observe con tranquilidad todo lo que su adolescente diga o haga en respuesta a su planteo, y luego reitérele amable pero firmemente que usted hará exactamente lo que acaba de anunciar. No centre su atención en la reacción de su adolescente, sino en su propia actitud, cuidando de mantenerse firme en su "Frase primera persona", no formular preguntas y ser breve.

También los padres suelen tener las reacciones más diversas ante la sola idea de poner en práctica lo que sugerimos en este capítulo. Algunos se sienten inmediatamente aliviados. Otros preguntan, incrédulos: "¿Acaso nos sugiere que dejemos que nuestro hijo crezca sin ningún tipo de controles?" "¿Qué pretende, que lo abandonemos totalmente?" Algunos expresan su preocupación por una actitud que consideran irresponsable, diciendo: "Eso que usted propone es dejar de lado mi deber de ser guía y mentor de mi hijo!" ó "¡Yo soy el único responsable de lo que hace mi hijo!". Y también es frecuente escuchar que dicen: "¡Tomar esta actitud sería reconocer que mi hijo me ha ganado la partida!" Todas estas respuestas son normales y comprensibles. Todas ellas nacen del sincero deseo de los padres de criar a sus hijos de la mejor manera posible. En el capítulo siguiente analizaremos las causas de estas reacciones de los padres ante nuestras sugerencias. Aquí sólo le diremos que si usted logra hacer lo que le recomendamos en este capítulo habrá dado un paso importantísimo en el camino de resolver su problema. Y afirmamos esto sin tener en cuenta si su hijo ha reaccionado con alegría, enojo o fastidio, o si a usted le ha resultado fácil o difícil hacerlo. Lo fundamental es que ha dado un primer paso en la resolución de su problema. Ahora todo es cuestión de seguir adelante, de continuar avanzado en base a lo logrado en este primer paso.

En el capítulo 4 veremos la probable evolución de la relación con su adolescente, y algunas maneras de manejar esa evolución.

Seguramente luego del proceso que hemos explicado usted se ha de encontrar frente a otros tipos de ítem: aquellos que son derivados de los problemas del adolescente y los que constituyen problemas que lo afectan directamente a usted. En la segunda mitad de este libro hablaremos de ambas situaciones.

Capítulo tres

¿Por qué es tan difícil transferir responsabilidades a su adolescente?

En el capítulo anterior le pedimos que hiciera lo que los terapeutas profesionales denominan "entregar el control" o "transferir el control". Sabemos perfectamente que es mucho más difícil para usted comprender o hacer lo que le aconsejamos que para nosotros escribir sobre ello. Es posible que la sola idea de pensar en que renunciara a asumir la responsabilidad por los ítem anotados en la "lista del adolescente" le resulte aberrante; y aun cuando sea de los padres que reaccionan en forma positiva y con una cierta sensación de alivio, puede ser que dude seriamente de que sea prudente proceder tal como le sugerimos. ¿Qué es lo que genera esas dudas y hace que sea tan difícil transferir esa responsabilidad a su adolescente?

Creemos haber encontrado el motivo por el cual le resulta tan difícil, e incluso le asusta, dejar que su hijo o hija haga sus propias experiencias y cometa sus propios errores: usted está tratando de ser un buen padre o una buena madre, y está convencido de que serlo significa, entre otras cosas, cumplir con lo siguiente:

Es mi obligación hacer todo lo posible para que mi hijo o mi hija sea de determinada manera y se comporte de determinada forma. Es mi responsabilidad, por ejemplo, conseguir que él o ella sea considerado (a) honesto (a), dispuesto (a) y capaz para ganarse la vida, que tenga una buena imagen y que utilice al máximo su potencial. Es mi deber cuidar que se porte bien en público, que vaya al colegio, que se alimente adecuadamente, que sea aseado (a), etcétera.

Es mi obligación guiar a mi hijo o hija. Su obligación, en cambio, es seguir mis directivas.

Estoy obligado a cuidar y mantener a mi adolescente. Después de todo, él no pidió que lo trajera al mundo.

Si mi hijo o mi hija se encuentra en dificultades, es mi deber solucionárselas.

Está bien que yo haga sacrificios por mi hijo o mi hija, ya que sus necesidades son más importantes que las mías.

Es mi obligación velar por la seguridad de mi adolescente. Soy yo quien debe detectar las situaciones peligrosas y proteger a mi hijo o hija de ellas.

Es mi obligación evitar que mi hijo o hija sufra, que sufra desilusiones, cometa errores o tenga reveses o fracasos.

Muchos padres en el mundo tienen como punto de partida ideas como éstas o similares, y, en general, ellas sirven. Al menos un amplio sector de la población, criado y educado de acuerdo con ellas, parece sobrevivir y arreglárselas bastante bien. Si usted está teniendo problemas con su adolescente, probablemente sea porque usted es una persona consciente y preocupada, que procura aplicar esos principios en su familia. Y es por eso que usted insiste en que su hijo o hija vaya al colegio y en controlar sus amistades. Es por eso que usted se asegura de que lleve dinero para su merienda, que sus ropas estén limpias, su cabello bien peinado, etcétera. Nadie sabe por qué estos conceptos y premisas "funcionaron" para tantos otros jóvenes, e incluso quizás funcionen para usted y algunos de sus hijos, pero no funcionan para este hijo en particular. Puede ser que usted y/o su adolescente sientan que hay algo de incompleto en estos conceptos, y que por lo tanto, subconscientemente, busquen a través de todo este conflicto encontrar una forma distinta y más positiva de encarar la relación. El hecho concreto de que exista un conflicto entre ustedes puede ser una magnífica oportunidad para lograr una relación más libre, expansiva, feliz y con ideas renovadas.

¿Qué tienen de malo los conceptos arriba enunciados, además del hecho importantísimo de que no funcionan en su caso? Pensamos que el error fundamental radica en que se basan en supuestos condescendientes —y por lo tanto destructivos— sobre lo que es su adolescente y lo que es usted. Cada una de esas premisas define a su hijo o a su hija

como un ser desvalido, que no es capaz de manejar su propia vida, al punto que necesita permanentemente de la dirección, del apoyo y de los conocimientos de sus padres para poder desenvolverse. En ningún momento se considera al joven como capaz de tomar iniciativas propias o de desempeñarse positivamente por sí mismo. Esta es una posición más bien condescendiente y despectiva frente a la personalidad de su hijo o hija. Por el otro lado, esos mismos conceptos no lo definen a usted como a un individuo que tiene importancia por sí mismo, sino que es evaluado en relación con el comportamiento de su hijo o hija. Usted "cuenta" en la medida en que es un buen padre. Su identidad y su valor no dependen de lo que *usted* hace o es, sino de lo que su hijo es o hace. Y a la recíproca, la identidad y el valor de su adolescente dependen no de lo que él o ella piensan o son, sino de cuán bien se ajustan a lo que usted espera de ellos. Es decir que ambos, tanto usted como su adolescente, se definen mutuamente, pero ninguno es considerado un individuo autosuficiente en sí mismo.

Por cierto que estos conceptos contribuyen a que el adolescente tenga una imagen poco positiva de sí mismo. En esencia, sus padres le dicen: "No eres capaz de tomar decisiones adecuadas; aún no has crecido lo suficiente y, por lo tanto, necesitas que otra persona —mamá o papá— piensen por ti. Además, aún no eres responsable de lo que haces: ¡los responsables son mamá y papá!".

Si se profundiza un poco, descubriremos que estas ideas también socavan la autoestima de los padres. Por empezar, les imponen una tarea en la cual no pueden sino fracasar. Es como si por un lado la sociedad les dijera: "Usted es una buena persona en la medida en que sea un buen padre" y "Un buen padre controla totalmente a su hijo o hija". Pero, por el otro lado, su sentido común y la forma en que su adolescente se comporta le indica claramente: "No puedo controlar a mi hijo". De modo que el mensaje completo es: "Tengo que controlar a esta persona... ¡pero no puedo!". No es de extrañar, pues, que termine sintiéndose frustrado, atrapado y pensando que algo anda mal en usted.

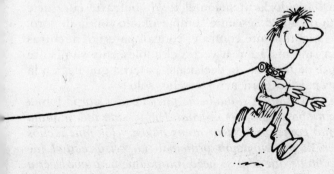

Cuando un padre o una madre quedan atrapados en este esquema de pensamiento, no pueden cumplir adecuadamente con su rol paterno o materno frente a hijos adolescentes. Aun cuando pocos de nosotros hayamos sido formalmente capacitados para la paternidad, hemos aprendido a controlar ciertas actividades de nuestros hijos pensando en el bien de éstos ("No, no puedes ir a la calle con tu triciclo"). Luego, a medida que nuestros hijos fueron creciendo, intentamos mantener en vigencia este hábito de control absoluto, a pesar de que cada vez era más inadecuado, diciéndonos que era "por su propio bien". ("No te permitiré que sigas siendo amigo de Bill cuando éste salga del reformatorio"). Jugar en plena calle con el triciclo podría haber resultado fatal para el niño, pero lo más probable es que seguir frecuentando a Bill no lo sea para el adolescente. Es atendible que usted desee prolongar aquellos controles que eran los adecuados para cuando su hijo o su hija era pequeño (a), pero debe entender que este tipo de control no es útil cuando del adolescente se trate.

A menudo nos ha llamado la atención el total contraste que suele haber en la conducta de un adolescente comparándolo con la de otro. Algunos se rebelan violentamente contra el control paterno, mientras que otros lo aceptan sin chistar. Y, a veces, el adolescente sumiso se torna tan dependiente de la toma de decisiones paterna que llega a la adultez sin estar preparado para arreglárselas sólo.

Los padres de Ann (16) estaban sumamente preocupados por la forma en que la joven se rebelaba contra sus órdenes. Había sido una alumna modelo, pero de pronto comenzó a sacar notas bajas, y los muchachos habían pasado a ser su preocupación principal. La crisis actual fue precipitada por el hecho de que Ann se negó rotundamente a obedecer a sus padres cuando éstos le ordenaron dejar su trabajo en el supermercado para que tuviese más tiempo para hacer sus tareas escolares. La hermana mayor de Ann (de 26 años) había sido, según sus padres, una adolescente "perfecta" que nunca les había causado ningún problema. Sin embargo, a los 26 años no había logrado permanecer mucho tiempo en el mismo trabajo, prefería quedarse en casa y ayudar en los quehaceres domésticos y prácticamente no tenía vida social o de relación. Como ustedes imaginarán, señalamos a los padres que quien tenía realmente un problema serio era su hija mayor, quien siempre había acatado las órdenes de sus padres, dejando que ellos decidiesen en su lugar, que no había aprendido a manejar su propia vida.

De modo que, si está luchando por controlar la vida de su hijo o de su hija de acuerdo con los conceptos enunciados en las páginas (55 y 56), es posible que tenga serios problemas con su adolescente, pues no logrará ejercer el control que usted pretende. Si, por el contrario, usted está logrando ejercer efectivamente tales controles, es probable que su hijo o hija esté perdiendo la oportunidad de aprender a ser responsable por sus propios actos.

Nosotros queremos presentar una filosofía distinta, una filosofía que pretende ayudarlo a superar los problemas que usted tiene y, al mismo tiempo, contribuir a forjar una imagen personal mejor, tanto para usted como para su hijo o hija. No le proponemos un conjunto de ideas que tiene que deglutir, sino unas cuantas premisas básicas a partir de las cuales usted puede elaborar sus propias ideas sobre el tema.

Cuando bebé, su niño necesitaba una serie de cuidados para poder sobrevivir físicamente. Tenía que ser alimentado, higienizado y abrigado. De tal forma, los cuidados que usted seguramente le brindó durante los primeros años de su vida estuvieron orientados básicamente a su bienestar físico.

Pero muy pronto el bebé comenzó a superar, a través de su propio crecimiento, esta dependencia física absoluta: aprendió a gatear y después a caminar, a comer por sí mismo, a vestirse y a lavarse. También fue asumiendo algunas responsabilidades, tanto para con él como para con su familia. Por supuesto, durante un buen tiempo los padres deben seguir cubriendo las necesidades físicas de sus hijos, pero esa dependencia disminuye año tras año y cuando el niño llega a la adolescencia prácticamente se ha independizado totalmente de ella. Lo ideal sería que su padre o madre, también, al mismo tiempo, pudiera dejar, poco a poco, de tener la necesidad de prodigar este tipo de cuidados a su adolescente.

Pensamos que esa etapa de cuidar el bienestar físico de su hijo o hija representa una determinada clase de amor.

Hay otra clase de amor que un niño —y, de hecho, todo ser humano— necesita para sobrevivir. Es tan esencial, que aquellos bebés que no la reciben suelen morir prematuramente. Es el amor que quiere y se preocupa por el ser interior de la persona, ese "yo" que cada uno es esencialmente, esa única energía o iniciativa que anima a cada ser humano. Podríamos decir que es el amor por la *capacidad de tomar decisiones* de la otra persona. Desde la más tierna edad, su hijo o hija presenta rasgos únicos e individuales en su forma de ser y comportarse, los cuales, reunidos, conforman una personalidad determinada, única e inconfundible. No es sólo que él o ella tiene una combinación única de genes. No sólo es único o única físicamente, con impresiones digitales que sólo le pertenecen a él o ella, sino que tiene una forma determinada y personal de hacer las cosas. Permanentemente toma decisiones que usted no puede predecir y que lo sorprenden: decisiones sobre el tipo de amigos que elige, sobre las comidas que prefiere, sobre lo qué piensa, etc. *Estas respuestas individuales son lo que usted más sincera y espontáneamente puede amar y disfrutar de su adolescente.*

Y usted se lo pierde cuando enfoca su atención solamente en lo que hace o deja de hacer. Estas respuestas individuales provienen de esa forma de ser única de cada individuo, y son las que nos indican que una persona está viva, que no es un robot. Si disfruta de ello, puede decirse que "disfruta de los signos de la vida".

Ese placer, esa aceptación de la forma de ser única de cada individuo es lo que llamamos "un nivel superior de amor".

Lo más importante que se puede hacer por un hijo o hija es darle ese tipo de amor. Lo ha estado haciendo a cierto nivel durante todos estos años. Mas allá de todos los sentimientos negativos que usted pueda albergar hoy, no podría tener ningún tipo de relación con él o ella si, en el fondo, no le importara como persona. Pero estos sentimientos pueden ser ahogados por formas distintas de pensar y actuar, casi siempre referidas a los deberes y obligaciones del adolescente. Por lo tanto, hablaremos ahora de la mejor manera de brindar a su adolescente ese amor que él o ella necesita.

Básicamente existen dos formas de comunicar este amor, y ambas son esenciales para resolver los problemas que usted y su adolescente están viviendo. Una de estas formas es lo que llamamos "ser modelo", que se refiere a hacer ver a su hijo o hija que usted se quiere a sí mismo. Hablaremos sobre este punto en los capítulos 6 al 10. La otra manera es *desear realmente y alentar activamente la capacidad única de su adolescente para tomar sus propias decisiones.* Es muy probable que algunas de las cosas que está haciendo ahora con la sana intención de ayudar a su hijo o a su hija no hacen sino disminuir y sabotear esa capacidad. Podemos cambiarla de forma tal que todo cuanto haga propenda directamente a incrementar, alentar y abrir nuevos caminos a la capacidad de tomar decisiones de su adolescente

Si usted logra esto, automáticamente ayudará con su actitud a mejorar también otros niveles de la relación

Este es el punto principal en el que queremos hacer hincapié en este capítulo. Es probable que usted se haya sentido bien con su hijo o con su hija sólo en la medida en que la conducta de su adolescente se haya adecuado a los estándares fijados por la sociedad en este aspecto. Y que, en la medida en que esta suposición sea cierta, tanto usted como su hijo o hija estén siendo estafados. Queremos insistir en que es posible aprender a sentirse bien con su adolescente y con la capacidad de éste de tomar sus propias decisiones. Los tres pasos que usted puede dar de inmediato en esa dirección son:

1). Detecte y deje conscientemente de lado todo hábito que pueda haber adquirido, en el sentido de tomar las decisiones por su adolescente.

2). Aprenda a disfrutar la capacidad de tomar decisiones por parte de su adolescente.

3) Cambie algunos de los conceptos que tiene sobre su adolescente.

El trabajo que sugerimos en el capítulo 2, a través del cual usted transfirió la responsabilidad a su hijo o a su hija por los ítem incluidos en la "lista del adolescente", es una buena base para realizar el paso número 1.

El paso número 2, es decir, disfrutar la capacidad de tomar decisiones por parte de su adolescente, produce beneficios tanto para usted como para su hijo o hija. El "yo" interior de una persona se expande y desarrolla cuando está rodeado de gente que aprecia lo que esa persona hace y disfrutar al verla hacer. Usted puede brindar esa atención, ese aprecio a su hijo o hija, tomando conciencia de que está viendo "en vivo y en directo" el espectáculo más importante que pueda presenciar en su vida; su hijo creciendo, convirtiéndose en persona adulta, independiente y responsable. Usted tiene una hermosa pero fugaz oportunidad de presenciar este espectáculo, aprender de él y disfrutarlo plenamente. Le tomará un tiempo aprender a sentir placer ante las inesperadas y sorprendentes decisiones que su adolescente está tomando ahora, pero si deja de lado la premisa de que es responsable de las mismas se sentirá más libre para sentir lo patético, divertido y totalmente humano de esta situación. Es posible que una parte de usted mismo ya haya asumido esa actitud. Intimamente es probable que usted se sienta, de pronto, sorprendido por la forma en que su hijo encara determinadas cosas, o conmovido por la forma ingenua y un tanto torpe con que su hija procura encontrar su lugar en el mundo, y no podrá dejar de percibir cuán humano, inasible y vulnerable es todo esto. Todas sus sensaciones al respecto son una respuesta ante la vida misma, se trata de algo digno de ser saboreado y disfrutado.

Una cierta perspectiva lo ayudará a aprender a disfrutar así a su adolescente. Haga memoria y recuerde alguna cosa torpe o ingenua que usted mismo hizo cuando tenía la edad de su hijo o hija. O imagínese que es el hijo de su vecino quien está actuando de de-

terminada forma y que usted simplemente es un espectador. Es frecuente que los vecinos u otros adultos disfruten más y se comuniquen mejor con los adolescentes que los propios padres; eso se debe, precisamente, a que los vecinos se sienten responsables por las decisiones que pueda tomar el adolescente. Si el joven viste ropa extraña o se pasa horas mirando televisión, el vecino podrá notarlo, hará sus propias reflexiones sobre la juventud en general, pero no se sentirá obligado a decirle: "Tienes que vestirte de manera más formal". ¿Por qué un padre o una madre no puede tomar actitudes similares y sentirse más libre de disfrutar a su propio hijo o hija?

Sin tomar conciencia de ello, es posible que, hasta ahora, todo intento de acercamiento hacia su adolescente estuviera signado por pensamientos tales como: "El debería estar haciendo tal o cual cosa. Voy a ver si realmente lo está haciendo", y: "Según lo que esté haciendo, aprobaré o desaprobaré su actitud". Si usted quiere aprender a disfrutar de su adolescente, intente sustituir su actitud de "Voy a ver qué demonios está haciendo ahora" por una libre sensación de curiosidad, consciente de que no debe juzgar, aprobar o desaprobar, sino que simplemente puede disfrutar de lo que él hace como quien está participando de un espectáculo. Se dará cuenta bien pronto de que su hijo o su hija es sorprendente... y de que una de las grandes gratificaciones de ser padre le está llegando a través de su capacidad de disfrutar estas constantes sorpresas. Sin duda, usted tiene más experiencia que su adolescente y en muchos casos se dará cuenta anticipadamente de que determinadas acciones traerán consecuencias dolorosas para él o para ella; y que lo único que puede hacer es manifestar su preocupación o advertir sobre los riesgos que entraña tal actitud, sin poder, sin embargo, modificar las consecuencias. En cierta forma, usted está en la posición de alguien que está observando a una oruga que sale de su capullo. La oruga tiene que romperlo por sí misma, "sufrir" esa etapa para transformarse en una mariposa lo suficientemente fuerte como para abrir sus alas y poder volar. Si se la "ayuda a salir de su capullo", morirá. El saber esto, el comprender que un padre puede ver que su hijo o hija toma decisiones que obviamente le traerán consecuencias dolorosas, pero de alguna forma inevitables, le permitirá aceptar esas decisiones como una nueva oportunidad de crecimiento.

Resumiendo, en este segundo paso queremos que usted se permita a sí mismo disfrutar de la vitalidad y lo impredecible de las actitudes de sus hijos, aun cuando las cosas que haga, lo sorprendan o preocupen.

Si desea algunas instrucciones más específicas sobre cómo disfrutar de lo que hace su adolescente, ponga en práctica los siguientes ejercicios:

Haga una lista de las diez cosas que su hijo o hija haya hecho últimamente y que le resulten sorprendentes o inesperadas. Busque en cada una de estas actitudes algo que le haya parecido patético o divertido. Trate de detectar en cada uno de estos hechos algún aspecto que muestre cuán ingenuo puede ser su adolescente, o bien algo que le recuerde alguna cosa que usted haya hecho cuando tenía su edad, o quizá algún aspecto que sea muy típico de su hijo o hija que lo "pinte de cuerpo entero". Trate de encontrar alguna relación que le permita pensar: "Comprendo por qué actuó de esa manera".

Si le resulta difícil enfocar la actitud de su hijo de esta forma, intente predecir qué es lo que él o ella dirá o hará en los próximos cinco minutos. Plantéese la cuestión diciéndose a sí mismo: "Realmente estoy interesado en ver qué es lo que hace de su vida" y corrobore si su predicción, en cuanto a la actitud del chico, fue correcta o no. Si lo fue, disfrute el hecho de haber acertado. Si no acertó, disfrute lo impredecible y el factor sorpresa que entraña la actitud de su hijo o hija.

Piense en algo que entusiasmó a su hijo o hija. Trate de detectar en usted mismo algún sentimiento de comprensión o afinidad. Observe si comienza a desear sinceramente que su adolescente logre su objetivo. Esta sensación de empatía, este deseo de que él o ella alcance lo que desea lograr, es parte de ese amor y de ese placer de los que hablábamos en párrafos anteriores.

El tercer paso que usted puede dar, con el objeto de brindarle amor —es decir, encarar el cambio de conceptos mencionado en el punto 3— es un elemento de vital importancia debido a la intensa fuerza que tiene la interacción de lo que una persona piensa o cree de otra con lo que esa persona hace. Sin ser conscientes de ello, *inevitablemente actuamos como para que nuestras íntimas convicciones se conviertan en realidad.* De modo que si usted cree que su hijo o hija (o usted mismo) es malo, desvalido o tramposo, inconscientemente actuará de forma tal que influya en que él o ella (o usted mismo) sea realmente de esa manera. Por otra parte, si cree que su adolescente es básicamente bueno, capaz de tomar decisiones acertadas y de manejar adecuadamente su propia vida, inevitablemente y sin mayor esfuerzo lo habrá influenciado en esa dirección. Aun cuando nunca diga nada sobre el tema, el joven percibirá lo que íntimamente cree de él a través de la forma en que actúe, y siendo usted su padre tomará en serio lo que usted crea y terminará creyendo lo mismo. De allí a actuar como para convertir esta fe en realidad sólo habrá un paso.

A esta altura usted nos dirá: "Pero mi pequeño monstruo está actuando concretamente tan mal, tomando decisiones totalmente equivocadas... ¿Cómo quiere que cambie mi idea sobre esto?"

Por lo general, una decisión tiene, desde el punto de vista de quien la toma, consecuencias positivas y negativas, algunas de las cuales ocurren al poco tiempo de ser tomadas, mientras que otras se producen más adelante en el tiempo. Cuanto más madura es una persona y cuanto mayor experiencia tenga, tanto mayor atención prestará a las consecuencias de sus acciones a mediano o largo plazo. Es por eso que los adolescentes tienden a concentrarse en las consecuencias inmediatas, mientras que los padres piensan más en las consecuencias a largo plazo. Esta discrepancia es el origen de muchos de los conflictos entre padres y adolescentes.

Cuando un padre obliga, o intenta obligar, a un adolescente a decidir de determinada manera, generalmente no tiene en cuenta las consecuencias inmediatas sino que se preocupa por las consecuencias de esa decisión a mediano o largo plazo. Sin embargo, hay una consecuencia a un plazo más largo todavía, que ni el adolescente ni sus padres suelen ver: *Es el aprendizaje, por parte del adolescente, que lo prepara para prever todas las consecuencias que puede acarrear una decisión y evaluarlas correspondientemente.* Si los padres aprenden a confiar en su hijo, convencidos de que sabrá tomar decisiones efectivas y correctas, obtendrán tanto las ventajas a corto plazo —es decir, una relación libre de conflictos en el momento— como las a largo plazo, es decir, verán además que su hijo adolescente aprende a evaluar más claramente sus decisiones y a tomar en consideración *todas* las consecuencias que las mismas pueden acarrear. Cuando los padres evitan (o procuran evitar) que los hijos tomen decisiones que puedan tener consecuencias dolorosas a largo plazo, el joven tendrá pocas oportunidades de experimentar personalmente las consecuencias negativas de sus decisiones, y si las experimenta les prestará poca atención, porque ésta estará totalmente concentrada en luchar contra el control paterno o materno.

Es así como su confianza en que el adolescente tenga la capacidad necesaria como para tomar decisiones correctas incrementará la habilidad de él o de ella para hacerlo realmente. Y también es posible, incluso, que su evaluación sobre la decisión tomada por su hijo haya sido demasiado limitada, al no tener en cuenta sus objetivos globales. Por ejemplo, la decisión de su hija de cometer pequeños hurtos en un supermercado puede tener consecuencias (su enfrentamiento con la ley) que harán que ella decida, más adelante, ser una persona honesta y no robar. De modo que, viéndolo desde una perspectiva ampliada, la decisión no fue negativa, puesto que su adolescente pudo ver las consecuencias que trajo su acción.

Lo que queremos decir es que lo que usted crea íntimamente influirá sobre lo que su adolescente piense sobre sí mismo, y será el marco de referencia que limitará lo que sea, haga o tenga en la vida. Si usted modifica su forma de pensar con respecto de su adolescente (y de usted mismo), podrá influir sustancialmente sobre lo que ocurra en toda la relación con él o con ella.

A continuación damos una lista de lo que los padres suelen pensar de sus hijos y lo que, en consecuencia, piensa el adolescente de sí mismo:

Padre	Adolescente
Soy responsable de lo que hace mi hijo.	Papá (o mamá) es responsable de lo que yo hago. Yo no soy responsable de mis actos.
No lo logrará.	No lo lograré.
No es capaz de tomar decisiones.	No soy capaz de tomar decisiones.
Es estúpido.	Soy estúpido.
Es un enfermo mental.	Soy un enfermo mental.
Sólo vale como persona si es "bueno", es decir si va a la escuela, es sumiso, limpio, cortés y cumplidor.	Sólo valgo como persona en la medida en que me adecuo a lo que quieren los demás. Mis propias decisiones no tienen valor.
No puede cuidar de sí mismo.	No puedo cuidar de mí mismo.

Pretendemos que usted trabaje para cambiar su forma de pensar, modificando cada proposición en forma positiva. Por ejemplo.

Padre	Adolescente
Mi hija es responsable de lo que hace.	Soy responsable de mis actos.
Sabrá hacer lo mejor en cada situación.	Por supuesto que lo haré.
Es capaz de tomar decisiones.	Por supuesto que soy capaz de tomar mis propias decisiones en forma acertada.

Básicamente está bien.	Estoy bien.
Puedo confiar en que se cuidará.	Sé cuidar de mí mismo y lo haré.
No sé qué es lo que hará ahora, pero realmente me interesa la actitud que asumirá.	Mamá se interesa por lo que hago, y confía en que haré lo correcto para mí

Si usted está seriamente interesado en modificar su manera de pensar con respecto de su adolescente, es decir, pasar de la primera lista de ejemplos a la segunda, sugerimos que actúe de la siguiente manera.

Provéase de un pequeño bloc de papel y de un lápiz o lapicera, que llevará encima durante los próximos días. Después, a lo largo de cada día, fíjese que cada vez que usted piensa en el problema específico que está teniendo con su adolescente, siente una punzada de angustia. Cada vez que sienta esa punzada, tome conciencia de qué es lo que, correctamente, está pensando usted sobre su hijo o su hija. No se complique al respecto, simplemente trate de registrar conscientemente lo primero que le venga a la mente. Pueden ser pensamientos tales como: "Odio esta situación", "Me enferma", "Mi hijo me ataca", "Esto no va a funcionar", "Algo anda mal con él", o similares. Ahora saque el bloc y el lápiz, y anote ese pensamiento.

Seguidamente escriba otra frase a continuación de la primera, que comience con el nombre de su hijo o de su hija, y que continúe diciendo: "...tiene la capacidad de tomar sus propias decisiones y manejar su propia vida."

Repita esto concienzudamente durante varios días, hasta que note que esta forma de pensar se transforma en un hábito. Es decir que cada vez que note que el problema en cuestión le causa una punzada de angustia, un sobresalto interior, se sienta de inmediato reconfortado por la idea de que "Mi hijo (o hija) es perfectamente capaz de tomar decisiones acertadas, de manejar correctamente su propia vida".

En este capítulo hemos intentado facilitarle la tarea de dejar de lado la responsabilidad por decisiones que su adolescente puede tomar por sí mismo.

Queremos aclarar que *no* estamos hablando de que aliente a su hijo o hija a "pasar por encima suyo" ni a desdeñar las reglas que fija la sociedad en que vivimos. Eso no serviría de nada, porque, además del aspecto negativo que implicaría para su adolescente, provocaría que usted se sintiese muy mal interiormente. Tampoco sugerimos que ignore a su hijo o hija, o que exprese una despreocupación total ("¡Bien, haz lo que quieras, vas a ver que a mí no me importa!"). Usted puede demostrar interés, e incluso preocupación, por lo que su adolescente hace, pero negándose terminantemente a tomar decisiones por él, ya que éstas sólo le competen a él mismo.

De lo que sí estamos hablando es de la alternativa de considerar a otros como capaces de tomar sus propias y acertadas decisiones y de que haga todo lo posible para alentar a su hijo o a su hija a que haga lo mismo.

A esta altura de nuestro método, los padres suelen manifestarnos, profundamente preocupados, su inquietud con respecto de lo que sucederá si "permiten" que su hijo o hija decida por sí mismo.

¿No es acaso peligroso?

Puede salir por ahí y ser asaltada, violada e incluso asesinada.

No sabe cuidarse a sí mismo. Si yo no lo guío, se verá envuelto en serias dificultades.

Y estas preocupaciones son perfectamente válidas. Es innegable que el mundo está lleno de peligros, y que muchos jóvenes —y muchos adultos de cualquier edad— son violados, asaltados y asesinados cada día. *Por ello es tanto más necesario que los jóvenes aprendan lo antes posible a ser responsables por su propia conducta.* Lo único que realmente puede proteger a una persona contra todos esos peligros es su sentido común y el saber que es su propia responsabilidad cuidarse de los riesgos que lo rodean y tomar las decisiones adecuadas en cada caso. Si su adolescente tiene la idea de que es usted quien tiene que preocuparse por los riesgos que él puede correr, es probable que adopte una actitud totalmente despreocupada y nunca asuma ninguna responsabilidad. Y esto sí es realmente peligroso. Su hijo o hija actuará pensando que nada en este mundo es realmente peligroso, porque, después de todo, usted está detrás de él y sacará las castañas del fuego si se presenta algún problema. La realidad indica que usted no puede estar permanentemente detrás de él o de ella ni sacarle siempre las castañas del fuego, por lo que se estarán moviendo basados en una sensación de seguridad totalmente falsa e infundada. De modo que creemos que lo mejor que usted puede hacer para proteger realmente a su adolescente contra los peligros que lo acechan es dejar de lado esa creencia de que la seguridad es responsabilidad de los padres y transferirle a él o a ella el problema confiando en su capacidad para tomar las decisiones más acertadas.

Si usted piensa que debería esperar para tomar esta actitud hasta que su adolescente demuestre que está maduro para asumir dichas responsabilidades, por favor, recapacite. La gente no aprende automáticamente a ser más responsable a medida que se va haciendo mayor. Es muy posible que conozca individuos de treinta o cuarenta años que siguen siendo tan irresponsables como cuando eran adolescentes. Una persona aprende a ser responsable cuando enfrenta situaciones en las que tiene que valerse por sí misma y asumir las consecuencias de las decisiones que tome en ese momento. Si usted protege a su hijo o hija contra todos los peligros de la vida, está impidiendo que desarrolle su capacidad para enfrentarlos y vencerlos. Hemos comprobado que si se confía plenamente en la capacidad de un chico, en ese sentido, aun los más jóvenes demuestran una increíble habilidad para cuidar de sí mismos. La falta de autoconfianza que muchos adolescentes presentan está directamente relacionada con la falta de confianza que otros demuestran hacia él.

Si todavía siente que le cuesta demasiado dejar de ejercer el control sobre diversos aspectos de la vida de su hijo o hija, sugerimos que proceda paulatinamente, esforzándose en modificar su actitud lo más que pueda, sin sentirse mal usted mismo. Quizás más adelante, al ver los resultados positivos que logra alcanzar con esa prueba, se sentirá más capaz de ceder más responsabilidades. Tenga en cuenta que todo lo que pueda hacer ahora para transferir responsabilidades redundará, a la larga, en beneficio de su hijo o hija, y en el de usted.

Capítulo cuatro

¿Cuál puede ser la respuesta de su adolescente?

En el capítulo anterior hablamos sobre su actitud de *desear* que su adolescente asuma sus propias decisiones. En este capítulo veremos qué es lo que puede llegar a suceder cuando usted le transfiere a su hijo el derecho de manejar su propia vida.

¿Qué hará su hijo o su hija con esa nueva "libertad" obtenida, desde el momento en que usted decida no tomar más decisiones en su lugar?

La mayoría de los jóvenes con que trabajamos dicen que lo que más desean es mayor libertad para manejar sus vidas a su antojo. Teniendo en cuenta la insistencia de esta demanda, sería de esperar que cuando finalmente logren su objetivo respondan con rostros radiantes y sonrisas de felicidad. Es cierto que eso se da de tanto en tanto, pero nos llamó la atención la gran cantidad de adolescentes que cuando sus padres finalmente "permitieron" que fueran ellos quienes tomaran las decisiones, no se sentían felices en absoluto. Lo más común es que se los vea deprimidos o cabizbajos, y que digan cosas tales como: "Ya no te importa nada de mí". "Nunca vas a cumplir lo que me prometes" e incluso (y citamos textualmente): "No creo estar preparado para tomar mis propias decisiones" y "Por favor, sigue controlándome". Y muchas veces lo primero que hacen con su nueva libertad es portarse aún peor que antes, en lo que parecería ser un intento para lograr que los padres retomen el control sobre ellos.(*)

Veamos por qué se comportan así.

Creemos que una importante parte del "yo" de todo joven, realmente necesita y quiere "libertad", es decir que quiere y puede tomar las riendas de su vida, tomar decisiones responsables y ser un individuo independiente. *Sin embargo, otra parte de ese "yo" teme a esa libertad,*

(*) También es una manera de "probar" a los padres, para ver cuánto de serio hay en lo que dicen.

quiere que lo "salven" de ella, y hace todo lo posible para que otro tome las decisiones por ellos.

Esto va más allá de las problemáticas del niño o del adolescente. Todo ser humano se encuentra en una situación similar a lo largo de toda su vida. Desde muy niños, todos queremos actuar en forma independiente pero, al mismo tiempo, nos asusta la independencia. El individuo quiere la libertad de tomar sus propias decisiones, pero al mismo tiempo quiere permanecer seguro y protegido, al amparo de viejos hábitos, y que sea otro el que tome las decisiones. Somos todos un poco como el león de circo mencionado en el "Don Quijote" de Cervantes, que soñaba con escaparse de su jaula y salir a correr libremente por los campos. Un buen día, la puerta de la jaula quedó abierta y el león se escapó. Pero tan pronto hubo salido de entre los barrotes lo abrumó tanto el peso de su libertad y de la responsabilidad que ella llevaba implícita, que, según cuenta la historia, dio media vuelta y *regresó corriendo a su jaula.*

Todos tenemos que hacer la misma elección que el león, diariamente y varias veces al día. Tenemos que elegir entre hacer nuestra propia y valiente vida o adecuarnos a decisiones prefabricadas. Probablemente la mayoría de nosotros elija una vez de determinada forma, otras de otra, logrando por lo general un equilibrio razonablemente adecuado entre ambas posiciones. Y lo que es más: en la mayoría de los casos, ni siquiera tomamos conciencia de que estamos haciendo esa elección.

Sin embargo, una y otra vez suceden cosas que nos hacen rever nuestras elecciones. Gente significativa entra o sale de nuestras vidas, aprendemos cosas nuevas, nos graduamos, nos casamos y tenemos hijos. Cada uno de estos cambios es una especie de crisis, porque nos presiona: o bien para tomar más decisiones por nuestra cuenta o bien para dejar que nos manejen desde afuera. En realidad, todo esto nunca concluye definitivamente, ya que siempre se presentan nuevas oportunidades para hacer, una y otra vez, una elección.

Suponemos que, a esta altura, ya es evidente que los autores estamos a favor de la alternativa "toma de decisiones" y no de la de "decisiones prefabricadas". Pensamos que, a lo largo del crecimiento del ser humano, idealmente, una persona se va volviendo más y más dispuesta a asumir sus propias decisiones. Es lo que en psicología se llama crecer, madurar, volverse responsable, liberarse y expander la propia conciencia. Sabemos que ambas formas de elección son importantes, y que, inevitablemente, todos haremos, más de una vez, uso de las decisiones "prefabricadas", pero pensamos que, a la larga —así al menos es de esperar—, el sendero conduce a través de todas esas crisis hacia la autonomía para resolver aspectos de nuestras propias vidas.

Si está teniendo problemas con su adolescente, es muy probable que ambos estén teniendo este tipo de crisis, en la que una parte del ser desea usar el propio criterio y ser independiente, y la otra parte presiona por adecuarse cómodamente a las ideas impuestas desde afuera.

El adolescente se encuentra inmerso en esta crisis porque ha avanzado a una edad en la cual —al menos en nuestra sociedad— se comienza a reafirmar la propia individualidad. Si analizamos la posición del joven, vemos que hasta la edad de once o doce años ha estado aprendiendo una gran cantidad de cosas nuevas, y lo más probable es que la mayoría de estas cosas le *hayan sido impuestas por usted, su padre*. Incluso un niño que protesta violentamente contra la vida que lo rodea va haciendo suyo lo que aprende del modelo que le dan sus padres: a caminar en lugar de gatear, a hablar el idioma materno, a usar los cubiertos en lugar de los dedos, a vestirse, a ir al colegio y muchas otras cosas.

Una vez que ha aprendido todas estas costumbres, llega el momento en que tiene que aprender otra cosa muy importante: tomar conciencia aún más plenamente de que puede tomar decisiones, que es una persona independiente y distinta de sus padres y de cualquier otro individuo, una persona que debe manejar su propia vida. Para mantenerse mentalmente sano, un joven *necesita* darse cuenta de que no es un duplicado de alguien, una simple copia, y que los impulsos en que se originan sus acciones vienen desde adentro y no desde afuera. Dicho en otras palabras, para el joven es fundamental desarrollar su propia identidad. Para hacerlo, indefectiblemente, necesitará tomar decisiones que difieran de las de sus padres, aunque más no sea para poder darse cuenta de que *es capaz* de originar ideas propias.

En nuestra sociedad, la necesidad interna de actuar de esta forma y afirmar la propia individualidad surge entre los once y los dieciséis años. Básicamente, es algo saludable y positivo, que nos indica simplemente que el niño está creciendo, y no, de ninguna manera, que nos odia o que se está convirtiendo en una mala persona. Más adelante, cuando el joven ha pasado por todo esto y toma conciencia de que, efectivamente, es un individuo independiente, es muy posible que "vuelva al redil" y acepte muchas de las ideas de los padres que antes rechazara. . . pero con la diferencia de que ahora las acepta porque él o ella *quieren*, porque no son sus propias ideas de adulto. (*)

Queremos destacar la terrible presión interior que representa para su hijo o hija tomar sus propias decisiones. Están en el lugar del león para quien había llegado el momento de la libertad, pero que tenía miedo de asumirla. Sin lugar a dudas, una parte del joven, honesta y sinceramente, desea y necesita liberarse —es parte de su crecimiento— pero la idea de libertad también lo asusta. La tentación de volver

---

(*) Se requiere un nivel de madurez que la mayoría de los adolescentes no ha alcanzado para *decidir hacer precisamente aquello que los padres insisten en que hagan.* Lo más normal es que hagan exactamente lo opuesto, para demostrar su independencia, sin darse cuenta de que, a lo largo de ese proceso, realmente están demostrando su dependencia.

corriendo a la jaula es muy grande, por eso la mayoría de los chicos lo hace varias veces.

La forma de "volver a la jaula" para un adolescente *es conseguir que otros decidan por él.* La secuencia es más o menos la siguiente:

1. El joven concibe la osadía de tomar una decisión propia.
2. Una sensación de pánico lo invade.
3. El joven actúa de alguna forma determinada, conducta con la cual sabe que hará que usted reaccione y *tome la decisión por él o por ella.*
4. Usted le sigue el juego, ordenándole cómo conducirse, supervisándolo, reprendiéndolo, aprobándolo o desaprobándolo, etcétera.

Si el joven consigue eso —es decir que usted o alguien le diga cómo se debe conducir, lo supervisa, lo aprueba o desaprueba— no tendrá que decidir nada por sí mismo. Una vez que consiguió a ese "tomador de decisiones" mandón, puede protestar airadamente contra la tiranía a que lo someten, insistir a voz en cuello que quiere su libertad, y entre tanto hacer lo que quiere sin sentirse responsable de nada.

Pasar una y otra vez por esta secuencia no es una posición demasiado agradable. La actitud displicente y hosca de muchos de nuestros rebeldes adolescentes refleja claramente cómo se sienten. Es una posición poco confortable, ya que nunca se deciden totalmente por una u otra actitud. Algo en él o ella le dice que no tiene que aceptar vivir en una jaula, obedeciendo o desafiando órdenes y decisiones ajenas, sino que está creado para ser libre y tomar sus propias decisiones con responsabilidad. Y este "algo" lo impulsa desde muy adentro, haciendo que finalmente dé el "salto hacia la libertad", tomando una decisión independiente. Pero como eso equivaldría a renunciar a la jaula, y la sola idea de estar afuera de esa jaula protectora le da pánico, rápidamente desiste de su actitud independiente. Su modo de "volver a la jaula" es actuar de forma tal que el padre o la madre se sientan impulsados a retomar el control; es decir, haciendo algo frente a lo cual usted reaccione reprendiendo o castigando, aprobando o desaprobando, cuestionando, supervisando, indicándole exactamente qué hacer y qué dejar de hacer. Una vez que su adolescente consigue que usted reaccione de esta forma, la vida es otra vez segura; es decir, está de regreso en su jaula. Probablemente no se sienta muy feliz, pero sí se siente protegido. Por supuesto que esta situación no es duradera. No pasará mucho tiempo hasta que la idea de independizarse surja de nuevo, y el ciclo se repite, y el adolescente tiene que manipular a sus padres, una y otra vez, para lograr que ellos asuman todas las responsabilidades que en realidad le corresponde asumir a él.

Habitualmente, ninguno de los dos protagonistas de estas escenas tiene conciencia de que actúa conforme a este esquema, y si les preguntásemos qué es lo que les está sucediendo no sabrían qué responder. Pero hay un alto grado de probabilidad de que algo de esto esté ocurriendo entre su adolescente y usted.

Podríamos decir que el adolescente se ha vuelto adicto a que le presten esa "atención negativa". Cada vez que surge la posibilidad de tomar sus propias decisiones, su hijo o hija reacciona, provocándolo a *usted* a fin de que asuma la responsabilidad en lugar de ellos. Y usted lo hace, dispensándoles, de una u otra forma, "atención negativa" a través de una actitud que significa: "Te ordeno que hagas tal o cual cosa." Sin que quizás tenga plena conciencia de este mecanismo, la mayoría de los adolescentes comprende perfectamente bien qué es lo que molesta a sus padres y saben cómo utilizar ese conocimiento para provocar exactamente el grado de consejo, castigo, restricción o desaprobación que están buscando. En una familia, por ejemplo, la hija lo logra llegando tarde a casa o insultando a sus padres; en otra, el hijo lo consigue diciendo que los padres no se preocupan por él o rehusando bañarse. Una adolescente que conocimos solía asumir un aire total-mente inocente y preguntaba a su padre cosas tales como: "Papá, ¿qué opinas de esas chicas que quedan embarazadas?" En ese momento ella no tenía ni la menor intención de quedar embarazada, ni le interesaba para nada qué era lo que su padre opinaba sobre el tema (además, lo sabía perfectamente), pero con ese tipo de pregunta lograba atraer la irritada y preocupada atención de su padre, con lo cual quedaba asegurado que él seguiría actuando como su cancerbero, liberándola a ella de toda responsabilidad.

A fin de mantenerse en esa posición de "víctima" que provee la "atención negativa", los adolescentes no sólo provocan a sus padres y autoridades en general para que reaccionen dándoles lo que en el fondo buscan, sino que además la magnifican y exageran, e incluso la inven-tan, si fuera necesario. Muchos son los adolescentes que confían a sus amigos sus problemas con padres crueles, extremadamente estrictos o totalmente faltos de cariño, cuando el común de la gente no titubearía en considerar a esos padres como personas perfectamente normales y razonables. Pero entre los adolescentes describir cuán mal los tratan sus padres es cuestión de status, algo que da lustre. Un joven logra cierta seguridad y protección —en el sentido en que aquí nos referimos a estos temas— poniéndose en el papel de un chico desesperado e incomprendido; y como no puede convertirse en un desesperado ni en un incomprendido sin que haya un villano, el adolescente provoca a quien puede (y ese "quién" probablemente sea usted, su padre) para que asuma el papel del maldito dictador. Evidentemente, una vez no es suficiente. El adolescente tiene que seguir provocando conflictos a fin de que él y usted sigan desempeñando esos roles. Es posible que algunas de las escaramuzas entre usted y su hijo o hija tengan más intención, por parte del adolescente, de ponerlo a usted en su papel de "represor" que de resolver el tema que provocó la discusión entre los dos.

Lo que queremos señalar es que muchas de las actitudes preocupantes o fuera de lugar de su adolescente no se deben a que lo diviertan o a que odie a sus padres, sino a que *son un medio excelente para lograr "atención negativa" liberándolo de esa forma del tener que tomar sus propias y responsables decisiones.* En cierto sentido, el chico tiene una especie de adicción a la "atención negativa", como si ella fuese una droga, y usted está en la posición del proveedor de la misma. Y nos aventuramos a proseguir con esta analogía afirmando que esta droga es sumamente perjudicial. Su "atención negativa" alienta a su hijo o hija a seguir evadiendo sus responsabilidades para con él mismo.

Resumiendo, es probable que el adolescente *haya estado recibiendo* hasta este momento "atención negativa" en forma de reprimendas, censuras, admoniciones, mensajes de desesperación ante la forma en que él o ella se está comportando y desarrollando, e intentos, aún más desesperados, de controlar todo cuanto él o ella hace. Lo que el joven *necesita recibir*, ante esta situación, es ayuda y aliento, para poder inclinarse por la opción de tomar sus propias decisiones.

Es muy posible que, hasta ahora, haya estado enredado en un esquema de este tipo, en su relación con su adolescente. En el presente libro le pedimos que deje de intentar ejercer control sobre las decisiones que realmente corresponde que sean tomadas por su hijo o hija. De acuerdo con este esquema, es muy probable que, ante esa delegación de responsabilidades, el adolescente reaccione en primera instancia en forma negativa, como para obligarlo a usted a retomar el control sobre su vida. Puede ser que asuma cualquiera de las actitudes que enumeramos en la página 21 o que se comporte peor que antes en aquellos asuntos en los cuales usted le dio "libertad"; o que adopte una conducta provocativa completamente nueva.

Queremos que usted tome estos "brotes de rebeldía aguda" con serenidad, y por eso le proponemos que se prepare para ellos estudiando las recomendaciones que aquí le haremos sobre qué hacer si su hijo o hija reacciona de esa manera. Ante todo, tenga en cuenta que cuando más preparado y sereno se encuentre usted frente a la posibilidad de que ocurran tales reacciones, tanto menor será la posibilidad de que se produzcan, o, al menos, será menor la intensidad de las mismas. En nuestros estudios hemos notado que cuando los padres dejan de lado los controles —en la forma en que se lo estamos planteando aquí—, las reacciones de los hijos son menos violentas y provocativas, en consecuencia con la actitud de los padres en lo que a delegación de responsabilidades se refiere. Cuanto más firmemente se comprometa con la actitud señalada en el capítulo 2, tanto más rápidamente su adolescente se dará cuenta de que realmente quiere que él o ella asuma sus propias responsabilidades y tanto mejor las asumirá.

Aquí le indicaremos algunas formas de actuar en caso de que su adolescente comience a comportarse peor que nunca después que usted haya abandonado su intento de controlar los problemas por los que debe preocuparse el adolescente.

Tan pronto usted se dé cuenta de que la conducta que lo venía preocupando continúa, o incluso empeora, su primera reacción puede ser un arrebato de enojo, desilusión, frustración. En tal caso, DETENGASE; no diga absolutamente nada ni haga nada con referencia a tal comportamiento; en cambio, procure reflexionar serenamente sobre lo siguiente:

a) El enojo, la desilusión o la frustración que usted está sintiendo es el primer paso tendiente a dar a su adolescente la atención negativa a la cual él o ella se han hecho "adictos". Y eso usted no debe hacerlo más. Si se deja llevar y expresa estos sentimientos, sólo logrará reforzar la conducta irresponsable de su hijo o hija.

b) La conducta de su adolescente no lo está afectando a *usted* (recuerde que estamos hablando siempre de los ítem de la lista del adolescente). La conducta de su hijo o hija sólo afecta la vida de él o de ella. Entonces, ¿por qué no dejar que también sea él o ella quien experimente el enojo, la desilusión y la frustración que acompañan su inconducta? Relájese, afirme interiormente su posición y procure lograr una visión más amplia de la situación.

Para dejar de lado su enojo, etcétera, intente imaginar que quien se comporta de esa manera es un amigo o una tía o un tío y no su hijo o hija. Verá que de inmediato deja de tomar el problema en forma tan personal. Se sentirá sorprendido, apenado, quizá preocupado por el hecho de que esa persona tenga tal problema, pero no experimentará enojo ni frustración.

c) Es cierto que su adolescente parece querer forzarlo a retomar los controles que ha dejado de lado. Pero tenga la seguridad de que una parte de él o ella quiere y necesita de esa libertad que usted le está dando. Confíe en que esa "otra parte" de su hijo o hija sabrá manejar perfectamente la situación y que así lo hará.

Sea cual fuere su primer impulso con respecto de esta conducta de su adolescente, *manténgase firme en su decisión y no retome los controles dejados.* Cuando su hijo o hija comience a conducirse en forma problemática, lo más probable es que usted sienta el impulso inmediato de responder a esa conducta tal como lo ha venido haciendo hasta ahora, es decir, sintiendo pena por su adolescente, expresando alarma, formulando preguntas, haciendo gestos de desaprobación, dando recomendaciones.

No lo haga. Sin lugar a dudas, a pesar de nuestra recomendación, reincidirá varias veces en su antigua conducta, hasta poder superar por completo el hábito de conducir a su adolescente, pero recomience tantas veces como sea necesario hasta que pueda dejar de intervenir. Piense en la "atención negativa" que usted suele dar a su hijo considerándola una droga peligrosa, y rehúse seguir administrándosela.

En cambio, actúe de la siguiente forma:

Sea amable y cortés en su trato con el adolescente. Dado que hasta ahora le había dispensado "atención negativa", es fundamental que ahora lo provea de algo totalmente diferente. Los dos elementos básicos de la "atención negativa" son: 1) que es negativa, y 2): que generalmente tienen una alta carga emotiva. Una actitud en contra de esa "droga" peligrosa será que no muestre tensiones, sino, por el contrario, que su comportamiento refleje seguridad. Recuerde: "Yo estoy actuando bien; es esa otra persona quien tiene un problema", y "Esta persona no me ha hecho nada a mí personalmente."

Como norma general, mantenga su atención centrada en sus propias actividades; de modo que no esté alerta para detectar si su hijo o su

hija está haciendo tal o cual cosa que sólo le compete a él o a ella. Cuando usted perciba el comportamiento inadecuado de su adolescente, no haga nada al respecto, salvo o hasta que:

1) Usted no haya sido capaz de liberarse totalmente del problema y el mismo lo siga preocupando seriamente, o 2) la actitud sea muy evidente, como por ejemplo que su hija o hijo le diga directamente lo que ha hecho o está haciendo, que lo haga en su presencia o que alguien de afuera —policía, docentes, vecinos— se lo comenten. No se haga el detective averiguando subrepticiamente cómo se está comportando su hijo o hija.

Cuando usted reciba el mensaje directo de que la actitud de su adolescente que lo preocupaba sigue vigente, hable con su adolescente si quiere hacerlo, pero hágalo de manera especial, de una manera que deje bien claro que usted es responsable por su propia conducta, pero que se rehúsa terminantemente a asumir la responsabilidad por la conducta de él. Puede hacer esto usando básicamente frases en primera persona, que tienen por sujeto el pronombre "yo", es decir, usted. En las mismas, transmitirá lo que *usted* piensa, siente, quiere, hará, de modo que la atención esté centrada en usted mismo y no en su hijo o en su hija.

He aquí una secuencia de cosas que usted puede incorporar a su diálogo en lugar de las respuestas de "atención negativa" que solía dar antes. Utilícelas en la medida en que usted se sienta cómodo con ellas.

1) En una sola frase, deje bien claro el tema del que está hablando. Si no fue su mismo hijo quien le informó sobre su inconducta, dígale claramente de qué se trata y cómo se enteró usted:

> Tu maestro me llamó por teléfono esta mañana para decirme que no has ido al colegio durante los últimos diez días.
> He comprobado que andas en la motocicleta de tu amigo sin usar el casco de seguridad.
> La policía me avisó que fuiste llevado a la comisaría por ebriedad y desorden en la vía pública.

2) Dígale cómo se siente usted frente a dicha situación. . . en una "frase en primera persona", por ejemplo:

> A mí me preocupa mucho escuchar esto.
> A mí me entristece enterarme de esto.
> Yo estoy muy preocupado ante ese hecho.
> Yo me encuentro realmente sorprendido.

3) Destaque las consecuencias que usted considera que puede tener la conducta de su hijo o hija.

> A mí me parece que, si haces esto, las consecuencias serán tales y tales.

Si la inconducta de su hijo o hija lo preocupa profundamente o lo angustia, cuéntele sin vueltas las fantasías que usted tiene respecto de las posibles consecuencias. Quizás incluso sea positivo dramatizarlas o exagerarlas hasta el absurdo. Siempre y cuando usted asuma la responsabilidad por tales fantasías, presentándolas en "frases primera persona" como pensamientos propios y no como profecías: esos comentarios no le harán daño ni influenciarán negativamente a su hijo o hija.

> Temo que vayas a dejar el colegio totalmente, que andes vagando por las calles, que te violen; y que no consigas trabajo y que tengas que vivir de la caridad pública.

> Temo que salgas con la motocicleta y tengas un accidente, que te lastimes seriamente; que termines internado en un hospital, que te tengan que operar y que sufras un daño cerebral irreparable que te deje convertido en un vegetal.

4) Reafirme su impotencia ante el problema, pero, al mismo tiempo, deje bien sentado qué es lo que usted desea que su hijo o hija haga.

> Quiero que termines el bachillerato, pero sé que no puedo controlar que estudies lo necesario.

> Me gustaría que regreses a casa a las diez de la noche, pero no puedo obligarte a que lo hagas.

> Realmente quisiera que dejes de fumar marihuana, a pesar de que no soy yo quien puede tomar tal decisión por ti.

5) Si le parece apropiado, y realmente desea hacerlo, recuerde a su adolescente (una sola vez) que usted está dispuesto a ayudarlo si él así lo desea. Y si su hijo o hija le pide ayuda, asegúrese de que sólo le está dando una mano y que no está manejando usted la situación. Averigüe con su hijo cómo quiere él que usted lo ayude, y limítese a prestar esa ayuda específica. Deje que él sugiera otras ayudas posteriores. Si su adolescente no le pide más ayuda, manténgase al margen de la situación.

6) (Y éste es un paso muy importante): Exprese claramente su confianza en que su hijo o hija tomará la decisión más adecuada y más positiva para su propia vida.

> Sé que decidirás lo que realmente sea positivo para ti.

> Estoy seguro de que encontrarás una solución adecuada.

> Sé que tienes capacidad suficiente como para solucionar este asunto.

El mensaje completo que convendrá que transmita, cuando usted note que su adolescente hace cosas que son de su propia incumbencia pero que, sin embargo, a usted le preocupan, será:

> Por tu boletín de calificaciones veo que este bimestre anduviste muy mal en el colegio.

> Realmente lo siento, y me preocupa, pero sé que encontrarás la forma de superar este problema de la mejor manera posible. Si puedo ayudarte en algo, cuenta conmigo.

> Estuve notando últimamente que estás fumando marihuana de tanto en tanto. No puedo dejar de imaginar que, si sigues con eso, terminarás siendo un títere inanimado, con serias lesiones cere-

brales, física y psíquicamente discapacitado. Quiero realmente
que dejes de fumar, aunque sé que no puedo obligarte a hacerlo.
Con todo, estoy seguro de que sabrás decidir por ti mismo qué es
lo que más te conviene.

Es posible que su hijo o hija haga cosas que deriven en situaciones
externas que lo obliguen a usted a intervenir. Por ejemplo, si los
vecinos se quejan de que hacen mucho ruido. O si el colegio lo respon-
sabiliza a usted por daños ocasionados por su adolescente. O si la
policía lo llama por teléfono, en medio de la noche, para informarle
que su hijo ha sido arrestado y que usted tiene que ir a la comisaría.

En estas situaciones, se puede decir que, en cierta manera, el adolescente recurre a la ayuda de la comunidad para presionar a sus padres a
que reasuman la responsabilidad por sus propios actos. Lo ideal sería

no ceder siquiera a este tipo de presión. Haga lo que sienta que corresponde frente a dichas circunstancias, pero hágalo en forma serena, sin ceder a la tentación de reprender, culpar, interrogar o ignorar a su hija o a su hijo, o a la presión de sentirse culpable porque su adolescente hizo algo que está mal. Sabemos que eso le resultará muy difícil, y no pretendemos que trate el asunto a la ligera. Planificar de antemano qué es lo que efectuará si recibe un llamado telefónico de ese tipo puede ser una gran ayuda para manejar luego la situación adecuadamente. Lo más probable es que la noticia sobre la inconducta de su hijo o hija lo tome de sorpresa, de modo que lo ayudará mucho proponerse de antemano que, "suceda lo que suceda, voy a tomar, serenamente, la actitud más conveniente, sin ceder a las presiones de actuar en forma precipitada, de la manera que es seguro que los demás esperan que yo actúe".

Si usted permanece sereno y calmo, incluso le será posible aprovechar este tipo de situación para demostrar que usted realmente considera que su adolescente —y no usted— es responsable por lo que hizo. Por ejemplo, cuando su vecino lo llama a usted por teléfono para quejarse de alguna tropelía cometida por su adolescente, procure poner a su hijo o a su hija al habla con el vecino, y que él o ella arregle las cosas por su propia cuenta. Si las autoridades del colegio le informan sobre alguna inconducta de su hija, dígales que usted les da plena autorización para proceder como ellos consideren que conviene, y simplemente transmítale el mensaje a su hija. Si recibe un sobre del colegio dirigido ominosamente a "los padres" de su hijo, entréguele a él la carta, comentándole, por ejemplo: "Supongo que esto es para ti, Bob". Si la policía lo llama por teléfono para decirle que vaya a recoger a su hijo o hija, realice ese "trámite" de acuerdo con su propia conveniencia. No salte de la cama en medio de la noche ni interrumpa su horario de trabajo. De esta manera usted le estará diciendo a su adolescente tácitamente que confía lo suficiente en él o en ella, en lo que hace a su capacidad para tomar decisiones, como para no salir corriendo a sacarlo de apuros o pagar su fianza, y que las consecuencias de su comportamiento recaerán exclusivamente en sus propios hombros.

¿Qué hacer si su adolescente comete algo sumamente grave, que puede resultar potencialmente peligroso para él o para otros: por ejemplo, uso excesivo de alcohol o drogas, intento de suicidio o amenazas serias hacia terceros? Pensamos que éstos son casos muy especiales. Cuando un joven hace cosas que inevitablemente obligan a su arresto o a su internación en un hospital, consideramos que no se le puede dar la libertad de que hablábamos antes, sino que necesita controles, y controles mucho más firmes y estrictos que los que usted pueda ejercer, controles que no pueda quebrar tan fácilmente. Los principios básicos que mencionamos en este libro son aplicables en todos los casos, pero pensamos que cuando la actitud del adolescente lleva implícito un riesgo físico, ya sea para él mismo o para terceros, la situación se vuelve demasiado difícil como para que usted la pueda manejar sin ayuda. A menudo este tipo de chicos, a raíz de su inconducta, está bajo la custodia de algún tipo de autoridad, que sí puede mantener la situación dentro de límites razonables: la policía, el juez de menores, un médico, etcétera. Si ésta es su situación, le recomendamos aprovechar al máximo la ayuda que este tipo de profesionales puede brindar a su hijo o a su hija. El trabajar con el programa que exponemos en el presente libro puede ser un excelente apoyo adicional en la crianza de adolescentes que tienen ese tipo de problemas de inconducta, pero solamente adicional.

Entonces, como hemos visto, cuando transfiere a su adolescente la responsabilidad por sus decisiones personales, usted puede esperar cualquier cosa: desde una mejoría inmediata de la situación hasta un agravamiento de la inconducta en cuestión. No se asuste por esas "recaídas". Si usted está preparado para ellas, no tiene por qué temerles, y si usted se mantiene firme y es sincero en su actitud de transferir la responsabilidad a su adolescente, lo más probable es que esos episodios sean breves. Cuando hayan pasado (y si usted sigue firme en la posición que le hemos sugerido) estamos seguros de que tendrá una relación mucho más cómoda y gratificante que la vivida hasta ahora con su adolescente.

Queremos darle un último consejo mientras usted se apresta a trabajar en la aplicación de estas ideas: *no abandone*. El enfoque que le sugerimos es eficaz. . . mucho más eficaz de lo que pueda parecer a primera vista, y en muchos casos su aplicación logra resolver ciertos conflictos entre padres y adolescentes en forma casi inmediata. Pero en otros casos lleva más tiempo. Quizás usted sea uno de los padres que no logran ver cambios ni en su adolescente ni en usted mismo por un tiempo considerable, aun cuando, aparentemente, usted haga todo lo que le indicamos. Es importante que persevere y que trate de detectar situaciones en las cuales, sin darse cuenta, usted todavía actúa tal como solía hacerlo antes. Recuerde que ahora está trabajando para lograr un cambio en la forma global de ver las cosas, tanto para usted como para su hijo o hija.

Hay muchas cosas que puede hacer para lograr este cambio, cosas pequeñas que sugerimos en este libro y que son importantes. Pero tenga en cuenta que también usted tiene que "crecer" con este método. Es posible, además, que usted y/o su adolescente simplemente tengan que pasar por más problemas, pugnas y "tiras y aflojes" hasta realmente "tocar fondo" antes de que la situación comience a revertirse. De modo que persevere y prepárese para ser meticuloso y persistente en la aplicación de las presentes ideas. Piense que todo cuanto está haciendo ayuda, y que los resultados positivos terminarán llevándolo a un final feliz, aun cuando no pueda ver los beneficios de inmediato. Por nuestra experiencia de trabajo con muchos padres desesperados sabemos que ese final feliz es posible.

Capítulo cinco

Rompiendo el acuerdo mutuo

Hemos hablado de diversos factores que pueden dificultar su tarea de renunciar al control de los ítem de la "lista del adolescente". En el capítulo 3 hemos analizado algunas de las ideas que usted puede haber tenido sobre cómo debe actuar un buen padre. En el capítulo 4 hemos visto de qué manera su adolescente puede intentar obtener seguridad a través de sus esfuerzos por controlarlo, y de qué manera pueden llegar a actuar para *provocar* ese control

Despues de todo esto, sin embargo, es posible que todavía le cueste asumir la idea de que no es tarea suya controlar a su hijo o hija. ¿Por qué eso le cuesta tanto?

Veamos qué es lo que *usted* obtiene del hecho de controlar a su adolescente. Porque mucho de lo que hemos dicho en el último capítulo acerca de los temores que le acarrea al joven el asumir sus propias responsabilidades y de su búsqueda de controles externos para obtener cierta seguridad, también es aplicable a usted.

Hemos dicho que eso de tener que elegir entre actuar por iniciativa propia o utilizar decisiones prefabricadas no es sólo aplicable a los adolescentes. Es algo que se prolonga a lo largo de toda la vida... *incluyendo el momento que usted está viviendo ahora.* Y, de hecho, se nos ocurre que es un problema que se agudiza muy especialmente en el período de la vida que usted está transitando en este momento.

La dificultad de hacer esta elección alcanza sus picos más elevados en ciertos momentos cruciales de nuestra vida. La adolescencia es uno de ellos. Y otro, es el momento en que sus hijos dejan la infancia para ingresar en la vida de adultos.

Es éste un tiempo sumamente crítico para usted, porque trae aparejada la inminencia de un cambio de identidad. Durante años, la idea "tengo la responsabilidad de criar a mis hijos" formó parte de su identidad. E independientemente de lo fácil o difícil que esa tarea le haya resultado, usted se había acostumbrado a ese rol, se había convertido en algo natural para usted. Y ahora está sintiendo, con intensidad cada vez mayor, que se está operando un cambio en su forma de vida. Su hijo o hija ya no lo necesita en la medida y en la manera en que lo necesitaba años atrás, *lo cual lo libera a usted*. . . ¡para quién sabe qué nuevas posibilidades! Es como si, de pronto, también para usted la puerta de la jaula se abriese y una nueva situación, con todos sus proes y sus contras, lo estuviera esperando. Hay una nueva libertad para usted allí afuera. Las cosas cambiarán, y *usted* decidirá cómo será su vida de aquí en adelante. La perspectiva de un cambio y de una nueva libertad está latente todo el tiempo, mientras su hijo o hija se va transformando de bebé en adolescente, pero se torna mucho más vívida y real cuando su adolescente está, de pronto, tan próximo a convertirse en adulto. Esto es lo que convierte la situación en una verdadera crisis. Es muy probable que usted experimente las dos sensaciones que tuvo el león del cuento: 1) grandes ansias de saltar hacia la libertad, hacia la vida nueva, y 2) rechazo, temor y tristeza ante esa nueva etapa.

Estamos hablando muy seriamente sobre esta crisis y la dificultad que usted experimenta para elegir entre ideas propias y originales, actitudes prefabricadas. Lo que acabamos de describir puede no coincidir aparentemente con su situación, pero si usted se siente perturbado de alguna manera, es muy probable que, a cierto nivel, usted esté tomando conciencia de las posibilidades que se le presentan para hacer nuevas cosas, y al mismo tiempo esas nuevas perspectivas lo asusten. El deseo de escapar de nuestras nuevas posibilidades suele ser muy intenso.

Habíamos dicho que los adolescentes que se encuentran en una posición similar le escapan a la responsabilidad de concretar sus propias ideas logrando que otros se ocupen de ejercer un control sobre ellos. Los adultos hacen exactamente lo mismo.

Veamos cómo funciona ese mecanismo. La gente, por lo general, es esquiva a la responsabilidad de realizarse; en primer lugar, adopta determinada *forma de pensar*.

Es una secuencia de pensamiento en cuatro pasos, que se desarrolla de la siguiente manera:

1) El primer paso es experimentar el nacimiento de una *idea audaz*, referida a algo que usted quisiera hacer, o ser, o tener. Yo podría. . .

. . .actuar en política
. . .convertirme en antropólogo. . . o en una bailarina
. . .ir hasta la playa esta tarde
. . .comprarme un abrigo nuevo
. . .aprender bricolage. . . (o el idioma japonés, o bordado. . .)
. . .dormir una siesta
. . ¡sentirme feliz!

2) El segundo paso está caracterizado por la aparición de una *sensación de pánico*. . . o, al menos, de algo que interpretamos como eso y

que nos hace actuar como si, realmente, fuese eso lo que sentimos. A veces esa sensación es muy leve y muy breve (porque nos libramos de ella de inmediato), pero también puede ser muy intensa. Está concretamente relacionada con el pensamiento audaz y su mensaje es: "¡Peligro!"

3) El tercer paso es *buscar algo que haga totalmente imposible concretar el primer paso*. Comienza con una frase tal como ". . .pero no puedo porque. . ." ó ". . .si no fuese porque tengo que. . ." o "Si no fuese por. . ." agregando algo que nos limita.

     . . .pero no puedo porque:
     no tengo tiempo
     no tengo ropa apropiada.
     . . .si no fuese porque tengo que:
     lavar los platos
     mantener una familia
     ganarme la vida
     . . .si no fuese por:
     mi esposo (o esposa)
     mis hijos
     la necesidad de reducir gastos
     la forma en que fui criada
   Y así sucesivamente.

Este tercer paso es el paso en el cual usted busca un factor y lo erige en elemento controlador o limitante. Esta etapa cancela totalmente toda posibilidad de concretar lo planeado en el paso 1) y, en consecuencia, usted se vuelve a sentir seguro.

4) El cuarto paso es una *sensación de frustración, que uno siente, directamente relacionada con el paso 3,* aun cuando un psicoterapeuta le diría sin duda que esto ha sido causado por la profunda desilusión de que la hermosa y audaz posibilidad planteada en el paso 1) haya sido rechazada. Lo concreto es que, en esta etapa, usted genera algunas de estas sensaciones, nada agradables por cierto, más bien negativas, referidas al elemento limitante señalado en el 3er. paso:

Resentimiento
desdicha
preocupación
culpa
depresión
la sensación de estar atrapado.

Y también aquí la sensación de frustración puede ser de intensidad variable, desde muy suave hasta aplastante. Sirve para mantenerse anclado en el paso 3) a fin de *mantener bajo control la idea revolucionaria del paso 1).* Y la intensidad de esa sensación de frustración está en relación directa con la intensidad de su idea revolucionaria: cuanto más intensa haya sido ésta, tanto más intensa será la frustración que "necesitamos" sentir para sojuzgar esa idea.

La secuencia completa sería, entonces, la siguiente:
"Quizás yo pudiese hacer tal cosa, totalmente mía. Pero esa novedad me asusta. Bueno, pero de todos modos no la puedo hacer a causa de tal factor limitante. ¡Me siento terriblemente frustrado por ese factor limitante!"

Si usted se siente lo suficientemente insatisfecho a causa de este tipo de experiencia, es posible —y deseable— que, de alguna forma, se las arregle para volver a la idea original, a la hermosa posibilidad planteada en el paso 1), para comenzar toda la secuencia de nuevo. Esta vez, con la firme intención de concretar esa idea y no de destruirla. Hablaremos más en detalle sobre la forma de hacerlo en el próximo capítulo. Por el momento, sólo queremos referirnos a qué es lo que usted hace en el paso 3).

Los seres humanos solemos elegir cualquier cosa para "llenar" el paso 3), por más que no tenga mucho sentido o resulte totalmente inadecuado. En realidad, nada de lo que se elige puede ser realmente apropiado, ya que toda la secuencia de pensamiento es irracional. Pero, en la práctica, todos tendemos a elegir el factor de límite que más nos conviene y lo culpamos de no poder hacer las cosas que realmente queremos, de no realizarnos como individuos. Y en una familia, para los hijos los padres son uno de los factores más convenientes cuando se encuentra en paso 3), y, a la inversa, *los hijos son los factores limitantes que los padres tienen más a mano.*

Dicho de otra forma, si usted es como la mayoría de los padres, será muy tentador para usted usar a su hijo o las cosas que él o ella hace como factor limitante para no tener que hacer sus propias cosas.

No puedo. . .

> . . .divertirme
> . . .hacer lo que quiero
> . . .tener ciertas privacidad
> . . .ser un artista

Porque:

> . . .mi adolescente se está portando mal, y mi obligación es tratar
> de que se porte bien.

Lo que estamos sugiriendo, concretamente, es que usted pueda estar tratando de controlar a su hijo para no tener que asumir la responsabilidad de hacer sus propias cosas. Es decir, *que usted se "protege" de sus deseos más profundos intentando mantener y prolongar el control que ejerce sobre su hijo o hija. Y es por eso que le resulta tan difícil dejar de lado ese control y transferir responsabilidades a su adolescente.*

Usted recordará que en el capítulo 4 decíamos que el hijo logra sentirse "protegido" de la responsabilidad de hacer sus propias cosas obligando, a través de sus actitudes, a que los padres asuman el control. Pero al proseguir en el análisis, parecería que es más bien un "acuerdo mutuo" a través del cual uno protege al otro de asumir sus responsabilidades.

Desafortunadamente, están haciendo mucho más que simplemente "protegiéndose" de una responsabilidad determinada. *Se trasmiten mutuamente sus miedos.* Porque las actitudes de las personas suelen ser contagiosas. Si usted ve a alguien que no tiene miedo, probablemente también usted se sienta más capaz y valiente. Y si usted ve a alguien

asustado y temeroso, posiblemente también se sienta usted atemorizado. Mientras usted y su hijo estén involucrados en este "acuerdo", uno al otro se estarán demostrando mutuamente que tienen miedo de asumir sus propias responsabilidades, y, en cierta forma, se estarán transfiriendo ese miedo. Cada uno le envía al otro el mensaje:

Es peligroso tomar sus propias decisiones.

Un comportamiento basado en la iniciativa propia es riesgoso, asusta.

Es mucho más seguro aceptar lo que otra gente opina, ordena y piensa,

que opinar, ordenar o pensar por uno mismo.

Uno le está diciendo al otro: "No debes manejar tu propia vida". El comportamiento del padre le indica al hijo:

Debes dejar que yo te dirija, *no dirigirte a ti mismo.* La conducta del hijo le dice al padre:

Debes dirigirme a mí, *no a ti mismo.*

De esta forma, padres e hijos no sólo se impiden unos a otros hacer su propia vida, sino que unos influyen en los otros, y viceversa, para que sienta*n* aún más temor de las posibilidades que se le pueden abrir a través de su independencia (Paso 1).

Ese pacto o acuerdo mutuo de seguridad, generalmente se convierte en una rutina, en la cual ambas partes desempeñan un papel definido y lo representan una y otra vez dándose mutuamente el pie para recitar sus respectivos parlamentos. El hijo generalmente tiene el papel del rebelde y fugitivo, mintiendo, sintiéndose injustamente dominado. El padre tiene el papel de emisor de órdenes, interrogador, sermoneador, que se hace el detective espiando a su hijo, retándolo y castigándolo y, al mismo tiempo, sintiéndose engañado, frustrado y preocupado.

Mandy (15) falta al colegio para ir con amigos a fumar marihuana. La madre la reprende, le suplica o la castiga. Mandy se siente mal y culpable,

y dice que no lo volverá a hacer. La madre se siente aliviada. Tres días después, Mandy falta al colegio para ir a nadar con un amigo. La madre la reprende le suplica o la castiga. Mandy se siente mal y culpable, y promete ir a la escuela. La semana siguiente falta a la escuela para ir a mirar vidrieras y curiosear por los negocios.

Dave (14) roba dinero del monedero de su madre. La madre se siente frustrada y preocupada y le da un sermón sobre moral y ética. Dave llora y promete cambiar. La madre deja su monedero al alcance de cualquiera. Dave vuelve a robar. La madre lo vuelve a sermonear. Dave dice que modificará su conducta.

Jackie (16) llega a su casa tarde, a la hora del té. Su padre se siente ofendido, le pregunta por qué se demoró, Jackie contesta que no tiene reloj. El padre le explica pacientemente que podría preguntar la hora a sus amigos o escuchar la hora en la radio. Unos días después, llega a casa dos horas después del té. El padre le pregunta la razón, se enfurece, le prohíbe las salidas por una semana. Jackie explica que viajaba en un auto que se descompuso. Una semana después, llega tarde nuevamente, pero por casualidad la ven pasar por delante de la casa en dirección al parque, quince minutos después de la hora del té. Su padre sale a buscarla y no la encuentra. Cuando llega a casa, el padre la interroga, le prohíbe toda salida y se siente extremadamente frustrado.

Nos atrevemos a afirmar que todas las conductas enumeradas en estos ejemplos, tanto las de los padres como las de los adolescentes, *sirven para mantener* a ambos "enganchados" en una situación, desesperada y constante, de tira y afloja. Por supuesto que ningún padre lo reconoce cuando está inmerso en una situación como las citadas, así como tampoco lo reconoce el hijo o la hija. Usted no decide deliberadamente perpetuar una situación en la cual tanto usted como su hijo o su hija se sienten miserables sólo por puro placer. Pero reacciona automáticamente, y no tiene conciencia de que está provocando una situación que no quiere diciendo lo que dice y actuando como actúa. Es como si estuviese jugando al ping-pong en un estado de total obnubilación. De hecho, usted es responsable en un cincuenta por ciento de que el juego continúe, ya que sigue devolviendo la pelota, *pero usted no sabe que lo está haciendo.* Queremos que despierte de esa obnubilación, tome conciencia de que su actitud provoca que las cosas sigan como siguen y asuma la responsabilidad de jugar su parte del juego de acuerdo con sus propias reglas, para que se desarrolle como usted lo desea.

El mecanismo del pensamiento que mencionamos en este capítulo puede ser modificado. Es una tarea posible, y para nada cuestionable, el aprender a pensar de modo distinto. Hacerlo los beneficiará tanto a usted como a su hijo o hija. Es evidente que el aprendizaje de una manera de pensar menos limitada le dará la libertad necesaria para aprovechar mucho mejor sus propias y únicas posibilidades en la vida.

Al mismo tiempo le proporcionaría a su hijo un modelo de coraje. Y, dado que el coraje es tan contagioso como el temor, logrará que también él sea valiente. Y que use su propia capacidad para tomar decisiones, tal como lo está haciendo su padre.

Más adelante volveremos en forma más efectiva sobre las maneras de pensar. Pero, por el momento, sugerimos que, para desengancharse de usar a su hijo o a su hija, tal como lo mencionáramos en el paso 3, haga ésto:

1. Siéntese y, tomándose el tiempo que necesite, *decida qué es lo que más le gustaría hacer si tuviese media hora absolutamente libre cada tanto*. Media hora durante la cual no estuviese sujeto a ninguna exigencia, salvo el disfrutar con absoluta libertad de lo que haga. Media hora para usted, *sin exigencias*. . . ¿En qué la ocuparía? He aquí algunas respuestas dadas por padres con quienes trabajamos:

Seguir mi trabajo de macramé, que no he tocado desde hace meses.

Tirarme en una reposera y disfrutar el "dolce far niente".

Ir a la biblioteca y hojear las últimas publicaciones.

Cocinar algo rico y comerlo.

Hacer cosas en mi taller.

Darme un largo baño de inmersión, mientras leo una novela policial.

Dar una vuelta en coche.

Asegúrese de que la actividad elegida sea algo que usted ha de disfrutar simplemente porque le divierte a *usted*, y de que se pueda realizar sin depender de que otro la comparta.

2. Una vez que haya elegido la actividad, disponga todo lo necesario como para poder realizarla cómodamente apenas tenga ganas, sin perder tiempo en preparativos. Si la actividad es tallar madera o hacer macramé, tenga las herramientas y los elementos a mano para que, en un momento determinado, usted pueda comenzar de inmediato a dis-

frutarla. Si ha elegido la lectura, deje a mano los libros o las revistas elegidos, como para poder leerlos en cualquier momento. Si se trata de ir a la biblioteca, averigüe bien los horarios y tenga un programa preparado que le resulte tan atractivo como ése para realizar en los horarios en que no está abierta la biblioteca.

3. Ahora *prométase a sí mismo* que la próxima vez —y cada vez— que tenga alguna sensación de las que enunciamos en el paso 4 (frustración, enojo, preocupación, etc.) por algo que sucedió y que figura en la "lista del adolescente", usted no sufrirá rumiando el incidente o enganchándose en una disputa estéril, sino que en lugar de eso *usará esa sensación como señal* para comenzar a realizar la actividad elegida durante la próxima media hora.

4. Hágalo.

He aquí algunos ejemplos:

El padre de Bill (14) ha hablado largo y tendido con su hijo sobre el uso productivo del tiempo, pero Bill persiste en mirar televisión durante tres o cuatro horas diarias. El padre entra, ve que Bill está otra vez tirado delante del televisor y siente una punzada de angustia, enojo y disgusto... y, dando media vuelta, se dedica durante media hora a trabajos de jardinería.

Karen (16) se ha ido de la casa y está viviendo con amigos que su madre rechaza. La madre se siente sacudida por una tremenda angustia cada vez que piensa en Karen, cada vez que suena el teléfono, o cuando oye un coche que se acerca a la casa. Entonces recuerda este ejercicio. La próxima vez que experimenta esa angustia, le hace caso a la "señal" y hace algo para sentirse mejor: se sube a su automóvil y se va al centro comercial a mirar vidrieras

Mientras está preparando el almuerzo, la madre de Anne recibe un llamado telefónico del colegio informándole que Anne (13) no ha ido a clase durante dos semanas. De inmediato siente una gran preocupación, enojo y frustración. Se vuelve hacia Anne y le dice: "Es un mensaje para ti... Acaban de llamar del colegio para decir que no has ido a clase durante dos semanas. Me siento muy preocupada y furiosa, y quiero hacer algo que me haga sentir mejor. De modo que voy a tomarme un baño de sales y leer la nueva revista que me compré". Apaga el gas de la cocina y se dirige hacia el baño

Es posible que a veces esas sensaciones de su "paso 4" lo asalten en algún momento en que le es imposible tomarse media hora libre para usted. Puede estar en medio de una importante reunión comercial, o dándole la mamadera al bebé, o estudiando para un examen que tiene que rendir. En momentos como éstos, la actividad que usted tiene planificada para su media hora libre probablemente no sea lo que usted más *desea* hacer en ese preciso instante, sino que lo que realmente desea es continuar con lo que está haciendo. En tal caso, primero prométase que se va a tomar la media hora prevista, y procure fijar un tiempo específico y cercano ("Tan pronto como termine esta conferencia" o "Hoy a las siete de la tarde") y haga el firme propósito de cumplir esa promesa. Luego, enfrásquese de inmediato en su importante actividad del momento y *disfrútela*. El objetivo, en este caso, es doble: *Cuidar de sí mismo y disfrutar de lo que está haciendo*, y *abstenerse de dirigir "atención negativa" hacia su hijo o su hija*. Le recomendamos también que sea completamente desconsiderado para con los demás en lo que se refiere a interrumpir determinada actividad para tomarse su media hora. Aunque se encuentre inmerso en una actividad de la cual toda la familia está pendiente, en el momento en que comienza a percibir sus sensaciones del paso 4 déjelo. Es muy probable que a su familia le haga mejor comprender que usted se gratifica a sí mismo, cuando algo lo hiera, que verlo cumplir sumisamente con sus obligaciones para con ellos.

En estos últimos cuatro capítulos le hemos pedido que deje de lado los controles que ejercía sobre su adolescente, y hemos descripto los problemas que pueden aparecer cuando usted ponga en práctica esa recomendación. Ahora veremos algunas de las ventajas que trae el hacerlo.

Una de ellas es, por supuesto, el efecto beneficioso que tiene para su hijo o hija. Y otra nada despreciable es la siguiente:

A medida que usted logra dejar de lado los controles que ejercía sobre la vida de su adolescente tomará conciencia de las sensaciones que le depara esa actitud. Usted está dejando de lado algo a lo que estuvo acostumbrado durante mucho tiempo, y es posible que se sienta un tanto extraño al no tener esa responsabilidad. Algunas personas definen esa sensación como una especie de "espacio" interior, una sensación casi de vacío. Otras lo describen como una sensación de alivio y libertad. Puede ser que, de pronto, se sienta como si le hubiesen quitado un gran peso de encima o como si hubiese perdido una parte de su propia identidad, que le dejará una especie de vacío. Si no sabe claramente a qué se debe esa sensación, es posible que le cause preocupación. Pero queremos que aprenda a valorarla. A sentirla como el *espacio en usted mismo que pueda llenar con sus propias cosas*. Al principio, la novedad de esta sensación puede atemorizarlo un poco. Recuerde que es algo extremadamente importante, tanto para usted como para su adolescente.

Al encontrar este espacio perdido dentro de usted mismo —un espacio que puede llenar con aquellas cosas que nunca pasaron de ser deseos, pero que ahora pueden ser realidades— verá que todo el problema con su adolescente pasa a convertirse en algo realmente muy positivo para usted. Ese problema puede ser el detonante que lo lleve a cuidar de sí mismo y a realizar sus propias posibilidades, enseñando, al mismo tiempo, a su retoño a aprovechar al máximo las posibilidades de él o de ella.

A esta altura, si usted ha leído y reflexionado sobre lo que le decimos en el presente capítulo y en los capítulos 3 y 4 y si ha ido haciendo lo que le pedimos, está preparado para transferir formalmente a su hijo o a su hija el control de sus propias responsabilidades. Vuelva a las páginas 49, 50 y 51 del capítulo 2 para hacer eso. Luego siga adelante, pasando al capitulo 6, en el cual encontrará los fundamentos para manejar correctamente los ítem de la lista del adulto, aprendiendo a asumir la responsabilidad de lograr su propia felicidad.

Capítulo seis

Recuperando su autoestima

Preparémonos ahora para manejar eficazmente los problemas anotados en la "lista del adulto". En este capítulo y en el próximo trabajaremos para ayudarlo a desarrollar la actitud básica que le permitirá hacer eso. Es una actitud que denominamos "cuidando de sí mismo"; y por ello entendemos que usted respete, atienda y sea fiel a su propia persona.

Si usted se siente angustiado, afligido o preocupado, ya sea por las actitudes de su hijo o hija, ya sea por alguna otra causa, usted puede estar casi seguro de que, de una forma u otra, ustedes han descuidado deseos y sus propias necesidades. Inconscientemente usted está ignorando una voz interior que reclama ser escuchada.

Todos tenemos un "señalizador" interno, un "algo" interior que constantemente nos envía mensajes:

Yo siento. . .
Yo quiero. . .
Yo puedo. . .
Yo voy a hacer. . .

Lo ideal sería que hubiese una relación profunda y positiva entre usted y ese emisor de señales: Usted lo escucha, lo respeta y le presta atención, y confía en él como guía de su conducta. . . Y su voz interior, a su vez, demuestra que usted puede confiar en ella. Podríamos considerar que su principal obligación en esta vida es mantenerse fiel a ese ser interior suyo.

Sin embargo, muchos aprendemos a una edad muy temprana a ignorar, incluso a temerle, a esa voz interior. Cambiamos nuestra forma de ser para no escucharla y, en lugar de ello, desarrollamos el hábito de centrar nuestra atención en los mensajes que nos llegan del exterior actuando de acuerdo con ellos.

La mayoría de las ideas acerca de lo que debe ser "un buen padre" proviene de la sociedad que nos rodea, no de nosotros mismos ni de nuestro propio sentido común.

No es infrecuente que, a fuerza de ignorar a esa voz interior, a ese propio yo, mucha gente sea capaz de percibir las necesidades de otros y de atenderlas eficientemente, pero no saben prestar atención a sus propios deseos y necesidades.

Un ejecutivo muy eficiente descubrió que cuando estaba sentado en un restaurante y sentía frío porque la calefacción no estaba lo suficientemente alta, se sentía obligado a soportar el frío sin decir nada. Sin embargo, cuando su esposa se quejó del frío inmediatamente pidió al camarero que regulase la calefacción. . . para ella.

Una joven madre cuando hacía las compras en el supermercado compraba de acuerdo con las preferencias de cada miembro de la familia. . . excepto con las propias. Simplemente, no se le cruzaba por la cabeza la idea de considerar qué era lo que ella quería o dejaba de querer.

Usted puede ignorar su voz interior de forma tal que su estado de ánimo sea finalmente determinado no por lo que su propio indicador interior quiere y decide sentir, sino por lo que otros dicen y hacen. Es muy posible que actualmente su estado de ánimo esté determinado por lo que su hijo o hija hace o deja de hacer:

Si él o ella se "porta bien", si lo ve contento o anda bien en el colegio, usted se siente bien.

Si, en cambio, él o ella se porta mal, no es feliz o fracasa en sus estudios, usted se siente muy mal.

Si éste es el caso, su estado de ánimo está determinado por alguien que está afuera. Es como si usted hubiese tomado la capacidad de manejar sus propios sentimientos y su propia vida, esa capacidad originalmente *suya*, y se la hubiese entregado a su adolescente. Y como ahora es él o ella quien determina su estado de ánimo, lo único que le queda por hacer es sentirse impotente y quizás resentido por la forma en que su hijo o su hija utiliza ese poder.

En nuestra opinión, cada vez que busca una guía de cómo actuar y sentirse, no en su propio yo sino fuera de usted mismo, ignorando su "indicador interior", se está autotraicionando. Y si realmente tuviese sensibilidad extra como para percibir esa voz interior, la escucharía gritar de dolor cada vez que la traiciona. Idealmente, su ser interior tiene un líder —usted—, y cada vez que no le presta atención es como si ese líder lo hubiese abandonado. Y es en los momentos en que esto sucede cuando usted siente depresión, resentimiento y frustración. Generalmente *creemos* que estos sentimientos desagradables tienen que ver con estas cosas de nuestro mundo exterior, como por ejemplo la actitud negativa de nuestros hijos.

Estoy deprimido porque mi hijo no es como yo quisiera que fuese.

Me siento frustrado porque mi hija no quiere ir al colegio.

Sin embargo, en el fondo, estos sentimientos siempre se originan cuando una persona traiciona a su "indicador interior", que se siente más y más desesperado y asfixiado cuanto mayor sea la cantidad de señales ignoradas.

Para poder trabajar de acuerdo con lo que indicamos en las próximas páginas de este libro, es importante que vuelva a tomar contacto con ese emisor interior de señales, que se comprometa a serle fiel, a cuidarlo y a darle el lugar y la autoridad sobre su comportamiento. Enfatizamos la importancia de que se vaya acostumbrando a prestar atención a sus propios deseos y necesidades.

En este capítulo le damos varios ejercicios específicos, con el fin de ayudarlo a aprender a prestar atención a su voz interior. Haga los primeros cuatro en cuanto lea este capítulo. Le recomendamos hacer los otros tres cuando se disponga seriamente a prepararse para defender sus propios derechos.

Ejercicio uno

Piense en todas las personas de cuyo cuidado es responsable. Ahora, antes de seguir adelante, cuéntelas.

Cuando haya contado todas las personas que considera que dependen de usted, deténgase y formúlese esta pregunta: "¿Me he incluido a mí mismo en la lista?"

Muchos de los padres que conocemos gastan mucha energía en el cuidado de otros, y están dispuestos a extender ese cuidado a quienes lo requieran. . . menos a ellos mismos. ¡Se da cuenta qué humillación es esto para su yo interior!

Ejercicio dos

Para asegurarse de que usted está incluido en la lista de gente por la que es responsable, y a la que tiene que atender, imagínese que, de pronto, descubre que tiene otro hijo, alguien a quien ha prestado muy poca atención. Ese hijo es su propio yo interior. Ahora pregúntese si le ha dispensado a ese hijo tantos cuidados, tiempo y atención como a las otras personas que tiene a su cargo. ¿No se habrá comportado como la madrastra del cuento, tratando a su yo interior como a la Cenicienta y prefiriendo a los demás como la madrastra prefería a sus otras dos hijas?

Hágase el firme propósito de que, haga lo que haga en su vida, de aquí en más atenderá debidamemte a su yo interior.

Ejercicio tres

Siéntese, con papel y lápiz y, antes de seguir leyendo, conteste por escrito la pregunta: "¿Qué es lo que yo le debo a mi hijo?" (no siga leyendo hasta no haber terminado la respuesta).

Ahora escriba su respuesta a la pregunta: "¿Qué es lo que mi hijo me debe a mí?"

Cuando haya contestado ambas preguntas, compare las dos respuestas. ¿Indican que existe reciprocidad, de modo tal que lo que usted le debe a su hijo y lo que él le debe a usted esté aproximadamente equilibrado? ¿O la balanza se inclina marcadamente hacia uno de los dos lados? Si sucede esto último, ¿se preocupó por saber los motivos?

Ahora analice el siguiente postulado y compruebe en qué medida usted se identifica con el mismo: "No debo nada a mi hijo. Mi hijo no me debe nada a mí. Cada uno de nosotros es una persona libre, capaz de conducir su propia vida..., y totalmente libre para hacer por el otro lo que *realmente quiera hacer*".

Repita el siguiente pensamiento y vea cómo se siente con la idea que transmite: "Yo no me debo a nadie, solamente me debo a mí mismo".

Ejercicio cuatro

Repita las siguientes oraciones y vea cómo se siente al pronunciarlas:

Tengo derecho a tener privacidad.

Tengo derecho a ser feliz.

Tengo derecho a ser tratado con cortesía.

Tengo derecho a hacer lo que quiero con mi propio tiempo.

Y ahora pregúntese: "¿Quién es el responsable de que se me reconozcan estos derechos?"

Analice la siguiente afirmación: "Le debo el ejercicio de estos derechos a mi yo interior".

Es posible que usted —en un principio— encuentre estas ideas sorprendentes, incluso chocantes. Muchos padres nos dicen: "¿No es egoísta cuidar tanto de mí mismo?" "¿No es inmoral?" "Quienes me rodean no aprobarán mi conducta, y me harán sentir culpable". He aquí algunas de las respuestas que solemos dar a estas preguntas:

No recomendamos que usted sea egoísta y que ignore los derechos ajenos. Le pedimos que le otorgue a su yo interior los mismos derechos que otorga a los demás, y que tome conciencia de que, lejos de dañar a los demás, con esta forma de actuar los beneficia. . . Ya lo dijo Shakespeare:

> "Ante todo una cosa: sé fiel a ti mismo,
> y, con la certeza con que la noche sucede al día,
> no podrás ser falso con nadie."

Usted sólo puede dar a los demás si tiene algo para dar. Si se encuentra rodeado de miles de personas sedientas y tiene un balde vacío en sus manos, nada podrá hacer por los otros si primero no llena el balde con agua. Aprender a ser fiel con usted mismo y a cuidar su yo interior es llenar su balde. Una vez que lo haya hecho, podrá cuidar de los demás mucho mejor de lo que lo hizo hasta ahora. Y esto se debe al hecho de que les estará dando porque *quiere* darles, y no porque *tiene* que hacerlo. Y ese "doy porque quiero" tiene mucho más valor que el dar por obligación.

Quizás tenga el deseo, muy positivo, de ser un canal a través del cual fluya la energía que beneficia a los demás. Si es así, recuerde que la energía sólo puede fluir si el canal está abierto, sin bloqueos de ningún tipo. Estar en armonía con su yo interior, cuidándolo y aceptándolo como su guía, equivale a mantener abierto ese canal.

Estamos convencidos de que la felicidad del ser humano radica en una relación de amor y cooperación con el prójimo que le permita brindarse libremente y ver felices a los demás. Si libera realmente a su "señalizador interior", él mismo lo guiará precisamente en esa dirección. De modo que no debe temer que su voz interior lo lleve a actuar en forma egoísta o destructiva. Confíe en su yo interior, y éste se mostrará digno de esa confianza.

Finalmente, ese cuidar de usted mismo no sólo será bueno para usted, sino también para su hijo. Una y otra vez nos ha impresionado comprobar de qué manera los beneficios se extienden a quienes la rodean y tienen importancia en su vida, si una persona aprende definitivamente a cuidar mejor de sí misma. Si su adolescente está haciendo cosas que se encuentran en la "lista del adulto", es probable que él o ella no lo esté considerando como una persona viva y real, sino como una especie de sombra, una conveniencia, una cosa. **Es** posible que su adolescente lo considere como un surtidor, algo a lo que se recurre para aprovisionarse, pero que no tiene sentimientos, que no merece ningún tipo de consideración, ni siquiera las gracias, que sólo está para ser utilizado. No es bueno que una persona crezca aprendiendo a pensar así de otra. Si usted comienza a tomar a su propio yo en serio, también su adolescente se verá beneficiado, ya que comenzará a darse cuenta de que el padre o la madre es una persona viva y real. En función de eso aprenderá a conducirse con su prójimo, cosa que le será de utilidad fundamental en la vida futura.

Es posible que su adolescente esté haciendo todo lo posible para lograr que se defienda como persona y reafirme su "yo", ya que todo joven necesita una persona definida y real para su interacción y para medir sus fuerzas con ella. Por "persona definida y real" entendemos aquélla que asume la responsabilidad de sus propias necesidades y que hace lo que está haciendo porque realmente quiere hacerlo. Para la mayoría de los adolescentes, quienes debieran, en primera instancia, cumplir con este papel son sus padres. Ni siquiera el mejor terapeuta puede darle eso a un joven, o, al menos, no en la medida en que lo puede brindar un padre.

Resumiendo, es muy posible que lo que ha hallado en falta su adolescente haya sido esa parte de usted que quiere, decide y siente por sí misma y se cuida de sí misma. Es por eso que insistimos en que vuelva a poner en primer plano a su propio yo, con sus deseos, necesidades y sentimientos.

Comencemos ya mismo a trabajar en ello.

Lo primero que le pedimos que haga es aprender a pensar y a hablar en el lenguaje de su "yo" interior. Es decir, en "frases primera persona".

De su interior brotan constantemente pensamientos referidos a usted mismo, como el agua que brota de un manantial. Allí se originan estas "frases primera persona".

Yo quiero un sandwiche.
A mí me gusta este cuadro.
Yo estoy cansado
Yo voy a lavar el coche.

Todas éstas son comunicaciones reales, concretas y bien definidas, que usted se hace a sí mismo. Brotan con la esperanza de que se las escuche y las atienda. Pero muchas veces encuentran una barrera que impide que usted actúe en base a ellas. La barrera está constituida por una serie de ideas temerosas, como ésta: Si yo sigo ese impulso original, expresándome o actuando en base al mismo. . .

. . .la gente no me va a querer.
. . .voy a herir los sentimientos ajenos.
. . .seré egoísta.
. . .reaccionaré en forma demasiado emocional.
. . .seré descortés.

Y así sucesivamente.

Sus pensamientos originales no pueden atravesar esa barrera en forma intacta. Sólo la pueden pasar atenuados, reducidos, deformados.

Son transformados en *frases interrogativas*, en *afirmaciones en segunda persona o en primera persona del plural* (tú, nosotros) o en *frases negativas*.

Es así que, viajando en coche por la ruta con un amigo, cuando surja su idea: "Quiero comer un sandwiche", la misma se pueda topar con la barrera: "Expresar esta idea sería descortés o parecería egoísta", y entonces usted la expresará diciendo: "¿Cuándo te parece que nos detengamos para comer algo?", o bien: "¿No te gustaría parar para comer algo". De la misma manera:

Tengo sueño	se transforma en	¿Por qué no vamos a la cama?
Me siento mortificado y tratado en forma injusta	se transforma en	¡Tú eres malo!
Me siento contento	se transforma en	¿Cómo te sientes?
Quiero estar tranquilo y en paz este verano	se transforma en	Hijo, ¿por qué no te buscas un trabajo para este verano?

Por eso es que cuando esos pensamientos son expresados, ya no tienen la fuerza de una decisón. Fíjese cómo, en cada caso, uno transfiere cierta cuota de responsabilidad a su interlocutor. Así provocamos muchas veces una actitud antagónica en otra persona, porque nuestra forma de expresarnos le impone al otro el tomar una decisión.

Cuando dos personas tienen ese mismo hábito de poner barreras a sus pensamientos, ambas terminan haciendo lo que ninguno de los dos quiere hacer.

    ¿Quieres ir al cine?
    No sé. . . ¿a ti qué te parece?
    Pensé que quizás te gustaría ir. . .
    Bien, ¿qué te gustaría ver?
    No sé. . . ¿qué quieres ver tú?
    No creo que te guste la película que dan en el Odeón. . .
    Quizás te gustaría la que dan en el Regal. . .
  Y así sucesivamente.

Insistimos en la necesidad de remitirse a las ideas originales, espontáneas, a las "frases primera persona", directas y positivas.

Comprendemos la existencia de estas barreras. Es posible que usted se estremezca ante la idea de expresar "frases primera persona", pensando: "Voy a herir los sentimientos ajenos" o "No me van a querer". Estas barreras son muy fuertes, y ninguno de los autores de este libro ha logrado superarlas total y absolutamente hasta ahora. Pero, como llevamos mucho tiempo luchando contra ellas, pensamos que podemos decirle algunas cosas que le pueden resultar de utilidad.

Estos "pensamientos-barrera" son muy exagerados. Los temores que inspiran están fuera de toda relación con lo que realmente sucederá cuando se exprese a través de "frases primera persona". Las consecuencias que usted teme, probablemente se produzcan no cuando use "frases primera persona", sino cuando hable con frases que involucran a otros.

Al poco tiempo de comenzar a usar el "yo" en sus frases, la mayoría de las personas experimenta efectos positivos y no negativos: se producen mejores relaciones con los demás y una sensación de alegre libertad.

Cuando las "frases primera persona" traen como resultado situaciones desagradables, las mismas son generalmente insignificantes y transitorias.

El efecto a largo plazo de las "frases primera persona" en su relación con los demás generalmente será positivo.

De modo que el próximo ejercicio que le proponemos tiene que ver con las "frases primera persona".

Ejercicio cinco

Concrete ya mismo algunas ideas en primera persona. Complete cada una de las siguientes frases en tres formas distintas y trate de pensarlas, de hacerlas suyas, y compruebe cómo se siente con ellas:

Me siento... (excitado, desalentado, lleno de esperanzas, cansado, intrigado, hambriento, enojado, etc)

Quiero.. (ir a navegar, tener un coche nuevo, sentirme feliz, tener más amigos, etc.)

Voy a... (complete esta frase con alguna de las cosas enumeradas bajo "quiero"), o bien con algo distinto, tal como: cuidar de mí mismo, ir a la cama, leer, hacer gimnasia modeladora...)

Al completar estas frases, invente las respuestas sin preocuparse por si son ciertas o no; considere este ejercicio como un juego y pruebe todo tipo de frases con el solo fin de ejercitar su "voz interior".

Comprométase a formular y expresar en voz alta, cada día de la próxima semana, por lo menos tres frases que comiencen:

Yo siento. . .
A mí me gusta. . .
Yo quiero. . .
Yo voy a. . .

Evite usar los pronombres "tú" y "nosotros" en estas oraciones, y practíquelas hasta que se sienta cómodo con la utilización del "yo".

Una advertencia: una frase que contenga "tú" puede ser una frase que involucre a otros, aun cuando "yo quiero" o "yo siento" sea parte de la frase. Por ejemplo: "Yo siento que tú lo hiciste a propósito" y "Yo quiero que tú lo hagas inmediatamente" son de ese tipo de oraciones. En cambio: "Yo me siento mal porque tú usas mis cosas" es una "frase primera persona". Considere cada frase como un dedo. Si el dedo señala hacia usted, es una "frase primera persona". Si señala hacia otra persona, es una frase que involucra a otros.

Para acelerar su aprendizaje en lo que hace a pensar en frases "yo" positivas, deberá aprender a dejar de lado determinadas formas de pensar y de hablar. Hay ciertas expresiones verbales que sirven para *impedir* que cuide de sí mismo. Puede aprender a reemplazarlas por otras más sinceras y efectivas.

Ejercicio seis

Tome uno de los siguientes esquemas de expresión cada día, observe con qué frecuencia los utiliza y desarrolle el hábito de sustituirlos por una expresión diferente.

● **Tengo que**
● **Debería**

Estas expresiones implican que *usted* no está tomando la iniciativa, sino que sólo está actuando en base a fuerzas externas que dictaminan que tiene que hacer tal o cual cosa. Cada vez que se sienta tentado de utilizar algunas de estas expresiones sustitúyalas por la palabra "quiero" y vea cómo le suena.

En lugar de:	Diga:
Tengo que ir a trabajar a las nueve	Quiero ir a trabajar a las nueve
Debería hacer esta llamada telefónica	Quiero hacer esta llamada telefónica

| Tengo que hacer tal diligencia | Quiero hacer tal diligencia |
| Debería pagar esas cuentas | Quiero pagar esas cuentas |

● **Negaciones** (no, no hago, no puedo, no voy a, no es, etc.)
- Una negación habla de algo que no existe y, por lo tanto, enfatiza el lado inverso de lo que usted realmente quiere significar. Cada vez que se sienta inclinado a utilizar una afirmación negativa imagínese que es un náufrago en una isla desierta y que el piloto de un helicóptero, que pasa una sola vez sobre su cabeza, le pide que le diga qué provisiones desea usted que él le tire. Lo mejor será decirle rápidamente *qué es lo que usted quiere;* porque si empieza a contestarle con negaciones (*no* quiero perfumes; *no* quiero un traje de fiesta; *no* quiero chocolate) es muy probable que se muera de hambre.

En otras palabras, borre las negaciones de su lenguaje hasta sentirse cómodo utilizando afirmaciones positivas.

● **Preguntas**
Estas obligan al interlocutor a asumir la responsabilidad por un sentimiento o por una idea que originalmente le pertenecía a usted. Cámbielas por afirmaciones positivas.

En lugar de:	Diga:
¿Dónde estuviste?	Me estuve preocupando por ti, ya que te esperaba en casa a las cinco.
¿Adónde te gustaría ir a cenar?	Me gustaría comer en un restaurante italiano esta noche

● **Tú, nosotros**
Comprendemos que es prácticamente imposible hablar sin utilizar alguna de estas formas del lenguaje. Sin embargo, agudice su percepción en lo que se refiere al uso que hace de ellas, y trate de prescindir de estas palabras durante todo un día, salvo cuando las usa precedidas por "sí" o "cuando". Y aunque así sea, úselas lo menos posible.

Suena paradójico, pero al pedirle que mida tan cuidadosamente su forma de expresarse estamos tratando de ayudarlo a que sea más espontáneo, se identifique más con su impulso original interior. En el séptimo ejercicio le pedimos expresamente mayor espontaneidad.

Ejercicio siete

Haga deliberadamente algunas cosas espontáneas, aunque sean pequeñas. Propóngase realizar al menos tres cosas que no sean obligatorias pero que le resulten divertidas cada día.

En lugar de lavar los platos de inmediato, siéntese primero durante unos minutos en el jardín.

Cuando camine hacia su coche, levante una piedrita y procure pegarle al tronco de un árbol.

Mientras está preparando el desayuno, ponga en práctica una nueva idea: unas pasas de uva pueden quedar muy bien en el jugo de naranjas.

Si usted se preocupa por escuchar, seguramente comenzará a percibir toda clase de pequeñas y divertidas inspiraciones que le transmite su "señalizador interior". Son las ideas audaces que quizá hacía trizas en el pasado.

La finalidad de los ejercicios antes indicados es darle una idea preliminar de lo que significa escuchar a su propio "señalizador interior". Probablemente se haya dado cuenta de que no puede completar sinceramente la frase: "Yo quiero. . ." sin hacer un breve inventario mental sobre usted mismo, su situación, lo que siente, para ver qué es lo que realmente quiere. Es a ese inventario mental a lo que nos referimos cuando hablamos de consultar consigo mismo. E insistimos en que se acostumbre a consultarse a sí mismo en forma regular y como lo más natural del mundo. Cada tanto, a lo largo del día, haga un inventario de su interior para ver qué es lo que le indican sus señales, y permítase pensar: "Me siento así y así". "Ahora voy a. . .", etc.

Y ahora llegamos a lo que es, quizás, la parte más difícil de cumplir de este libro. Probablemente no le resulte demasiado fácil aprender a consultar a su "señalizador interior", aun en circunstancias normales, cuando todo marcha razonablemente bien en su vida. Pero *cuando las cosas andan mal*, eso se hace más difícil. . . aunque es importante que usted se habitúe a consultarlo con más razón en esas circunstancias adversas.

¿Es usted consciente de que tiene sensaciones de preocupación, miedo, enojo, etc., de tanto en tanto, durante el día? Probablemente se le presenten bajo la forma de expresiones o pensamientos tales como:

¡Odio esto!

¡Ufa!

¡Oh, no, otra vez la misma historia!

Estas expresiones son señales de su "yo interior". Está tratando de decirle: "Esto me duele, ¡ayúdame!". Pensamos que es de suma importancia determinar qué es lo que hace cada vez que esas sensaciones lo asaltan.

Es posible que usted haya desarrollado una rutina que transcurre más o menos así:

1) Su vida se desarrolla normalmente y, de pronto, le sucede algo negativo.

    Usted se da cuenta de que le duele la cabeza.

    Recuerda que tendrá que enfrentarse con su adolescente cuando llega a casa.

    Se da cuenta de que alguien lo engañó.

    Alguien lo desprecia.

2) Recién se percata de que esto es negativo para usted cuando su "señalizador interior" se lo informa con una punzada dolorosa que dice claramente: "¡Me siento dolorido!"

3) Rápidamente usted deja de prestarle atención a su "señalizador" para volverla hacia algo del mundo exterior, y comienza a lidiar con ese algo. Entonces piensa o dice:

    ¿Por qué me sucede esto?

    ¡Esto es terrible!

    No sirves para nada; no tendrías que hacer esto; basta ya.

    Estoy deprimido y desesperanzado.

4) La mayoría de las veces, las cosas empeorarán.

"Odio ser el esclavo de todo el mundo"

De este modo, aunque recibió un mensaje muy claro de su "señalizador interior" ("Me siento dolorido"), usted distrajo su atención de la necesidad de atenderse a sí mismo y la enfocó, en cambio, en algo que pensó que le estaba causando la sensación desagradable: el tiempo, su hijo, la intensidad de su dolor de cabeza, la persona que lo despreció. Entonces comenzó a emplear su energía en descubrir por qué ese algo exterior se comportó de tal manera, en qué medida ese comportamiento era un parámetro para determinar lo que usted es o vale, y cómo detener, o modificar, o aplacar ese algo. Fíjese que todos estos pensamientos lo colocaron en el lugar de una víctima, sobre la cual actuó ese algo exterior. Y lo más importante de todo es que ninguno de estos pensamientos contribuyó a lograr lo que realmente deseaba. Estaba dolorido, y deseaba sentirse mejor, pero ninguno de esos pensamientos o de esas observaciones, totalmente irrelevantes, lo lograron. Es decir, no consiguieron que se sintiera mejor. Muy por el contrario, parecieron empeorar aún más la situación.

Consideramos que, al apartar su atención y dejar de atender al dolor que su señalizador le indicó, usted lo ha abandonado. Se comporta como ese capitán cuyo barco choca contra una roca y centra su atención en la roca tratando de averiguar cómo llegó allí, si es de hielo o de granito, y qué es lo que el choque significa con respecto a su habilidad como capitán. Seguramente sería mucho mejor marino y tendría muchas más posibilidades de sobrevivir si, en lugar de preocuparse por todo eso, centrara su atención en hacer algo para atender a su barco que se encuentra en peligro. De la misma manera, usted saldría ganando si *concentrara su atención en su propio yo que está dolorido* en lugar de estar atento a lo que sucede a su alrededor. Si mantiene su atención centrada en su "yo interior", podrá consultarlo sobre lo que lo haría sentirse mejor, y qué es lo que puede hacer para lograrlo. Su "yo interior" le advirtió que está dolorido. Actúe como lo haría con un amigo muy querido que le contara que algo le duele, y pregúntele: "¿Qué puedo hacer por ti? ¿Qué es lo que te haría sentirte mejor? ¿Qué es lo que realmente deseas y cómo puedo ayudarte para que lo consigas?"

De modo que su nueva forma de actuar debe ser la siguiente:

1) Le sucede algo que lo afecta negativamente:

Alguien lo desprecia.

2) Su "señalizador interior" le da el aviso mediante una sensación de dolor y ansiedad.

3) Usted mantiene su atención concentrada en su "señalizador" y lo consulta respecto a lo que lo haría sentirse mejor.

¿Qué es lo que tengo ganas de hacer ahora mismo?

4) Luego, espera un momento, manteniendo su atención concentrada no en el evento que lo ha perturbado (la persona que lo hizo objeto del desprecio) sino en lo que su "señalizador interior" le responde, lo que quiere y no quiere. Si usted tiene una buena relación con su yo interior, pronto generará ideas sobre qué es lo que puede hacer. Pueden tener o no tener relación con lo que le hizo sentirse mal en primera instancia.

Ante todo, tengo calor y quiero darme una ducha.

Quiero tener una buena relación con la persona que me hizo el desplante, y quisiera saber por qué reaccionó como lo hizo. Hablaré con ella.

Quiero alejarme de esa persona. Por lo tanto saldré de aquí inmediatamente.

Me siento dolorido, y salir a comer afuera me hará sentirme mejor atendido. Así que es eso lo que haré.

La gran ventaja de esperar hasta haber recibido el mensaje de su "yo interior" para actuar es que ahora, haga lo que haga, lo hará porque eligió y porque realmente quiere, y no porque actuó automáticamente, como un robot.

Las primeras veces que haga esto es posible que las respuestas que reciba y que lo que usted haga siguiendo las mismas lo lleven a sentirse peor aún, en lugar de sentirse mejor. Si esto sucede, significa que no ha prestado la atención debida a su "voz interior". Esa voz sabe lo que usted desea más íntimamente, y le dará señales de malestar ante cualquier respuesta que sea negativa para usted. Sólo necesita aprender a prestarle mejor atención y a comprometerse más formalmente a ser fiel con usted mismo.

Su hijo lo insulta. Usted consulta a su "señalizador interior". . . sobre qué es lo que lo haría sentirse mejor, y la primera respuesta que obtiene es: "Péguele" o "Cacheéelo". Usted le da una bofetada a su hijo. . . y se siente peor que antes; ha ganado una batalla, pero siente que está perdiendo la guerra: se encuentra culpable y desalentado frente a la situación. Analizando nuevamente la respuesta "péguele", se dará cuenta de que la misma iba acompañada de una sensación de "no totalmente correcto". Usted no se sentía ni contento ni seguro con esa respuesta.

En este caso, lo mejor hubiese sido esperar alguna respuesta subsiguiente. No se preocupe por no actuar frente a una determinada situación antes de recibir un mensaje claro y concreto desde su interior. Siéntase confiado y espere la respuesta que lo hará sentirse bien cuando esté sereno y distendido.

¿Qué hacer si la respuesta no llega? A veces, los padres han perdido totalmente la práctica de escuchar su "voz interior" y nos dicen: *"Yo no sé qué es lo que quiero hacer"*. "¡No recibo respuesta alguna!" Si esto sucede, sugerimos que alimente a su "señalizador interior" de modo tal que pueda comenzar a darle respuestas. Piense deliberadamente en todos los comportamientos posibles frente a la situación dada, y preséntelos a su "yo interior", para que pueda aprobar o desaprobar cada posibilidad. Imagínese docenas de posibilidades diferentes.

¿Y si lo (la) reprendo?
¿Qué tal si lo (la) ignoro?
¿Qué tal si me preparo un trago?
¿Y si me voy a patinar?
¿Y si voy y le doy un abrazo (a esa persona)?
¿Qué tal si le contesto?

¿Y si llamo a un amigo por teléfono para hablar sobre esquí?

¿Y si llamo a la policía?

¿Qué tal si me voy ahora mismo y paso la noche en un hotel?

¿Y si me dedico a mi hobby preferido?

Y así sucesivamente.

Su "señalizador interior" le irá indicando un determinado grado de aprobación o desaprobación ante cada una de las posibilidades, y usted podrá elegir la que obtenga el más alto puntaje aprobatorio.

Nuestro planteo general es: usted estuvo olvidando durante demasiado tiempo a su "yo interior", sobre todo en momentos de crisis, desatendiendo sus necesidades y requerimientos y finalmente haciendo cosas que no condujeron en absoluto a los resultados deseados. Insistimos en la necesidad de redirigir su lealtad hacia usted mismo. Prométase que *cada vez que sienta una "punzada" de ansiedad o angustia se mantendrá sereno y hará lo mejor para usted mismo, de acuerdo con lo que su "yo interior" realmente desea.* Algunas de las situaciones desagradables por las que usted atraviesa contienen elementos sobre los cuales tiene poca influencia, tales como el tiempo. Otros, en cambio, pueden ser modificados, o al menos se puede reducir la posibilidad de que se repitan en el futuro. Para estos últimos describiremos, en los capítulos siguientes, algunas formas específicas de actuar que pueden ser instrumentos eficaces para conseguir lo que desea en el caso de que tales cosas negativas le sucedan. Sin embargo, independientemente de si puede o no puede cambiar las circunstancias exteriores, es vital que aprenda a atender su "voz interior", tal como hemos venido explicando en este capítulo.

Lo más importante que usted puede hacer para sí mismo y para su adolescente es lograr el control total de su propia vida y convertirla en lo que realmente quiere que sea. Comprométase a ser leal con su "yo interior" y a cuidarlo.

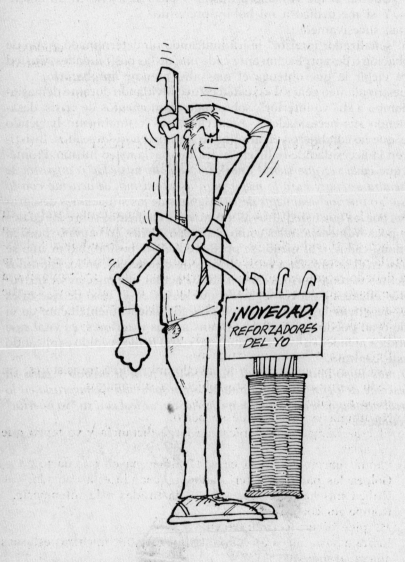

¡NOVEDAD!
REFORZADORES
DEL YO

Capítulo siete

Disponiéndose a defender sus derechos

Vamos ahora a comenzar a trabajar con los ítem que quedaron en su lista, con aquellas cosas que le causan preocupación y que sí tienen incidencia en su vida. Vamos a suponer que usted estudió cuidadosamente la primera parte de este libro y que ya ha dejado de controlar la vida del adolescente en aquellos aspectos que sólo le afectan a él o a ella, de modo que lo que queda por tratar son ítem tales como los que enunciamos más abajo y que, evidentemente, afectan su vida.

No quiere ayudar en la casa.

Dice malas palabras en la casa; me insulta.

Deja la casa hecha un chiquero.

Usa mi ropa, mi secador de cabello, mi radio a transistores, sin pedir permiso. Presta estos objetos a sus amigos.

Roba mi dinero, bebida o joyas.

No limpia la suciedad de su perro.

Efectúa llamadas telefónicas de larga distancia y yo tengo que pagarlas.

Planta marihuana en la casa; la almacena en su cuarto.

Golpea las paredes, deteriorándolas, cuando está enojado.

Utiliza mis herramientas y las deja tiradas a la intemperie.

Rompe mi coche.

Me pide dinero constantemente.

Invita a sus amigos a casa y organiza fiestas, mientras estamos afuera, trabajando.

No quiere trabajar ni asistir al colegio, "parasita" en la familia.

Deteriora mi relación matrimonial.

Ante algunos de estos ítem, el psicoterapeuta no puede menos que preguntar a los padres, realmente sorprendido: "¿Por qué demonios aguanta usted esto?", y a veces incluso va más allá de eso recomendando: "¡No lo tolere más!". Sin embargo, generalmente, los padres *no*

saben cómo hacer para dejar de tolerar esas actitudes. Y esto es lo que
le queremos enseñar.

Pensamos que esos ítem de la "lista del adulto" no lo afectan por lo
que representan en sí mismos. Probablemente, con mucho gusto, reali-
zaría el trabajo de la casa, soportaría el sufrimiento, suministraría las
cosas y limpiaría la suciedad que su hijo o hija deja si eso formase
parte de la tarea de criar a sus hijos y obtuviese de ello la satisfacción
que trae consigo el cumplir bien con su deber, y además si tuviese la
recompensa de una buena relación afectiva con su hijo o hija. Pensamos que estos ítem lo afectan más por lo que significan para usted.
Cuando su adolescente actúa de esa forma, es como si él o ella le
estuviese diciendo:

Tú no me importas.

Para mí no vales como persona.

No tengo por qué prestarte atención.

No eres importante.

En otras palabras, usted se siente herido por la manera en que estas
actitudes lo definen a su adolescente y también a usted. El mensaje es
que él o ella son irresponsables y desconsiderados, y que usted no es
más que un proveedor de servicios o una sombra, cuyos derechos no
tienen por qué ser tenidos en cuenta.

Si es eso lo que le está sucediendo, suponemos que, en cierto sentido,
ha permitido que lo utilicen como un proveedor de servicios solamente. Usted se ha convertido en un felpudo, en un ser derrotado, persuadi-
do de que ésa es su función.

Y si usted se ha convertido en un "felpudo", se debe básicamente a *su
propia actitud*.

A fin de salir de esta situación conflictiva, queremos enseñarle a
ponerse de pie y dejar definitivamente atrás esa actitud de "felpudo".

Es necesario aprender dos cosas básicas para lograrlo. En primer
lugar, dominar ciertas técnicas específicas de autoafirmación de su
persona, que le iremos enseñando en los capítulos 8 a 10. Y, en segundo
lugar, adoptar una actitud distendida y de amor hacia su adolescente,
en la certeza de que usted sabrá cuidar de sí mismo y que, por lo tanto,
la situación conflictiva con su hijo o su hija no afectará su felicidad. En
este capítulo analizaremos las distintas formas de pensar o actuar que,

a nuestro entender, contribuirán a que pueda adoptar esta actitud. Quizás considere que estas ideas no concuerdan con su forma de pensar, pero a pesar de eso le pedimos que las estudie hasta comprenderlas. Creemos que el contenido que presentan es condición básica para que tenga éxito en la tarea de resolver los problemas con su adolescente y, al mismo tiempo, pueda sentirse feliz y contento con su propia vida.

En los capítulos anteriores hemos tocado brevemente todas estas ideas, de modo que no le resultarán totalmente novedosas. Considérelas ahora, una por una, como un chequeo general para ponerse en condiciones mentales adecuadas antes de encarar las tareas para lograr la autoconfianza que presentaremos en los próximos tres capítulos.

Tenga presentes sus objetivos

Cuando se sienta presionado por algo que está sucediendo entre usted y su adolescente, recuerde cuál es su objetivo básico. Usted desea:

Ser más feliz.

Ver que su hijo o hija se convierten en personas responsables y decentes.

Tenga bien presentes estos objetivos para impedir que lo arrastren por aquellas emociones inconducentes de las que habláramos en el capítulo 7.

La mayoría de la gente aspira a la felicidad, y a tener relaciones justas y solidarias con los demás. Con toda seguridad, ésas son también las aspiraciones suyas y las de su hijo o hija. Sin embargo, al encontrarse bajo presión o amenaza la gente tiende a olvidar sus verdaderos objetivos y comienza a actuar como si sus preocupaciones principales fuesen:

Quién va a ganar.

Probar que estoy en lo cierto.

Demostrar que puedo controlar a mi hijo.

Probar que soy un buen padre.

Qué es lo que pensarán los demás.

Cómo espera la sociedad que yo actúe.

Cómo debo actuar, de acuerdo con la ley.

Nunca hemos escuchado decir a un padre o a una madre que lo que a él o a ella más profundamente le preocupaba o que lo que más deseaba fuese alguna de estas cosas, pero hemos visto que muchos padres actuaban como si así fuese. Es una conducta muy humana, pero, a la larga, no hace sino perpetuar el problema que se trata de resolver. Cuando le pedimos que conserve su serenidad se lo decimos en el sentido de mantener cierta perspectiva frente al problema y recordar qué es lo que realmente desea, aun en momentos de mucho stress y de recaídas.

En momentos de stress, serénese, dése confianza a sí mismo, recordando *que lo que persigue es lograr una situación más feliz para usted mismo y, al mismo tiempo, tener un hijo o una hija responsable y decente.*

Tenga una opinión positiva de su adolescente

Enfoque la inconducta de su adolescente desde un ángulo diferente. Es posible que usted crea que su adolescente actúa en forma conflictiva simplemente porque desea hacerlo así o porque es básicamente perezoso, deshonesto, descuidado, inmaduro o porque no lo ama bastante. En el capítulo 3 le pedimos que cambiara su enfoque en este sentido. Considere las actitudes de su adolescente como cosas que su hijo o su hija hace a fin de que se lo continúe definiendo como perezoso, deshonesto, etcétera, porque teme convertirse en una persona sólida, responsable y honesta. Las actitudes conflictivas del adolescente le permiten seguir desempeñando el papel del chico irresponsable. Considere estas actitudes como destinadas específicamente a obligarlo a que reafirme ese concepto negativo sobre su hijo o hija. Le proponemos que en lugar de funcionar en ese papel que le ha impuesto su adolescente, cambie de actitud.

Crea firmemente que su hijo o hija es íntimamente una persona buena, sólida y responsable; y que él o ella, como todo el mundo, quiere una relación de base justa, solidaria y plena de amor con la gente que lo o la rodea. Cuando enfrente a su hijo o a su hija, diríjase a esa parte básicamente positiva de su personalidad.

Su actitud realmente puede modificar las cosas

La forma en que *vea* la situación entre usted y su adolescente *influye* sobre esa situación. La actitud que usted asuma no sólo lo ayudará a que decida cómo actuar, sino que, además —y eso es lo importante—, influirá en la forma de proceder de su adolescente.

Las actitudes son altamente contagiosas. Cuando usted se relaciona con otra persona, su actitud influirá fuertemente sobre su interlocutor, haciéndole ver a éste las cosas dentro del esquema que le está proponiendo. Haga la prueba. Mire fijamente a los ojos de la próxima persona con que se cruce y haga una de estas dos cosas: sonríale cálidamente o póngale mala cara, y observe el impacto inmediato de su actitud en el otro.

Esta influencia es especialmente importante en la relación padre-hijo simplemente porque usted es el padre, y su adolescente está programado para esperar autoridad y experiencia de parte de sus mayores a pesar de que él o ella diga o demuestre exactamente lo contrario. De modo que su posición puede influir mucho más en la de su adolescente que a la inversa. Asuma la responsabilidad de crear el clima y la atmósfera adecuados entre usted y él, y no se deje arrastrar a una competencia estéril, a una postura de "quién le gana a quién", aunque su adolescente esté embarcado precisamente en ella.

Comprenda que el solo hecho de mantener una actitud positiva frente a su adolescente influirá en forma efectiva para resolver el problema que usted está teniendo con él o ella.

Una relación de igualdad

Considere cómo sería una relación de igualdad con su hijo o hija. Si está teniendo dificultades, es probable que el problema básico consista en que en el trato con su hijo o con su hija haya pasado de la igualdad a una relación en la que alguno de los dos (o ambos) desea manejar al otro. Es decir, a una relación de amo-esclavo. En la primera mitad de este libro le pedíamos que revirtiera cualquier tendencia suya a ser el amo y a considerar a su adolescente como al esclavo. Ahora, también es importante revertir cualquier tendencia suya a someterse como un esclavo y permitir que su hijo sea el amo.

Usted puede cambiar la tendencia de "padre-esclavo", "adolescente-amo" tomando sus deseos y derechos tan seriamente como toma a los de los demás, incluyendo a los de su hijo o de su hija, y defendiéndolos con toda la pasión con que defendería a un ser que considera explotado por otros.

En el capítulo 6 usted comenzó a trabajar en esto, y ahora convendría que siguiera.

Analice sus propias ideas sobre la relación y observe si entre éstas detecta afirmaciones tales como las siguientes:

Estoy obligado a mantener a mi hijo adolescente. El o ella no tiene ninguna obligación para conmigo.

Soy responsable de él o de ella. El o ella no es responsable por mí.

Mi adolescente tiene el derecho a ser mantenido y cuidado por mí sin dar nada a cambio. Yo, por el contrario, no tengo ningún derecho.

Hemos escuchado a muchos padres y adolescentes expresar las variaciones más diversas de este punto de vista; los padres dicen:

Estoy obligado a cuidar de mi hijo o hija. Se lo debo.

Tengo que aguantármelo, es mi hijo.

Voy a empezar a vivir mi vida una vez que se hayan independizado.

Los adolescentes dicen cosas que reflejan las mismas ideas, es decir, que sus padres están obligados a soportarlos y a tolerar cualquier cosa que ellos hagan mientras no hayan alcanzado cierta edad. La conversación que uno de nosotros mantuvo recientemente con un muchacho de quince años ilustra este punto de vista:

"¿Quién cocina aquí?"

"Mamá."

"¿Y quién limpia la casa?"

"Mamá."

"¿Y la basura?"

"Mamá la pone en el garaje, y papá la saca los jueves, antes de ir al trabajo."

"¿Y el jardín del fondo?"

"A papá le gusta entretenerse en el jardín durante los fines de semana."

"¿Quién cambia las sábanas y hace las camas?"

"Mamá."

"¿Todas?"

"Sí."

"¿Por qué?"

(Se encoge de hombros) "Es su trabajo."

"¿Y cuál es el tuyo?";

(Se encoge de hombros nuevamente) "En realidad no hago nada. Pero mi mamá no trabaja afuera, así que es tarea de ella atendernos a nosotros."

Y aquí van otros tres ejemplos que hemos observado.

Colin (13) acaba de convertir el taller de su padre en un caos, y dejó la cocina hecha un chiquero al prepararse un tentempié. Su padre le pidió que limpiara el desorden, pero Colin, sin hacerle caso, se subió a su motocicleta para concurrir al pub a pasar su habitual velada. Cuando su padre le dijo: "No te permitiré salir hasta que hayas limpiado todo", Colin se echó a reír, contestando: "Tienes que hacerlo tú, es tu obligación".

Ann (14) trajo amigos a su casa durante las horas de clase, mientras su madre estaba afuera, trabajando, y se pusieron a fumar marihuana. Por la noche se quedaba fuera de casa hasta la hora que quería, no limpiaba ni ordenaba sus cosas y se negaba a ayudar en la casa. Cuando se le preguntó por qué su madre soportaba todo eso y encima la seguía manteniendo, Ann simplemente contestó: "¡No le queda otra!".

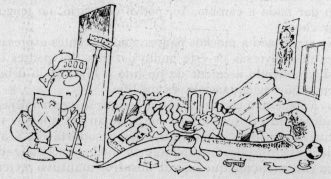

Jeff (17) acaba de destrozar el coche de su madre y lo dejó a varios kilómetros de distancia, en la ruta. Desde hacía meses que no ayudaba en la casa ni contribuía con nada a la vida familiar. Cuando su madre expresó su profunda frustración, Jeff se reclinó en su sillón y le dijo, en un tono de burlón consuelo: "¡Bueno, es sólo un año más, querida madre!".

Los hijos que mantienen este punto de vista con respecto de sus padres no sienten gratitud por lo que esos padres hacen por ellos. Por el contrario, suelen sentirse resentidos porque sus "siervos" no hacen más. Hemos hablado con adolescentes que sinceramente se sentían engañados, trampeados por el hecho de que sus padres no les compraban un coche o porque el coche que les habían regalado no era lo suficientemente bueno, nuevo o importante. Obviamente, estos adolescentes sienten que tienen derecho a ser ellos, y se enojan si lo que sus padres les dan no satisface sus expectativas.

Si algo de esto concuerda con lo que estuvo sucediendo con su hijo o su hija, pensamos que ya es hora de que haga una Declaración de Derechos Humanos en favor de usted mismo y decida mantenerla firmemente. Considere la posibilidad de sustituir las actitudes arriba descriptas por las siguientes proposiciones:

Mi hijo y yo tenemos los mismos derechos como seres humanos.

Mi hijo es responsable de atender sus propios deseos y ocuparse de ser feliz, y yo soy responsable de atenderme a mí y de mi felicidad.

Mi principal deber es ser leal a mi "yo interior". Haciéndolo, también beneficiaré a quienes me rodean.

El mejor padre no es ni esclavo ni amo, sino que está en un plano de igualdad de derechos con sus hijos.

Lo mejor que puedo darle a mi hijo o a mi hija es el buen ejemplo, el ejemplo de que está bien ocuparse de sí mismo, de sus propias ideas, deseos, sentimientos y ser feliz.

Para resumir esta idea de igualdad, considere la forma de establecer su futura relación con su adolescente sobre una base igualitaria en cuanto a los derechos y obligaciones que a cada uno le corresponden.

Sus derechos

Si ha decidido que desea una relación de igual a igual entre usted y su hijo o su hija, establezca ahora cuáles son sus derechos y comprométase a defenderlos.

¿Cómo puede hacer para determinar cuáles son sus derechos?

Al principio podrá parecer que sus derechos son algo inherente a usted, tan parte de su persona y tan inmodificable como sus orejas y sus manos. Sin embargo, cuando usted se dé cuenta de que la gente tiene derechos muy diferentes según las épocas y los lugares del mundo comprenderá que no existen "derechos inherentes".

Sus "derechos" son los que usted y la gente que forma parte de su vida coinciden en aceptar. Por ejemplo, si usted y el gobierno creen que tiene el derecho de poseer una propiedad privada, tiene este derecho. Si esta creencia y este acuerdo no existen, no tiene tal derecho. *Y si no está satisfecho con los derechos que tiene en su ámbito familiar o desea lograr otros, es asunto suyo elegir y proclamar esos nuevos derechos, más justos y equitativos, para usted.* Los derechos en las relaciones humanas siempre se han manejado de esta forma. Por ejemplo, antiguamente no se tenía el derecho de votar. No existía tal cosa. Luego la gente lo inventó, lo proclamó y luchó por él. Desde ese entonces existe el "derecho de votar". Aun así, en un principio, los hombres tenían ese derecho, pero las mujeres no . . . y durante mucho tiempo eso estaba bien, porque la gente en general coincidía en que eso era lo justo. Luego, las mujeres reclamaron ese derecho y lucharon por establecerlo. Ahora, es generalmente aceptado que lo tienen.

En otras palabras, sus derechos no existen en ninguna parte en forma absoluta: usted los tiene que proclamar y defender.

Cuando decida que desea tal o cual derecho que no haya tenido hasta ahora, prepárese para defenderlo (le enseñaremos cómo hacer esto en los próximos capítulos). Esta defensa es necesaria porque si otros han sido complacidos durante cierto tiempo, tenderán a seguir creyendo que se los debe seguir complaciendo, que éste es su derecho, y objetarán seriamente que sugiera algo distinto. Si su adolescente lo ha estado pisoteando durante un cierto tiempo, asumirá que es así como *debe funcionar la relación*, y defenderá esa posición. En cierto modo, al no reclamar su derecho de igualdad, usted permitió que su hijo o su hija creyese que no lo poseía y ahora se ha acostumbrado a este estado de cosas. Por lo tanto, cuando proclame sus derechos en este sentido lo más probable es que tenga que reeducar a su adolescente para que acepte su posición. Es como si el hijo del jardinero y el príncipe hubiesen estado jugando al ajedrez durante años, y el hijo del jardinero siempre hubiese jugado mal adrede para dejar que ganase el príncipe. Después de un tiempo, ambos probablemente supongan que el príncipe tiene derecho a ganar y el hijo del jardinero no lo tiene, simplemente porque siempre ha sido así. Si, de pronto, el hijo del jardinero quisiera restablecer su "derecho" de ganar, deberá reeducar a su contrincante. Probablemente en ese momento el príncipe protestará airadamente y sentirá que lo están tratando en forma injusta.

Hemos notado que los adolescentes tienden a actuar como príncipes cuando los padres, hasta ese momento humildes servidores, comienzan a ponerse firmes y a defender sus propios derechos. Analice la siguiente historia real de un muchacho de dieciocho años que amenazó con irse de la casa porque su padre se negaba a comprarle un coche nuevo. . . el tercero.

Un padre en muy buena posición regalaba un automóvil a cada uno de sus hijos cuando cumplían los diecisiete años. Su cuarto hijo chocó y destrozó el coche, de modo que el padre le compró otro. Cuando también éste quedó hecho chatarra, el padre se negó a comprar otro más. El muchacho se sintió sumamente resentido, diciendo que lo trataban injustamente. Se había acostumbrado a la idea de que "papá provee coches" y sentía que papá no tenía DERECHO a negárselo.

Suponemos que si su adolescente ha estado actuando de la forma que planteamos en este capítulo, es muy probable que se le hayan acordado muchos menos derechos de los que usted considera como prioritarios. Queremos que elija algunos derechos nuevos, más equitativos, y que se comprometa a imponerlos y mantenerlos. Prepárese para trabajar, con la mira de establecer un nuevo nivel de equidad de derechos en relación con su adolescente, de la misma manera que lo han hecho los hombres que querían el derecho al voto, el hijo del jardinero y el padre, en los ejemplos antes mencionados. Usted es quien debe redefinir sus derechos y defenderlos.

He aquí algunos ejemplos de derechos que otros padres han decidido que exigen y defenderán.
- *Derecho a la privacidad.*
- *Derecho a mi propia relación con mi esposo y mis amigos.*
- *Derecho a vivir libre del temor a la violencia.*
- *Derecho a sentirme seguro en lo que hace a mis pertenencias (que no me las roben).*
- *Derecho a tener un tiempo propio.*
- *Derecho a ser tratado con cortesía.*
- *Derecho a una relación que sea "doble mano" en lugar de "mano única".*
- *Derecho a una cuota razonable de paz y tranquilidad.*
- *Derecho a sentir que todos ponen su cuota de esfuerzo en la casa, y que no estoy manteniendo a un vago.*
- *Derecho a cerrar mi casa por la noche y saber que después de determinada hora nadie entrará en ella.*

Por cierto que estos "derechos" no difieren mucho de los que los adolescentes mismos reclaman para ellos. Asegúrese de que está otorgando a su adolescente derechos equivalentes a los que desea para usted mismo, de modo que la relación sea realmente equitativa. De nada servirá que reclame cualquiera de estos derechos básicos para usted si al mismo tiempo se los está negando a su hijo o a su hija.

Pero ¿qué dice la ley al respecto de tales derechos? Muchos padres creen (y admitimos que también nosotros éramos de ésos) que no tiene sentido pensar en cuáles son sus derechos, porque, de todos modos, son "legalmente responsables" por sus hijos. Piensan que esto significa que están legalmente obligados a mantener a sus hijos, a hacer que éstos se comporten en forma adecuada o a soportar todo cuanto éstos hacen, sin posibilidades de claudicar, y teniendo que pagar por cualquier daño o perjuicio que sus hijos ocasionen. Por supuesto que este panorama hace que consideren totalmente sin sentido reclamar cualquier tipo de derecho para ellos mismos.

Las buenas noticias aquí son que, aunque la ley(*) estipule que usted es responsable por su hijo, la misma es mucho más razonable de lo que muchos padres suponen y de ninguna manera exige que usted renuncie a los derechos humanos básicos en su relación con su adolescente.

No conocemos ninguna ley que estipule que usted deba soportar un comportamiento de su hijo semejante al que mencionamos en este capítulo. Si bien las leyes varían de estado a estado, es la obligación de los padres asegurar que sus hijos sean inscriptos en un colegio y que asistan al mismo. Pero si usted lleva a su hijo hasta la puerta del colegio y él o ella luego se escapa, usted no puede ser juzgado por ello. Si su hijo no asiste al colegio y se puede probar que tal inasistencia se debe a negligencia por parte de los padres, las autoridades pertinentes pueden iniciar las acciones que consideren adecuadas. El chico del cual se supone que no recibe la educación adecuada puede ser llevado ante un tribunal para menores, el cual decidirá si cabe retirarlo de la custodia paterna. Si el chico es retirado de la custodia paterna, será internado en algún establecimiento estatal, el cual se convertirá en el tutor legal del menor.

Es cierto que usted puede ser hecho responsable por los daños que su adolescente cometa, pero lo más probable es que exista un límite legal a sus posibilidades económicas. No se puede obligar a los padres a pagar costos, daños o compensaciones si pueden probar que no han contribuido al daño abandonando el cuidado de su hijo. En el caso de daños criminales ocasionados por un joven mayor de dieciocho años, los padres no son legalmente responsables por los daños materiales, y el joven puede ser encarcelado.

De modo que no tiene mucho sentido que permita que el temor a tener que pagar daños y perjuicios influya en su comportamiento frente a su hijo. Y, por otro lado, reclame usted sus derechos o no, no

(*). N. del T.: Se refiere a la legislación vigente en EE.UU.

tendrá posibilidad de controlar la actitud de su hijo o hija. Dejar que su adolescente le "pase por encima" no lo exime de la posibilidad de ser demandado por cosas que éste haga, de modo que nada tiene que ver esto con el hecho de que usted afirme sus propios derechos. Por el contrario, pensamos que si los padres se ponen firmes en lo que hace a sus propios derechos, es menos probable que sus hijos tengan actitudes que redunden en daños a terceros.

Para resumir estas consideraciones acerca de sus derechos, sugerimos: *decida ahora cuáles son sus derechos y comprométase a defenderlos.*

Temor al encuentro

Lo próximo que usted debe hacer, después de haber establecido cuáles son sus derechos y hallarse realmente decidido a defenderlos, es llegar a un acuerdo con su temor a los encuentros que podrá tener con su adolescente al reclamar esos derechos.

A menudo los padres están dispuestos a aguantar cualquier cosa de sus hijos porque temen las miradas de desaprobación o de enojo, o las escenas que pueden hacer sus adolescentes cada vez que defienden sus derechos. Es muy natural. A nadie le gusta la discordia y la terrible situación de encontrarse solo frente a la oposición. Uno de nosotros recuerda muy bien la experiencia de ese temor, vivido una y otra vez, en situaciones como la siguiente.

Yo había dicho a nuestros hijos que no quería asaltos a la heladera antes de la hora de la cena. Estaba sentada en el living alrededor de las 17,30 cuando escuché que nuestro hijo, de 16 años, entraba en la cocina y abría la heladera. Yo sabía que el próximo paso que tenía (y debía) que dar era recordarle mis exigencias con una "frase primera persona": "Hijo, realmente no admito que aquí se coma antes de la hora de la cena". Era tal mi temor a ese enfrentamiento, que comencé a temblar. La tentación de hacer de cuenta que no lo había escuchado resultó casi insuperable: de esa forma me liberaría de la necesidad de enfrentar a mi hijo.

Ese temor a los encontronazos, por supuesto, se justifica en cierto sentido. En verdad, cuando usted comience a defender su propia posición cosechará, probablemente, miradas hoscas y escenas, especialmente si su hijo o hija venía haciendo con usted lo que quería. Por más que él o ella necesite que se le ponga los límites que usted fije, ningún joven con una pizca de carácter lo aceptará simplemente diciendo: "gracias". El contraatacar y defender lo que el adolescente considera que son sus derechos, es parte del "juego". Y un adolescente es capaz de hacer cualquier cosa con tal de presionarlo para que retroceda a su antigua posición humilde y dócil. Pueden decir cosas tales como:

No me quieres.

Te odio.

Me voy a ir de casa.

Ojalá estuviese yo (o estuvieses tú) muerto.

Pueden someterlo al tratamiento del silencio hosco o al del profundo abatimiento, con esa actitud de "miren-cómo-me-maltratan". Pueden tener berrinches y romper cosas.

Linda (15) había tomado la costumbre de no hacer nada en la casa. Su madre le exigió que barriese el piso. Sin decir palabra, Linda salió por la puerta y se fue de la casa.

Anna (17) tenía la costumbre de pedirle el coche a su madre todas las mañanas. Su madre la esquivaba, buscaba excusas, pero finalmente cedía. Un día la madre dijo firmemente "No", ante lo cual Anna tiró al suelo toda la vajilla que había utilizado la familia en el desayuno. Cuando su

*madre se mantuvo firme en su posición, Anna amenazó seriamente con
tirar a la abuela inválida a la piscina.*

*Carol (14) solía regresar a casa mucho después de la hora de cenar, y
comía lo que sobraba de la cena en la cocina y nunca limpiaba el desorden
que dejaba. Su madre le exigió que limpiara la cocina y se mantuvo firme
en su exigencia, entonces Carol tuv'' un berrinche durante el cual rompió
un montón de cosas en su cuarto y gritó tanto que los vecinos se alarma-
ron y llamaron a la policía.*

Sabemos que la perspectiva de sufrir en carne propia cualquiera de
estas conductas puede espantar a cualquier padre. Pero también creemos que cuanto menos usted le tema a tales reacciones tanto menos
probabilidad habrá de que se produzcan. Porque se trata de conductas
extorsivas. . . cosas que el adolescente hace para presionarlo a usted a
fin de obligarlo a ceder a sus caprichos. Ninguna persona sensata va a
gastarse en hacer escenas dramáticas si las mismas no impresionan a
quienes están dirigidas.

Sin embargo, hay un aspecto en el cual el temor a estos encuentros
no se justifica, y es el siguiente: Creemos que, en estos casos, lo que
usted más teme no es lo que su hijo o su hija pueda hacer. Probablemente lo podrían soportar perfectamente si no estuviese dirigido a
usted. Lo que usted realmente teme es la idea de ponerse en evidencia
ante todo el mundo como una persona real, sólida, que se atreve a
levantar su cabeza y decir: "Estos son los derechos que reclamo para
mí". Sabemos que no es una actitud fácil de asumir. Pero también
sabemos que, lejos de ser perjudicial o peligroso, ese ponerse en evidencia es la esencia misma de buenas comunicaciones humanas.

Si estuvo temiendo los encuentros, es muy posible que ello se deba a
que se siente impotente frente a ellos, que no sabe cómo actuar durante
los mismos. Tener una actitud definida, un "guión" para seguir, mitiga-
rá ese temor. Le daremos esa guía de acción en los próximos capítulos.
Lo importante es que tome conciencia de que dispone de todas las
herramientas necesarias para manejar adecuadamente estos encuentros.

Tome conciencia, asimismo, de que en estos encuentros dará a su
hijo o a su hija lo más valioso que puede darle: una parte de usted
mismo. Y él o ella necesita eso.

Asimismo, si teme a los enfrentamientos, del tipo que sean, dése
cuenta de que esta situación con su adolescente le brindará la oportunidad de liberarse del miedo. Usted puede aprender a sentirse cómodo
con ese tipo de escenas, e incluso a disfrutarlas, simplemente por la
sensación de seguridad que implica el saber que es capaz de manejar-
las eficientemente.

Le damos un ejercicio: Si puede, escuche la forma en que hablan entre sí niños más pequeños —digamos entre cinco y diez años— y note cuán abiertos son en su forma de hablar, cuán directos, descarados y mandones. Aparentemente, no le tienen miedo al enfrentamiento. Como adulto, usted tiene mucha más experiencia de vida que esos chiquillos. ¿Qué pasará si, de pronto, utilizara toda su capacidad para defenderse y afirmar su posición en estos enfrentamientos? Usted y todo el mundo sabría que está vivo, y probablemente se beneficiarán todos con la emoción del encontronazo.

Así que, en lo que a enfrentamientos se refiere, usted dispondrá de las herramientas necesarias para manejarlos adecuadamente, y los mismos resultarán estimulantes. Después de haber manejado con éxito unas cuantas situaciones de enfrentamiento, no sólo se sentirá más capaz de moverse en las mismas, sino que éstas se producirán con frecuencia cada vez menor.

Sea abierto

En el capítulo 6 le pedimos que agudizara su percepción con respecto a lo que desea, y a sus necesidades y sus sentimientos, y que empleara "frases primera persona" para hablar de todo esto. Cuando actúa así, en realidad, está haciendo muchas cosas. Es sincero. Da un primer paso que significa el comienzo de su preocupación por cuidar de usted mismo; y también le está dando un poco de sí mismo a la otra persona, a través de una comunicación muy directa. *También está desarrollando un hábito que puede llevarlo exitosamente a través de cualquier interacción.* Cada vez que lo asalte una sensación desagradable, tal como temor al enfrentamiento, preocupación sobre cuál será el resultado del mismo, confusión respecto de lo que deberá hacer o decir seguidamente, o simplemente una sensación de incomodidad, usted puede comenzar a cuidar de sí mismo concentrándose en su "yo interior", preguntándole qué es lo que está sintiendo, y expresando ese sentimiento a quien lo está enfrentando:

No se me ocurre ninguna respuesta a esto. No sé qué decirte.

Me siento totalmente impotente ante esto.

Temo que se queme toda la casa.

Con cada una de estas "frases primera persona", dichas sin utilizar el "tú" o el nosotros, irá recuperando su autodominio y la situación que enfrente será tratada con toda ecuanimidad.

Tome conciencia de que el principal factor para lograr una relación de igualdad y resolver los ítem de la "lista del adulto" es su propia franqueza.

Resumiendo, la actitud que queremos que usted aprenda a asumir cuando trabajemos con los ítem de la "lista del adulto" involucra los siguientes aspectos:

Concéntrese en mantenerse seguro; recuerde que lo que usted persigue es lograr su propia felicidad y que su hijo se convierta en un joven adulto, capaz de tomar sus propias decisiones.

Dé por sentado que su adolescente es una persona básicamente sólida y responsable, que se conduce en forma conflictiva porque tiene poca práctica en mostrarse como una persona buena y competente, y teme hacerlo.

Comprenda que tan pronto tome esa actitud frente a la situación problemática, usted ya está comenzando a mejorarla.

Póngase como objetivo lograr una relación de igual a igual entre usted y su adolescente.

Determine sus justos derechos en la relación y propóngase firmemente defenderlos. Tome conciencia de que es capaz de contar consigo mismo para atender y cuidar sus propios derechos, y puede adoptar una actitud confiada y distendida, independientemente de cómo resulta esa interacción específica.

Acepte que puede haber algunos enfrentamientos, y trate de que sus temores ante los mismos se vayan convirtiendo en confianza, e incluso en grata expectación, a medida que usted aprenda a manejarlos adecuadamente.

Cuente con su propia franqueza y sinceridad como la principal herramienta para todo esto.

Capítulo ocho

Dejando de lado
actitudes negativas

Ahora estamos preparados para comenzar a trabajar con el problema específico que aún nos queda por resolver, después de haber trabajado honesta y sinceramente a lo largo de los primeros siete capítulos de este libro.

Por favor, revise los ítem de su "lista del adulto". Es posible que esa lista se haya modificado, e incluso que algunos de los ítem hayan desaparecido al transferir usted la responsabilidad de los mismos a su hijo o hija. Pode la lista, de modo tal que sólo contenga los ítem que aún constituyen reales problemas para usted, incluyendo aquellos que puedan haber surgido durante las últimas semanas, después de haber abandonado sus esfuerzos por controlar los ítem de la "lista del adolescente", enumerados en las páginas 21 y 110 a 113, así como también aquellos aspectos de los ítem de la "lista del adolescente" que lo afectan (ver capítulo 2).

Ahora comencemos a trabajar con su listado actualizado

Como primer paso, trate de detectar actitudes con las cuales inconscientemente estuvo *provocando* ese comportamiento de su adolescente que esta lista refleja. Tenga presente cada ítem a medida que va leyendo este capítulo, y considere cuidadosamente todo lo que quizás estuvo haciendo para estimular ese comportamiento.

Los padres suelen contribuir a que el adolescente adopte precisamente aquellas actitudes que más les molestan, de dos maneras: *desencadenándolas* antes de que se produzcan y *reforzándolas* una vez que se hayan producido. El desencadenante es, generalmente, alguna forma de "mensaje en segunda persona" o pregunta. El refuerzo suele ser la "atención negativa". Es por eso que insistimos en que cada vez que se enfrente con la inconducta de su adolescente *utilice "frases en primera persona"* en lugar de hablar en segunda persona, y que *enfoque su atención positiva en usted mismo* en lugar de prestar atención negativa a su hijo.

Veamos algunas de las formas específicas en que puede estar desencadenando o reforzando la conducta que le preocupa. Señalaremos cinco comportamientos que son los más frecuentemente alentados por los padres en forma inconsciente.

Mentir.

Robar.

Decir cosas que preocupan o asustan: uso de malas palabras e insultos.

Actitudes hoscas o agresivas.

Aprovecharse de los favores que hacen los padres.

Mentir

Si uno de los problemas con su hijo eran las mentiras que decía, es posible que esto haya mejorado notablemente desde que le traspasó la responsabilidad por los ítem de la "lista del adolescente". Porque los chicos, a veces, mienten cuando tienen que pedir permiso para cosas que, en realidad, son de su propia responsabilidad, y temen que usted les diga que no. Si, por ejemplo, Marilyn quiere ir al centro comercial con una amiga que recientemente tuvo problemas con las autoridades por haber sido sorprendida robando, se sentirá tentada a mentir: "Mamá, ¿puedo ir a casa de Paula? Vamos a trabajar en una tarea de equipo que nos pidieron en el colegio." Según su código de conducta anterior, usted, probablemente, hubiese dado ese permiso, y Marilyn iría con su amiga al centro comercial sintiendo que ha logrado engañar exitosamente al dictador o dictadora. Sin embargo, si ha renunciado a la tarea de permitir o prohibir sus salidas, tal como se lo hemos indicado en los capítulos 2 a 4, su hija no puede justificar la mentira y, por lo tanto, es probable que no mienta. De acuerdo con nuestra nueva forma de hacer las cosas, si Marilyn le pide permiso —mintiendo— para ir a casa de Paula, simplemente le responderá: "Gracias por avisarme; así voy a preparar la cena para un poco más tarde". O bien: "No soy yo quien te debe dar ese permiso, pero de todos modos te agradezco que me hayas dicho adónde vas a estar." Usted no "recoge" la mentira, sino que deja que su hija cargue con ella. Y Marilyn irá al Centro Comercial sabiendo que mintió sin ninguna necesidad. No existe ningún dictador que justifique su mentira. Esto es mucho menos aceptado que la modalidad anterior, y sentirá que tiene toda la libertad para decirle con toda franqueza: "Mamá, me voy de compras con Susan", sin recurrir a mentiras. Y también existirá mayor libertad para usted, pues desde el momento en que ha dejado de permitir o prohibir salidas se sentirá más libre para expresar lo que realmente siente, ya sea preocupación, interés o confianza. "Me preocupa esa salida, porque temo que Susan pueda comenzar de nuevo con sus "raterías" en las tiendas, y que las dos se vean en problemas por eso. Sin embargo, confío en que harás lo que sea más conveniente para ti."

Sin embargo a pesar de que usted haya pasado la responsabilidad por todos los ítem de la "lista del adolescente" a su hijo o hija, es posible que le siga mintiendo en una serie de otros asuntos. Si es así, fíjese si no está *desencadenando mentiras mediante* preguntas y además *apoyándolas, brindando "atención negativa" a su adolescente* cuando éste le miente

Comience por no formular ningún tipo de preguntas a su hijo o hija durante, por lo menos, una semana.

Probablemente esto le resulte más fácil de lo que parece a primera vista. Simplemente, preste atención a la forma en que habla con él o ella y cada vez que sienta el impulso de preguntarle algo, o bien no diga nada o bien cambie la pregunta por una frase afirmativa en primera persona.

En lugar de:	Pruebe esto:
¿Hiciste lo que te pedí?	Me gustaría saber que el baño ya está limpio.
¿Por qué no me saludas cuando llego a casa?	Me siento mejor si alguien me dice ¡hola! cuando llego a casa. ó Me siento mal si no me saludan.
¿Cómo vas a regresar a casa?	Me preocupa tu seguridad, y me gustaría saber que vas a regresar a casa sin tener problemas.
¿Ya hiciste tus deberes?	¡No diga nada! (Este ítem es total y absoluta responsabilidad de su hijo.)

Advertimos muy especialmente que no debe utilizar un cierto tipo de preguntas: aquellas que se suelen hacer para recibir una respuesta que usted ya conoce, con la única finalidad de saber si su hijo o hija le está mintiendo. Por ejemplo:

Del colegio, llamaron a la casa de Jennifer (14) para preguntar si estaba enferma, pues no asistió a clase. Esa misma tarde, la madre de Jennifer le pregunta: ¿Qué tal te fue en el colegio hoy?

Esta pregunta es una trampa. Desaconsejamos usar este método, en parte porque va a inducir a Jennifer a mentir, con lo que se pondrá cada vez más práctica y habilidosa en hacer precisamente aquello que los padres quieren evitar; pero principalmente porque este tipo de preguntas contiene los mismos elementos de engaño y manipulación que la mentira en sí. Una afirmación simple y en primera persona es mucho más efectiva y contundente:

> El rector llamó hoy por teléfono para preguntar por qué no fuiste al colegio. Detesto ese tipo de llamados, y realmente apreciaría mucho que, en el futuro, no se repitieran.

Cuando usted deje de formular preguntas es muy probable que las mentiras se reduzcan marcadamente. Puede que, de tanto en tanto, su hijo intente engañarlo con una que otra mentira, porque todavía no ha tomado conciencia de que usted ya no juega a la pelota con él. Cuando se dé cuenta de que su hijo le está mintiendo, asegúrese de no darle "atención negativa". Cualquier reacción que signifique preocupación o enojo no hará sino alimentar el hábito. Por eso le sugerimos que reaccione de forma totalmente distinta, por ejemplo así:

> Simplemente diga: "Hmm. . .", déjelo plantado y siga dedicándose a su ocupación preferida.

> Haga de cuenta que está escuchando al hijo de su vecino, quien mantiene con usted una charla amistosa; aun cuando usted se percate de que está mintiendo, esa mentira no debe afectarle, y usted puede darse el lujo de ser amablemente cortés.

> Dígale: "Me siento sumamente incómodo, porque tengo la sensación de que me estás mintiendo, de modo que quisiera cortar esta conversación aquí mismo".

Si usted realmente ha dejado de hacer preguntas y de prestar "atención negativa", aunque no podemos prometerle resultados tan positivos como los logrados por los padres de Kathy en el siguiente ejemplo —tomado de la vida real—, es muy probable que sus relaciones con su hijo o hija, en ese sentido, mejoren considerablemente. La estrategia que proponemos suele dar tan buenos resultados que hemos llegado a la conclusión de que la mentira es uno de los problemas más sencillos de manejar adecuadamente.

La señora R. se quejaba de que Kathy (16) le mentía constantemente. Mentía sobre las cosas que le sucedían o hacía ("hoy me saqué un 'excelente' en el colegio") y también inventaba historias sobre cosas que había visto y oído. Analizando la relación, descubrimos que la señora R. bombardeaba a su hija con preguntas en forma casi permanente: "¿Cómo estás? ¿Qué hiciste en el colegio? ¿Qué estás haciendo ahora? ¿Por qué me usaste el maquillaje? ¿Qué vas a hacer ahora? ¿Por qué no te portas bien? ¿Por qué me mientes?". Se le enseñó a dejar de interrogar a su hija y a reemplazar esas preguntas por "frases primera persona" o a callar. En otras palabras, debía dejar de ser la desencadenante de las mentiras que decía Kathy. También le aconsejamos que respondiera a los coloridos relatos de Kathy con genuino interés y asumiendo una actitud positiva, tal como: "Qué bien. . . fíjate qué interesante". Es decir, debía dejar de reforzar mediante "atención negativa" las mentiras de Kathy. La señora R. hizo un esfuerzo heroico, cambió totalmente su actitud y siguió nuestras instrucciones al pie de la letra. Aun cuando todos pensábamos que nos esperaba una lucha a largo plazo, Kathy modificó su conducta a muy poco tiempo de que se iniciara la nueva modalidad, y no hubo más mentiras.

Por supuesto que una vez que su hijo o hija deje de mentirle es posible que usted se dé cuenta de que no era la mentira en sí lo que le molestaba, sino toda la actitud que había detrás de esa mentira. Si su hijo le mintió diciendo que iba al colegio, que no inhalaba pegamento y que no había robado sus joyas, el hecho de que deje de mentir no soluciona el problema básico. Lo que usted realmente desea es que se acaben la vagancia, el uso de drogas y los hurtos. Si éste es su caso, disfrute, en primera instancia, el haber solucionado, al menos, el problema de la mentira. Acto seguido encare la solución de los otros problemas. Si se trata de ítem de la "lista del adolescente", remítase a los capítulos 2, 3 y 4. Si, en cambio, son problemas que corresponden a la "lista del adulto", continúe trabajando de acuerdo con lo que le indicamos en éste y en los próximos capítulos.

Robar.

A veces los padres nos cuentan cosas como éstas:

Cobro mi sueldo en efectivo, y mi hijo Tom (16) siempre encuentra el lugar donde lo guardo y me roba parte del dinero.

Sandra (14) me quita mi ropa y mis joyas, y se las vende a sus amigos.

David (16) trajo dos amigos a casa mientras yo estaba haciendo un viaje de negocios y les permitió revisar mis estantes. Encontraron 100 dólares que había dejado para los gastos de la semana a mi esposa, y se los llevaron.

Después del primer hurto, los padres suelen llevar a la práctica un programa en dos etapas que desencadena y refuerza el intento de futuros robos. Primero, centrar atención negativa en la persona que ha cometido el robo, reprendiendo, interrogando, castigando; y segundo, siguen dejando cosas de valor al alcance de todo el mundo, con el riesgo de que les sean robadas. Cuanto más les preocupe el tema del robo, y cuánto más desean poder confiar en sus hijos, tanto más a menudo actúan de esa forma.

Para solucionar el problema de los hurtos es necesario actuar en forma totalmente diferente. Su tarea consiste en adoptar actitudes que no impliquen ofrecer a su adolescente "atención negativa" y que, además, no lo inviten a seguir robando. Hay una serie de cosas que usted puede hacer en ese sentido, y si es usted mismo quien las elige, tanto mejor funcionarán. Lo importante es que, sea cual fuere la medida que usted tome, lleve a cabo la misma sintiéndose cómodo, distendido, libre de carga emocional. Por ejemplo, puede tomar la comisión de un hurto como señal para comenzar a dedicarse a su actividad preferida, anunciándole a toda su familia (incluyendo al probable ladrón) que usted hará eso para aliviarse del dolor que le causa el haber sido robado. Otra posibilidad es regalar al ladrón el objeto robado.

En uno de sus cuentos Victor Hugo relata que un hombre robó unas bandejas de plata a un sacerdote que le había dado albergue y alimento. Cuando, más tarde, los gendarmes aprehendieron al ladrón, lo llevaron ante el sacerdote para que éste confirmara lo que el ladrón decía: que las bandejas le habían sido obsequiadas por el religioso. Este, sonriendo, dijo que efectivamente era un regalo que había hecho al mendigo. El obsequio de las valiosas bandejas marcó un cambio de ciento ochenta grados en la vida de aquel hombre.

Repetimos que lo más importante de cada solución no es la conducta por usted adoptada sino el hecho de que usted se sienta bien, distendido y libre de preocupaciones. Si las soluciones que arriba proponemos hacen que se sienta mal, sugerimos poner en práctica las siguientes medidas:

Primero, asegúrese de que no está provocando ser robado, dejando cosas de valor tiradas por la casa. Fíjese qué es lo que habitualmente se convierte en objeto de ese tipo de hurto. Si estando usted en un hotel guardaría esos mismos objetos bajo llave, haga lo mismo en su casa. Seguramente si usted supiera que en ese hotel se cometen robos, no dejaría tirados en cualquier lugar del mismo su monedero o su billetera, dinero suelto o joyas, ni siquiera un reloj electrónico o radio a transistores.

Dígale a su hijo o a su hija en una "frase primera persona" que usted va a guardar sus cosas en un lugar seguro. Por ejemplo: "Carol, he notado que me ha desaparecido dinero de la billetera, de modo que, a partir de ahora, lo guardaré en otro lado".

Hemos ayudado a muchos padres a asumir este tipo de actitud.

La madre de Mary estaba criando a sus dos hijos en una vivienda sumamente estrecha. El único lugar privado que tenía para guardar sus cosas era una caja sobre el placard, en la cual tenía sus joyas, sus cigarrillos y algún dinero. Se fue dando cuenta de que algunas de esas cosas le desaparecían, y ella y Mary (13) discutían acaloradamente. El esquema de esas discusiones siempre era el mismo: la madre preguntaba si Mary había sacado algo, Mary negaba, la madre acusaba, Mary se ponía furiosa, la madre lloraba. Le aconsejamos a la madre de Mary que dejase de preguntar, de acusar y de llorar, y que cerrase su caja con un candado.

En la familia de Roger (15) había un conflicto casi permanente. El padre tenía un jarrón con monedas de diez centavos sobre un estante y cada vez que el nivel de las monedas disminuía los padres sospechaban que Roger había sacado algunas. El, por supuesto, negaba rotundamente haber sacado el dinero. Simplemente, recomendamos al padre que guardara sus monedas bajo llave.

Probablemente no sea suficiente que guarde sus cosas bajo llave para solucionar el problema de los robos. Además, si eso es lo único que usted hace, su adolescente puede llegar a tomarlo como un juego o una competencia, lo que servirá para entrenarlo en detectar los escondites, abrir cerraduras y forzar cajones cerrados con llave. Por otro lado, lo más problable es que usted no tenga ganas de mantener todas sus posesiones bajo llave en su propia casa, hasta que su hijo o hija haya alcanzado edad suficiente como para irse a vivir a otra parte.

Otra actitud que exigimos que usted tome, mucho más difícil que la primera, es no prestarle "atención negativa" a su adolescente, reemplazándola por una actitud positiva hacia usted mismo —es decir, dedicarse a actividades que lo gratifican— cada vez que usted piensa que le han robado algo.

Es muy probable que los adolescentes roben porque, en realidad, tienen miedo a ser conceptuados como gente buena, feliz y responsable. Robar es una forma muy efectiva para lograr que a uno lo consideren malo e irresponsable. Generalmente, pueden adquirir con su dinero todo lo que roban, pero ese proceder involucraría actuar en forma honesta y trabajar, cosa que los definiría como responsables. La mejor manera de combatir esta clase de robos es asegurarse de que ese mecanismo de autodenigración no funcione —es decir, que no se los marque como malos, que no reciban "atención negativa"— y hacer todo lo que esté a su alcance para que su hijo o su hija se sientan cómodos con esa sensación de ser adultos y responsables. Por supuesto que de nada servirá *decirle* a su adolescente que es una buena persona, pero le puede transmitir autoestima y confianza a través de una actitud positiva, sirviéndole de modelo, demostrándole que se siente bien, feliz y responsable, y que cuidará de sí mismo y que nadie puede obligarlo a prestarle a su adolescente "atención negativa". Si le sirve de modelo, el joven, poco a poco, podrá juntar coraje para sentirse también él bueno y responsable, y no se verá impulsado a cometer hurtos para probar lo contrario.

Pero, ¿cómo hacer para cuidarse con alegría cuando uno sabe que su hijo o su hija le ha estado robando cosas? Le recomendamos que estén exactamente como si se hubiese derrumbado una parte de su cielo raso, es decir, preocúpese por tomar las medidas necesarias para que el daño sea reparado, quizá que pida ayuda a otros para hacerlo, pero de ninguna manera que reprenda o culpe a su adolescente. Es usted quien ha sido perjudicado por el robo, y su obligación es hacer algo para empezar a sentirse mejor. Aquí le damos algunos ejemplos para demostrarle cómo puede funcionar ese proceso de atenderse a uno mismo. Fíjese que en todos ellos se evita dispensar "atención negativa" y se enfatiza, en cambio, el mensaje en primera persona y la concentración en obtener un tratamiento justo por parte del adolescente.

Suponga que descubre que le falta dinero de su monedero o billetera. De sus dos hijos, fue Ben quien, ya en oportunidades anteriores, le sacó dinero, por lo que usted, también en este caso, sospecha de él, aun cuando no está seguro. Usted dice:

"Wendy y Ben: acabo de notar que me faltan 20 dólares de mi billetera. Quisiera que me ayudaran a recuperarlo."

"Yo no los saqué."

"Yo tampoco."

"Comprendo lo que ustedes me dicen, pero yo digo que quiero que se me devuelvan esos veinte dólares. Si no aparecen hasta mañana, durante la próxima semana no habrá más que sopa de lentejas para comer, dado que ése era el dinero para las compras de la semana."

El próximo paso puede ser que alguien "encuentre" el dinero. Aparece misteriosamente en su monedero, o bien Ben lo "descubre", de pronto, en el cajón de la cocina donde usted habitualmente guarda su monedero (hemos tenido casos concretos en los cuales sucedió precisamente eso). Si el dinero aparece de esa forma, acéptelo con un tono normal, y no se ponga sarcástico. Si no aparece, sirva mucha sopa de lentejas (u otro plato económico y que no les guste mucho a sus hijos) hasta haber recuperado el equivalente a los 20 dólares.

Con las variaciones necesarias para poder adaptarse a las situaciones individuales, hemos enseñado a muchos padres, cuyos hijos tenían el hábito de robar cosas, a atender debidamente a sus propias necesidades en esa situación de conflicto.

David (16) era un muchacho más bien callado y tímido, que deseaba muchísimo hacerse de amigos. Un día su padre regresó a casa después de un viaje de negocios y se encontró con que le faltaban ciento cuarenta dólares de su armario. David dio la siguiente explicación. Le habían impresionado mucho dos muchachos mayores que él con los que trabó amistad. Hablaban con un lenguaje rudo y, evidentemente, tenían más "calle" que él. Mientras sus padres estaban afuera, invitó a esos amigos a la casa y no objetó nada cuando se pusieron a revisar el dormitorio de sus padres. Encontraron los 140 dólares en el armario del padre de David, y se los guardaron. Al escuchar este relato, el padre de David llamó a la policía. Sin embargo, no estaba muy claro quiénes habían sido los dos muchachos, ni dónde se encontraban, ni quién tenía el dinero en aquel momento. Aconsejamos al padre que tratase el asunto como si uno de sus amigos hubiese perdido el dinero de su propiedad. De modo que no hubo ni represión ni castigo para David. El padre simplemente le dijo que consideraba a David responsable de la casa y de todo lo que había en ella cuando los padres no estaban, y que esperaba que el dinero robado fuese reemplazado. David aceptó pagarlo con lo que ganaba en el trabajo que hacía después de clase. El padre también hizo hincapié en que no quería que entrasen extraños en la casa cuando él no estaba allí y que, en caso de que fuera necesario, contrataría un cuidador, aunque realmente prefería que David cuidase de sí mismo y de la casa.

Tricia (15) y Marilyn (16) eran dos hermanas algo alocadas y pizpiretas que se sentían dueñas de hacer lo que se les antojaba. Habitualmente se apoderaban de las cosas de su mádre y las usaban a sus anchas, sin importarles ni preocuparse por las quejas de ésta ni por sus ruegos, sus acusaciones e incluso sus llantos. Un día la madre se puso fuera de sí al comprobar que un pulóver sumamente caro había desaparecido de su guardarropas. Pero esta vez dijo a sus hijas: "Quiero que me devuelvan mi suéter". Las chicas, por supuesto, negaron enfáticamente saber algo del asunto. Gritaron, se ofendieron, protestaron, diciendo que las acusaban injustamente. En un momento dado, salieron precipitadamente de la casa en lugar de responder a su madre. Ella se mantuvo serena durante todo ese torbellino emocional de sus hijas, porque sabía exactamente cómo actuar, independientemente de lo que hicieran las chicas, y porque enfocaba su atención en lo que haría y no en la actitud o el comportamiento de ellas. Simplemente se mantuvo firme, y a todo cuanto sus hijas le decían sólo respondía: "Quiero que me devuelvan mi pulóver". Después de algunas horas dijo a sus hijas: "Quiero que me devuelvan mi pulóver, y si no lo tengo en mi poder hasta esta noche, decididamente voy a saquear el guardarropas de ustedes y tirarles toda la ropa a la piscina". Obviamente, estaba decidida a hacer exactamente eso. En un momento dado, Marilyn *cambió su actitud, y llorando dijo: "Bien, dame tiempo. Le presté el pulóver a una amiga, y acabo de hablarle por teléfono. Lo devolverá por la mañana."(*)*

Sally (13) había estado un tiempo bajo custodia judicial, por reiterados robos. El primer día que estuvo de nuevo en su casa desapareció el nuevo secador de cabellos de su madre. La madre estaba segura de que Sally lo había regalado o vendido a una amiga, pero no tenía forma de probarlo, y además sabía que Sally negaría rotundamente su culpabilidad. Sugerimos a la madre que anunciase a la familia (integrada por tres hijas más) que estaba muy alterada por la pérdida de su secador de cabello, y que, para sentirse mejor, usaría el dinero reservado para la compra de comestibles para comprar un nuevo secador. Sólo reservaría dinero suficiente para comprar pan, pero nada más que pan, para toda la familia. Explicó que no le gustaba nada poner a todos a pan y agua, pero que prefería eso a sentirse herida y maltratada, sin hacer nada para remediarlo.

El secador de cabello no volvió a aparecer, pero la madre de Sally tuvo la gratificante sensación de lograr lo que deseaba al haber, por primera vez, defendido su posición. También se dio cuenta de que las hermanas de Sally, al margen de quejarse por la injusticia de la situación, dijeron unas cuantas cosas a Sally. La madre se mantuvo firme en su actitud a lo largo de los meses subsiguientes y, aunque durante cierto tiempo Sally insistió en su conducta, poco a poco las cosas fueron mejorando.

Hemos hablado sobre qué hacer si su adolescente le roba cosas a usted. Pero el robo de objetos que pertenecen a los hermanos es otro tema. Si tal cosa sucede, usted sentirá la fuerte tentación de convertirse en el juez familiar y allanar la disputa, probablemente reprendiendo y castigando al culpable. No lo haga. Demuestre su empatía con los perjudicados, y dígales que usted los considera perfectamente capaces de solucionar el problema. Con este tipo de mensaje usted ayuda al hermano damnificado mucho más que moviendo cielo y tierra para conseguir que recupere lo que le robaron, ya que se las ingeniará para manejar la situación adecuadamente si usted se mantiene fuera de ella.

Diciendo cosas que preocupan o asustan, insultando, usando malas palabras

En esta categoría entran cosas tales como:
Dice que no lo quiero.
Me insulta.
Cada vez que discutimos amenaza con incendiar la casa.

(*) Más adelante comentaremos más sobre el tema de tomar actitudes como ésta. Pueden ser un boomerang, salvo que estén muy bien pensadas y que usted se sienta total y absolutamente identificado y comprometido con las mismas.

Usa un lenguaje soez.
Dice que se irá de casa.
Amenaza con suicidarse.
Dice que nos va a volar los sesos esta noche, mientras dormimos.

Todas éstas son cosas que los jóvenes *dicen*. Generalmente dicen estas cosas a sus padres por dos motivos:

1) Porque se trata de un verdadero problema, y el joven está hablando en serio (y pide tácitamente ayuda para solucionarlo).

2) Porque con ello logra enfurecer a sus padres.

Si el motivo de la actitud de su hijo o hija es el indicado en primer término, lo mejor será que procure hacer algo efectivo para ayudarlo. Si es el señalado en segundo término, más vale que usted vuelva su atención hacia otra cosa. En ninguno de los dos casos sirve de nada prestar "atención negativa", alterándose, golpeando al adolescente, gritando o sintiéndose preocupado, culpable, frustrado o furioso.

Por lo tanto, recomendamos que la primera o segunda vez que su hijo diga alguna de estas cosas, lo tome con toda seriedad, exprese su preocupación y ofrezca ayuda. Si lo que su hijo dice implica un peligro real, haga todo lo posible para evitarlo, quizás notificando a la policía o llevándolo al médico para que lo derive a un psiquiatra. Por ejemplo, los padres del chico que dijo que les volaría la tapa de los sesos, notificaron de ello a la policía. Además les recomendamos que sacaran de la casa el arma que poseían. Los padres del hijo que dijo que incendiaría la casa le ofrecieron llevarlo a un médico con el que pudiese establecer adecuado contacto, y también notificaron a la policía.

Una vez que haya tomado las razonables precauciones del caso, y si su adolescente continúa con ese tipo de amenazas, sin acceder a hacer ningún esfuerzo por solucionar el problema, nos inclinaríamos a creer que lo está chantajeando, es decir, que usa las palabras para conseguir que le preste "atención negativa", sacándolo de las casillas o abandonando la posición firme que había tomado hasta ese momento. Nuestra recomendación básica para estos casos es: utilice las técnicas de autoafirmación que explicaremos en los próximos capítulos, pero, ante todo, *asegúrese de que usted no está agravando las expresiones de su hijo con su forma de reaccionar ante ellas.* No se permita alterarse cada vez que su hijo dice algunas de estas cosas.

Cuando vemos a los padres tan preocupados por lo que sus hijos dicen, nos ubicamos mentalmente en una plaza de toros, donde se realiza una corrida, en la cual el padre es el toro. En las verdaderas corridas de toros, muchas veces hubiésemos querido poder susurrar algo al oído del pobre toro, que tiene toda la fuerza y el poder y, sin embargo, permite que el matador controle esa fuerza. Basta con que el matador mueva un poco su capote rojo para que el toro se excite, se altere, brame y lo ataque. No cabe duda de que el animal cree que su problema es el matador, o por lo menos el capote rojo. Sin embargo, su verdadero problema es su disposición a alterarse y a atacar cada vez que el matador desea que lo haga y le da la señal para hacerlo. Nos gustaría decirle al toro:

"No ataques.

"Le estás siguiendo la corriente al torero, enojándote cada vez que agita su capote. Piensa en el papel de tonto que haría si no lograse hacerte enfurecer. Repentinamente sería él quien tendría el problema, y no tú.

"Tu adrenalina es muy valiosa. Cuídala. Atesórala. No la desperdicies despreocupadamente, enojánlote y agitándote cada vez que el torero te da la señal para hacerlo."

Por favor, considere si usted no estuvo reaccionando exageradamente ante las expresiones de sus hijos. Decida que, sea cual fuere la actitud que asuma, de aquí en más, ante las expresiones de insulto o amenaza que lanza su hijo o su hija, controlará firmemente su enojo, su preocupación, su culpa y su frustración. No comenzará a gritar, a pegar o a llorar tan pronto como su adolescente emita la "señal". No actúe como el toro.

Tuvimos oportunidad de observar cómo un chico manipulaba a otro, exactamente de esa manera. Lea el ejemplo y pregúntese si, por casualidad, no estuvo reaccionando como Peter en la siguiente situación:

Carol (10) y Peter (9) se habían trenzado en una discusión del tipo "¡Es así!", "¡No, no es así!". Cuando estuvieron bien metidos en la misma, las respuestas de Carol se fueron haciendo más y más breves ("¡Es así!" "¡Es!"), mientras Peter, insistiendo en que Carol se callase del todo, comenzaba a dar respuestas cada vez más furiosas y complejas ("¡No es así, pedazo de estúpida, te digo que no!"). Bien pronto comenzó a golpear las paredes y a patear el piso, con impotente furia. Finalmente, Carol —senta-

da confortablemente en su cama— con sólo emitir el más leve sonido lograba que Peter estallase en frenéticos gritos.

Es evidente que, en este caso, el núcleo de la discusión ya no era el tema que la había iniciado, sino el hecho de que una persona había descubierto la forma de alterar y estimular reacciones en otra. Peter en ningún momento pareció darse cuenta de que era manipulado por Carol y de que sus estallidos temperamentales no lo ayudaban para nada a conseguir lo que quería.

Jamie (9) y Bob (12) tenían en vilo a su madre y a su muy adusto padrastro. Cuando los presionamos para que dijesen exactamente qué hacían los dos muchachos para tenerlos tan mal, los padres encontraron muy difícil definirlo y, finalmente, lo achacaron a cosas que los muchachos decían. Parece que cada vez que el padre o la madre intentaban poner límites a los chicos (pidiéndoles que ayudasen en la casa, que se fuesen a dormir, que hiciesen menos ruido y cosas por el estilo) los muchachos respondían: "No me puedes obligar", "No me gusta estar aquí, voy a llamar por teléfono a mi padre para que me venga a buscar", o simplemente se echaban a reír. Estas actitudes, y especialmente la risita burlona, sacaban de quicio al padrastro. Después de algunos meses, éste no sólo estaba en un estado de tensión nerviosa extrema, sino que su presión sanguínea se había elevado considerablemente. Era evidente que, tomando tan en serio lo que los dos chicos decían, y alterándose de tal manera, sólo alentaba la actitud de los dos muchachos.

Entre otras cosas, pedimos a estos padres que combatieran la actitud amenazante de los hijos cuando manifestaran que iban a llamar por teléfono a su padre ("Aquí tienes el teléfono, no hay inconveniente en que lo uses cuando quieras, pero, entre tanto, por favor, quiero un poco de silencio aquí."). También les recomendamos que tomaran las expresiones de los dos muchachos como un simple juego de chiquilines y no como frases de vital trascendencia, que pudiesen sacar de quicio a un adulto normal y equilibrado. No se justificaba que un hombre íntegro y bueno como ese padrastro se dejase provocar por esas chanzas insignificantes.

Una palabra más con respecto a los insultos y al uso de malas palabras: si esto es un problema real para usted, hay algo más que le aconsejaremos antes de pasar al próximo capítulo.

Asegúrese de no estar desencadenando ese comportamiento con actitudes parecidas.

Recapitule cuidadosamente qué es lo que le dijo a su hijo antes de que éste le replicase con un insulto o una palabra soez. ¿No habrá empleado expresiones denigrantes o críticas, o incluso algún insulto tal como "estúpido", "papanatas" o "gordinflón"? ¿No fue el primero en utilizar una mala palabra? ¿Estuvo dando órdenes? ¿O interrogando? ¿O quejándose? Cuando se dirigió a su hijo, ¿lo hizo utilizando alguna frase en segunda persona? Todos éstos son desencadenantes, y si toma conciencia de ello puede llegar a ejercer cierto control sobre las cosas inquietantes que su adolescente le dice y disminuir la cuota de insultos y malas palabras sólo con tratarlo de forma distinta.

Pregúntese qué es lo que usted haría si quisiera que su hijo o su hija utilizara malas palabras o lo insultase. La respuesta a esta pregunta puede ser la descripción de lo que usted realmente *está* haciendo ahora.

Tiene una actitud hosca o agresiva

> Sofía (16) asume una actitud hosca y reconcentrada. Siempre se la ve taciturna y de mal humor.
>
> Timothy (14) tiene una actitud agresiva. Pone unas caras y hace unos gestos que me hacen pensar que me va a pegar cada vez que le digo algo.
>
> Tommy (15) se arrastra temeroso y camina sigilosamente por el living, como si pensase que le voy a pegar en cualquier momento. Nunca lo he castigado físicamente, y su actitud me hace sentir como un monstruo.

Seguramente usted, al igual que nosotros, percibe un mensaje a través de estas actitudes. Le parecerá que su adolescente le está diciendo:

No eres bueno.

Me siento desdichado, y es culpa tuya.

Más vale que te cuides y me trates con guantes de seda, de lo contrario vas a salir lastimado.

¡Cuidado con pegarme! ¡Matón!

Al interpretar estos mensajes, es posible que aliente indirectamente a su adolescente a mantener estas actitudes. Le sugerimos que sea menos sensible. Si piensa que detrás de las mismas hay un problema real, ofrezca su ayuda. . . de inmediato. Y después, sugerimos que se niegue a "entender" esos mensajes sutiles, y confiar en que si su hijo o hija tiene problemas serios y reales lo dirá directamente.

Encare el problema de las actitudes de la siguiente manera:

Primero, asegúrese de que no está desencadenando esa actitud desagradable mostrándose mandón, o diciendo cosas denigrantes, o echando miradas de desaprobación, de enojo o de desilusión. En síntesis, asegúrese de que *su* actitud es amable y cortés.

Si la actitud de su hijo o hija lo atemoriza —cosa que suele ocurrir frente a actitudes agresivas— decida cómo va a reaccionar si sucede lo peor y su hijo —por ejemplo— efectivamente lo golpea. Y después siéntase relajado, sabiendo que tiene perfectamente definido cómo actuará, y que no tendrá que tomar decisiones sobre la marcha. Una vez que haya tomado esta decisión, ignore los gestos agresivos. En otras palabras, si su hijo o hija realmente lo golpea, haga algo efectivo al respecto como, por ejemplo, llamar a la policía. Si no hay agresión real, olvídese del problema. Niéguese a tomar la tercera alternativa, es decir, vivir atemorizado y preocupado por algo que no puede controlar.

Finalmente revea lo que estuvo haciendo hasta ahora, cuando se percataba de la actitud que estamos analizando, y recuerde la preocupación, la culpa, la furia o el temor que experimentaba. Eso es lo que aporta para apoyar la actitud de su adolescente. Decida reaccionar de manera distinta. Usted puede, por ejemplo —si es una actitud acorde con su forma de ser habitual— correr detrás del adolescente y hacerle cosquillas cada vez que percibe esa actitud negativa.

A veces los padres apoyan las actitudes negativas tomándolas como una cosa personal, dirigida directamente hacia ellos. Si, por ejemplo, el hijo o la hija está triste, malhumorado o dice "buenos días" en voz baja, los padres piensan que el motivo de esa actitud tiene algo que ver con ellos y, de alguna manera, se sienten acusados. Es cierto que eso puede corresponder a la realidad. Es posible que su adolescente, en ese momento, sienta algo negativo hacia usted. Pero también puede ser una percepción errónea de la cosa. Es posible que él o ella no esté pensando en usted en absoluto, sino que simplemente le duela un callo o esté semidormido. Cualquiera que sea el caso, es un error tomar esa actitud como algo personal, porque con ello se produce algo totalmente opuesto a lo que se desea. La actitud del adolescente se ve reforzada y alentada a repetirse. Procure, en cambio, aceptar el humor de su adolescente, cualquiera que fuese, mientras no lo agreda directamente. Usted puede decidir que cada miembro de la familia tiene derecho a tener la actitud que quiera. En su familia puede haber una persona alegre, una taciturna, una seria y concentrada y una lunática o chiflada. . . La diversidad de actitudes y temperamentos quizá enriquezca a toda la familia, siempre y cuando nadie salga lastimado. . .

Después de todo, observamos que los diferentes países del mundo tienden a alentar diferentes estilos de vida. Los nativos de un determinado país tienen mayor tendencia a ser extravertidos y abiertos, otros son más taciturnos, o reservados, o volubles. Cada una de estas actitudes de vida es válida para un ser humano. Y usted puede llegar a aceptar que su hijo o hija tenga eso que aparenta ser un carácter taciturno, hosco o incluso hostil.

Steven (13) era un muchacho tranquilo, introvertido, que hablaba muy poco. Su madrastra era una mujer sumamente expresiva, abierta y extravertida, y siempre tenía la impresión de que la actitud callada, algo agria, de Steven era una señal de que se sentía a disgusto; y que eso, de alguna manera, era culpa de ella. Había buscado mil modos afectuosos y tiernos de ganarse al muchacho, pero su silencio, su mirada taciturna y especialmente la forma en que solía decir "buenos días" (como un robot, según le parecía) le hacía pensar que Steven no la quería. Quizás tenía razón. Pero lo que ella no veía era que, al concentrar su ansiosa atención en el comportamiento de Steven, consolidaba esa actitud, y que Steven simplemente tenía otro estilo personal de ser, un carácter distinto al de ella.

Aprovechándose de los favores otorgados por los padres

Consideremos otro grupo de problemas que los padres, a veces, no sólo alientan sino prácticamente desencadenan. Los siguientes se nos antojan ejemplos clave, en los cuales el adolescente está abusando de los favores que sus padres le han otorgado, explícita o implícitamente.

Toma prestado el automóvil y no lo cuida.

Pide dinero prestado y no lo devuelve.

Usa el maquillaje de la madre y lo deja todo revuelto y desordenado.

Deja tiradas mis herramientas en el jardín.

No está puntualmente en el lugar convenido cuando la tengo que ir a buscar.

No devuelve los libros a la biblioteca, y yo tengo que pagar la multa.

Me ordena que la lleve y la traiga de un lado a otro. No pide las cosas por favor.

En todos estos ítem hay un factor común, que un tercero detecta fácilmente: son los padres quienes motivan esa inconducta y, después, se sienten frustrados, maltratados, impotentes y furiosos. También nosotros estuvimos en esa situación, y aún hoy nos preguntamos cómo pudimos haber sido tan ciegos al hecho de que estábamos *permitiendo* la inconducta de nuestros hijos.

Uno de nuestros hijos conducía descuidadamente. Yendo marcha atrás, se llevó por delante un poste, abollando el guardabarros trasero y negándose a hacerlo arreglar. Nos enojamos muchísimo, y estuvimos muy alterados por ese incidente. Volvió a descuidarse, y se llevó por delante una pila de ladrillos, hundiendo la parrilla. Nos enojamos muchísimo y lo reprendimos. La tercera vez anduvo con el coche a alta velocidad, sin preocuparse por el nivel del aceite, y estropeó el motor. Y, a lo largo de todo ese proceso, nunca se nos ocurrió pensar que la culpa era nuestra: nosotros le estábamos dando permiso para que usara nuestro automóvil, cuando perfectamente podíamos negárselo.

... *y cargue la llamada al destinatario*...

¿Le suceden a usted cosas como ésta? Si su hija no le devuelve el dinero que le pidió prestado, ¿usted continúa prestándole, aunque no cancele la deuda contraída? Si su hijo deja las herramientas tiradas cada vez que las usa, ¿se las vuelve a prestar? Si su hija no maneja con cuidado su automóvil, su máquina de escribir o cualquiera de sus pertenencias, ¿permite que las siga usando a pesar de saber que les da ese trato? Si es así, es su permiso lo que desencadena la inconducta de su adolescente. Si sigue haciendo favores después de comprobar que han abusado de usted, sin hacer nada para corregir o rectificar esa actitud, usted es quien provoca que sigan haciéndolo.

Todas éstas son cosas que suceden una y otra vez, y el esquema básico es el siguiente:

1) Su adolescente le pide insistentemente un favor. Lo pide o da por sobreentendido que se lo concedieron (usar su automóvil, ser buscado en tal lugar, usar su tarjeta para pedir libros en la biblioteca pública).

2) Usted consiente en hacerle el favor, ya sea dándole permiso directamente o no diciéndole expresamente que no.

3) Su hijo o hija abusa del favor, pero espera que el mismo sea concedido nuevamente.

4) Usted siente que se aprovechan de usted, que lo maltratan; está frustrado, enojado... pero vuelve a hacer el mismo favor la próxima vez que se lo piden.

Este esquema se basa en determinadas ideas que sustentan tanto usted como su adolescente, ideas tales como:

Un padre se debe a sus hijos.

Un padre no tiene derechos y no debe ser egoísta y reclamar cosas para él mismo.

Un buen padre es aquel que está dispuesto a entregarse totalmente a sus hijos.

Al aceptar estas ideas como válidas, el padre queda a merced de su adolescente y siente interiormente un natural resentimiento por el hecho de ser "usado" y, paralelamente, también comienza a percibir una sensación de culpabilidad por ese resentimiento.

El continuar accediendo a hacer el favor en cuestión desencadena la inconducta del adolescente. El hecho de que no cuide su "yo interior" refuerza aún más ese mal comportamiento de su hijo o hija.

El comportamiento básico que le recomendamos adoptar, a fin de revertir esa situación en manejable y evitar que se aprovechen de usted, es rehusarse a hacer favores. Para ello proceda así:

Primero, piense por un momento en las distintas maneras que su hijo o hija utiliza para pedirle favores. ¿Cómo se expresa?

Mamá, habría que comprar pan.

Papá, ¿me puedes despertar a las siete?

Papá, pásame a buscar por el cine a las 11,30.

¿Me prestás $ 10?

Mamá, llévame a la bicicletería.

Papá, voy a usar el coche esta noche.

¿Puedo tener un perro?

Voy a traer un perro a casa.

¿Voy a tener que seguir usando tu destartalado automóvil cuando obtenga mi registro de conductor?

Quiero un coche nuevo si apruebo mis exámenes.

En todas estas situaciones, si usted dice "sí" está haciendo un favor. No son cosas que usted le deba a su hijo o a su hija; son atenciones que tiene con él. Y dado que son favores, usted puede sentirse libre de decir sí o no, según le convenga.

A medida que analice estos ejemplos fíjese si usted siente que *tiene* que decir que sí o si su primer impulso es hacer lo que se le pide, sin considerar siquiera si realmente quiere hacerlo o no. Si éste es el caso, usted probablemente siente que es su deber servir a su adolescente, y su adolescente seguramente sienta que es su derecho ser servido.

Fíjese que a muchos de estos pedidos de su hijo o de su hija accedería gustosamente si la relación entre ambos fuese buena, pero que, por el otro lado, le fastidiarían mucho si, en un plano general, usted se siente maltratado por su adolescente. La forma "Ma, no hay más pan" es bien recibida si quien la dice es un muchacho de buen carácter, que acaba de ayudarla a secar los platos; pero irrita terriblemente si proviene de un vago que no hizo sino engullir papas fritas delante del televisor durante todo el día, mientras usted estuvo haciendo todo el trabajo. En el último caso, probablemente sería su deseo dar una respuesta negativa. Y si a esto agregamos que su hijo o hija ha abusado repetidamente de su buena disposición para hacerle algún favor, seguramente deseará contestarle con una negativa rotunda, y lo querrá seguir haciendo mientras las cosas no se hayan arreglado.

Si en ocasiones anteriores Dave no apareció cuando usted fue a buscarlo, usted no tendrá ganas de ir a buscarlo la próxima vez.

Si Sheila le pidió dinero prestado anteriormente y no lo devolvió, algo en usted querrá dejar de prestarle dinero la próxima vez.

Si Gary le rompió el coche, o descubre que estuvo llevándolo a 160 kilómetros por hora la última vez que salió, o si nunca le carga combustible, probablemente usted sienta deseos de decirle que no la próxima vez que le pida prestado el automóvil. Si Linda no cuida sus peces de colores, probablemente usted no tenga ganas de comprarle un perro cuando ella lo pida.

Lo que queremos señalar es que cada vez que alguien le pide o exige un favor, algo en su interior sabe perfectamente bien si *quiere* o no acceder al mismo. Quizás, en el pasado, haya dicho siempre que sí, porque pensaba que era su obligación. A partir de ahora, cada vez que su hijo o su hija le pida algo *centre su atención en su "señalizador interior"; averigüe si éste desea decir sí o no, y actúe de acuerdo con sus verdaderos deseos.* Esto significa que probablemente cuando su adolescente esté bien y sus relaciones con él sean gratas, usted dirá que sí, y lo hará de buen grado. En otros momentos, usted se rehusará. Ahora le diremos cómo proceder para decir que no.

Primero, si va a cambiar su actitud con respecto del tema "hacer favores" es necesario que informe a su adolescente que las cosas, de aquí en más, cambiarán. Por lo tanto, dígale de inmediato, en una frase formulada en primera persona, qué es lo que se propone hacer. Puede ser una frase breve y amable, y además debe ser dicha en forma cordial y distendida.

> Debbie, quería comentarte que he descubierto que a veces suelo decir que sí a favores que me pides, pero que en realidad no deseo hacerlos. Y he decidido ser más fiel a mí mismo y decir sí solamente cuando lo sienta realmente.

Y ahora, relájese y continúe con su vida. . . hasta que aparezca el próximo pedido.

En cuanto aparezca, ¡DETENGASE! Resista al impulso de decir que sí y en cambio pregúntese si *desea* hacer ese favor. Si la respuesta es no, exprésela en tono calmo y amable:

No.

Y agregue el más breve y honesto comentario en primera persona que se le ocurra para explicar por qué no quiere decir que sí.

Janet: Pasa a buscarme por McDonalds.
Papá: No, Janet. Me siento molesto por la forma en que me lo pides.
Joe (en un restaurante): Mamá, ¿me puedes dar tu postre?
Mamá: No, Joe, me lo quiero comer yo.
Jeff: Voy a usar el coche esta noche.
Padre: No, Jeff, no me gusta la idea de que estés conduciendo mi coche.
Barry: (Cuyo padre dijo que le pagaría $ 5 por lavarle el coche): ¿Me puedes anticipar mis $ 5?
Padre: No, porque no tengo ninguna seguridad de que tú cumplirás tu parte del trato.
Paul: Tengo que ir ahora mismo a la bicicletería. Llévame.

Madre: No, no tengo ganas.

Marian: Mamá, tengo que llevar tu cámara fotográfica al colegio para un trabajo especial.

Madre: No, no me gusta prestar mi cámara fotográfica.

Quizás usted se sienta tentado a adornar su "No" con explicaciones adicionales:

No, Joe, tengo hambre y ése es un postre que me gusta mucho. Además, tú ya comiste el tuyo, y no es cortés pedir a otro que te ceda el postre.

Además este postre tiene coco, y a ti no te gusta el coco.

No lo haga. Quédese con su breve y directa respuesta en primera persona. La verborragia adicional no hace más que diluir su "no". No agregue otras razones. Esto podrá ser adecuado cuando esté en buenos términos con su hijo o hija y realmente le quiera decir que sí, pero tenga algún motivo muy valedero para decirle que no. En tal caso, explíquele por qué le tiene que decir que no. Pero aquí estamos hablando de un momento o período de su relación en el cual siente que se están aprovechando de usted y no tiene ganas de hacer el favor. En este caso, si da explicaciones adicionales es como admitir que siente que no tiene derecho a decir que no. Evite, muy especialmente, dar razones que no se basen en lo que quiere para sí mismo. Por ejemplo: "No, Joe, sabes que los postres te sacan granos" es una aclaración que no viene al caso. Simplemente presente su motivo personal, concretamente, luego no agregue nada más.

Su adolescente puede reaccionar de diversas maneras: desde un alegre "Está bien, mamá" hasta un berrinche con gritos y pataleos. Puede ser que el chico no ejerza presión alguna para que cambie su decisión, o bien puede intentar todos los medios imaginables para modificar su actitud.

Una vez que usted dijo que no, es importante mantenerse firme, salvo que haya cambiado sincera y honestamente de opinión y tenga ganas de hacerle ese favor a su adolescente. Si lo presionan para ceder, escuche con calma lo que su hijo o su hija dice o hace, y luego repita cortésmente:

No, no quiero.

No, no presto mi cámara fotográfica.

No, me lo comeré yo.

Hasta aquí hemos mencionado cinco tipos de conductas problemática que, a menudo, son generadas por los propios padres. Por favor, revise los demás ítem que aún quedan en su lista del adulto para ver si los ha estado desencadenando o reforzando.

¿Ha desencadenado esa conducta antes de que se produjera:

¿Usando la segunda persona?

¿Formulando preguntas?

¿Quejándose?

¿Haciendo comentarios despectivos?

¿Asumiendo primero una actitud similar a la que ahora le molesta en su adolescente?

¿Llevando la situación a un punto tal que favorece determinado comportamiento por parte de su hijo o hija?

¿Ha reforzado usted la conducta de su adolescente, una vez que se manifestó, prestándole "atención negativa":

¿Reprendiendo? ¿Castigando? ¿Sermoneando? ¿Llorando?

¿Cediendo a actitudes como el enojo, temor, preocupación, frustración?

¿Alterándose? ¿Poniéndose taciturno o nervioso?

Aproveche este capítulo para elaborar la forma en que actuará de aquí en adelante:

Una frase en primera persona cuando hable de algo que le molesta.

Ordene su vida de modo tal que se sienta cómodo y confortable, sin propender a que alguien le robe sus cosas, se aproveche de usted, etc.

Decida su curso de acción en caso de que se produzcan hechos realmente problemáticos. . . pero sin incluir nada que signifique "prestar atención negativa".

Si aún quedan ítem en su "lista del adulto" que siguen constituyendo un problema, a pesar de haber dejado de desencadenarlos o apoyarlos, pase a practicar las técnicas de autoafirmación que presentaremos en los próximos capítulos. Usted estará en una posición ventajosa para ponerlas en acción porque será consciente de que no está alentando la inconducta de su adolescente.

Después de todo lo que le hemos señalado, consideramos que si sigue provocando la aparición de nuevas situaciones conflictivas es porque ha asumido mantener sus relaciones con el adolescente teniendo como base el pensamiento: "Bueno: ¡soportémoslo!" Y esto es lo que trataremos de modificar con los conceptos que presentamos en los próximos capítulos.

Capítulo nueve

Defendiendo
sus derechos

Si ha trabajado sinceramente a lo largo de los primeros ocho capítulos de este libro, su relación actual con su adolescente debería estar encuadrada así:

Usted valora la habilidad para tomar decisiones que demuestra su adolescente y lo alienta para que tome las que afectan su propia vida. Si alguna vez lo hizo, ahora ha dejado el intento de controlar la vida de su adolescente.

Usted es, dentro de lo posible, amigo de su adolescente, y desea verlo feliz, de acuerdo con lo que considera que es la felicidad. Ve a su hijo o hija como un ser competente y capaz de manejar su propia vida, y le interesa sinceramente cómo lo hace.

Usted ha dejado de desencadenar o reforzar la inconducta de su adolescente.

Usted trata a su adolescente con amabilidad y cortesía, y le continúa brindando un hogar y todo el apoyo, material y moral, que eso implica.

Si éstas son sus actitudes, consideramos que está respetando los "derechos" de su hijo o de su hija. Usted es justo y considerado, y no es quien provoca en forma evidente a su adolescente para que éste lo agreda. Si a pesar de esto sigue teniendo problemas, nos inclinamos a pensar que es a usted a quien tratan en forma poco justa, que *sus* derechos no son respetados. De modo que: es tiempo de defenderlos.

Creemos que éste puede ser el cometido más beneficioso de todos los que proponemos en este libro. Puede traer como consecuencia una considerable mejoría en la relación con su hijo o con su hija y además se sentirá mucho mejor consigo mismo. Habrá momentos de mucha tensión y otros realmente excitantes y maravillosos. . . Y por sobre todo esto, puede ser muy divertido. Esperamos que lo disfrute.

Esta parte del trabajo es sumamente eficaz aplicada a los ítem de la "lista del adulto", es decir a cosas que si un extraño (por ejemplo un compañero de cuarto) las hiciera, todo el mundo convendría en que lo estaría tratando en forma injusta y desconsiderada. Se aplica a ítem tales como:

Hace costosas llamadas de larga distancia, sin pedir permiso y sin pagarlas.

Ensucia y desordena, y no vuelve a limpiar o a poner orden.

Deja sus toallas mojadas desparramadas por todo el baño.

Deja la cocina hecha un chiquero.

Deja los platos sucios en el living.

No limpia lo que ensucia su perro.

No cuida su perro.

Continúa robando cosas que le pertenecen a usted.

Pone la música a todo volumen a cualquier hora.

Permanece fuera de casa más allá de lo razonable, y luego rompe las ventanas, candados, etc., para poder entrar.

Parasita: vive con usted pero ni va al colegio, ni trabaja, ni contribuye con ningún esfuerzo para con la familia.

No quiere ayudar en las tareas domésticas.

Trae amigos a la casa mientras usted está afuera.

Organiza fiestas en la casa mientras usted está en su trabajo, quizás en horas de clase, quizás incluyendo bebidas, drogas y sexo.

Planta marihuana en la casa, o la guarda en su habitación, poniéndolo a usted en una situación legal comprometida.

Insiste en fumar en la cama, aun después de haber quemado la ropa de cama y los muebles en varias ocasiones.

Cuando está furioso, golpea muebles y objetos, rompe paredes y puertas, abolla la heladera u otros enseres.

Su hija embarazada se muda a su casa con su "novio" sin pedirle permiso (o su hijo trae a su "novia" embarazada a vivir en su casa).

También es aplicable a todos los aspectos derivados de los ítem de la "lista del adolescente" que le afectan a usted directamente.

Por favor, propóngase trabajar durante algunas semanas, e incluso un mes o dos, para lograr el cambio de actitud que requiere defender sus propios derechos, en todos estos temas. Apuntamos a un cambio básico en su actitud: usted debe pasar de sentirse obligado para con su adolescente a sentirse bien cuidando de sus propias necesidades. Esto no se logra actuando en forma precipitada o haciendo algunas afirmaciones bienintencionadas, para volver luego a su conducta de siempre. Requiere un trabajo lento, persistente y bien elaborado, avanzando paso a paso, sin prisa pero sin pausa.

Analice su "lista del adulto" y seleccione un ítem medianamente fácil de alcanzar. Lo guiaremos a través de una serie de pasos ascendentes, para abordar y tratar ese problema. En el curso de esta acción aprenderá una técnica y una filosofía que le servirán para abordar todos los ítem de su "lista del adulto" y solucionar los problemas relacionados con los mismos. Es posible que el ítem específico en el que usted esté trabajando se resuelva en algún momento a lo largo de los pasos que vamos a enseñarle a seguir. No debe preocuparle si el problema no se resuelve en el primer intento, pues le daremos elementos para seguir trabajando hasta encontrar la solución definitiva.

Los cuatro pasos principales son:

1) Determinar si lo que pretende es justo. Este paso incluirá un sincero y honesto intento de negociar con su hijo o su hija. Tenga éxito o no, cuando usted haya concluido con este paso, habrá establecido claramente qué es lo que desea.

Es posible que el problema quede resuelto en esa etapa. De lo contrario, continúe con el segundo paso.

2). Defender lo que usted quiere, contra la presión que ejercerá su adolescente para obligarlo a ceder.

3) Repetir en esta tercera etapa el segundo paso varias veces, si el problema se hace repetitivo. Lo más probable es que se resuelva con la aplicación de este método. Si ello no ocurre, aplique el cuarto paso.

4) Demostrar, con hechos concretos, que usted llevaría a la práctica lo que dice como prueba de que realmente está decidido a hacer todo lo necesario para que se respeten sus derechos.

5) Este quinto paso parecerá duro, pero en algunas circunstancias puede ser necesario: Huelga de padres.

El problema que utilizaremos para ejemplificar la aplicación práctica de estos pasos será la negativa del adolescente a colaborar en el trabajo de la casa. Sin embargo, el enfoque que describiremos es aplicable a todos los ítem de la "lista del adulto". A medida que adquiera experiencia, aplicando, por ejemplo, estos principios al primero de los ítem de su "lista de adulto", aborde los demás ítems de la misma manera. La mayoría de los problemas de la "lista del adulto" se reducen a proporciones tolerables o desaparecen totalmente si se siguen cuidadosamente los primeros cuatro pasos. Para aquellos problemas que no se solucionen conviene que considere, como último recurso, la posibilidad de aplicar el quinto paso, es decir, la huelga de padres. Sobre esto hablaremos en el capítulo 10.

Supongamos, entonces, que usted se siente mal íntimamente porque su adolescente no quiere ayudar en la casa.

Primer paso

Primero, con el fin de establecer una base sólida para su campaña frente a este problema, deje bien sentado que lo que usted desea está plenamente justificado. Quizás esta etapa le exija que aplique habilidades comunicativas no habituales. Por eso, lea cuidadosamente todo este paso antes de comenzar a ponerlo en práctica.

Este paso es importante porque, aun cuando a usted le parezca obvio que el trato que está recibiendo es injusto, su adolescente probablemente suponga que tiene *derecho* a tratarlo como lo está haciendo, e incluso también suponer que usted *desea* que lo traten así. Se ha comprobado que en cualquier tipo de enfrentamiento aquella parte que tiene de su lado la razón y la justicia lleva una tremenda ventaja. Usted habrá notado que hasta un perro pequeño puede ahuyentar de su jardín al perro grande que intenta invadirlo porque ambos perros saben que al pequeño lo asiste la razón, dado que está defendiendo su propio territorio.

A través de diversos estudios se ha comprobado que cuando dos peces de igual tamaño se pelean, el que cuida su propio hábitat y, por lo tanto, está en su derecho, *siempre* sale vencedor.

Su objetivo en esta etapa es, pues, establecer sin dejar dudas —en su propia mente y en la de su adolescente— que lo que usted desea es justo y correcto. Dado que todos los ítem de la "lista del adulto" implican problemáticas que todo el núcleo social que lo rodea estará de acuerdo en reconocer como perjudiciales para usted, su hijo o hija, en alguna medida, también reconocerá que lo que pretende es justo, siempre y cuando lo presente en una forma no acusadora. De ahí en más, si su hijo repite su inconducta seguramente ha de sentirse no como un heroico rebelde contra la autoridad impuesta, sino como alguien que está actuando fuera de la ley. Y eso no tiene nada de heroico y lo hará sentirse bastante mal.

No espere que la conducta de su hijo o de su hija se modifique mucho como resultado de este primer paso. Sin embargo, cuando haya concluido usted habrá dejado sentado muy claramente qué es lo que considera justo. Frente a ese hecho, su adolescente podrá aceptar esta posición, o rechazarla explícitamente, o, simplemente, ignorar su postura. Poco importa cuál ha de ser la actividad de su adolescente, porque lo más probable es que, de cualquier modo, vuelva a comportarse mal. Pero ya habrá establecido claramente su propio concepto de lo que es justo, y eso le dará una base sólida para pasar a las próximas etapas.

A continuación le sugerimos una forma práctica y efectiva para llevar a cabo este primer paso.

Elija un momento en que usted y su adolescente estén ambos calmos y tranquilos y, en un tono amistoso y cortés, anuncie con tres frases que *no está satisfecho con la situación presente*, que *desea que se modifique* y que *quiere que lo ayuden a modificarla*. Las tres frases deberán empezar con la primera persona del singular, es decir "yo", y recién en la tercera frase se utilizará un "tú". Podría ser, por ejemplo:

Frase 1: John, yo me siento muy descontento con:
       la forma en que están repartidas las tareas de la casa.
      (O, según el ítem que usted haya elegido)
    El incesante ruido de tu equipo estereofónico.

    La forma en que cuidas de tu perro.
    La continua desaparición de prendas de mi guardarropas.
    El hecho de que entren extraños en la casa cuando yo no estoy.
    La cantidad de malas palabras que tengo que escuchar todo el día.

Frase 2: Quiero cambiar esta situación para que resulte más justa
       o
      Decididamente, quiero un arreglo de esta situación un poco más equitativo.

Frase 3: Me gustaría que me des tus ideas sobre cómo solucionar esto
o
Me gustaría que me ayudaras a lograr un cambio.
Te agradecería cualquier tipo de ayuda que me pudieras dar
en este asunto.
Me interesaría se me diese alguna sugerencia al respecto.

La respuesta de su hijo o hija le indicará si existe alguna disposición
para hablar sobre el tema y hacer algún trato, o lo hará sentirse
totalmente rechazado. Si detecta alguna predisposición para el diálogo, comience a elaborar un arreglo. El diálogo podría ser similar al que
tuvo la madre de Gary con su hijo:

Madre: Gary, me molesta mucho que nuestra casa siempre esté tan
desordenada, y me pone muy mal el hecho de ser la única que trabaja
aquí. Quisiera un arreglo más equitativo. Me gustaría que me ayudaras
a ver cómo se puede modificar esa situación.

Gary: Bueno, tampoco a mí me gusta que la casa esté tan desordenada (a veces los chicos dicen cosas como éstas).

Madre: Yo quisiera que me ayudaras a establecer un acuerdo más
equitativo (no pierda de vista su objetivo: un acuerdo más equitativo).

Gary: Está bien, de aquí en adelante seré más ordenado.

Madre (consultando su "señalizador interior"). Quisiera algo más
concreto. Yo estoy dispuesta a hacer la cena y limpiar la cocina si tú te
encargas de limpiar el living y el baño una vez por semana.

Gary: Si tengo que hacer la limpieza, preferiría limpiar la cocina y el
baño.

Madre: Eso me parece bien, y estoy muy contenta con este acuerdo.

Si su hijo o su hija responde a sus primeras tres frases de esta
manera, felicítese a sí mismo. Usted ha logrado un asentimiento verbal
sobre lo que sería un acuerdo justo y equitativo. Aunque es mucho más
probable que su adolescente trate de evadir o soslayar el asunto, con lo
cual usted se ha de sentir rechazado. Cuando pronuncie sus tres frases,
es posible que su adolescente desvíe la conversación tratando de alejar-
lo del objetivo planteado (un arreglo más equitativo) a otro aspecto de
la cuestión, como por ejemplo quién ensucia qué en la casa, o el hecho
de que la aspiradora está rota, o cualquier otra cosa que sirva para
evitar tratar el núcleo de la cuestión. También es posible que, simplemente, se levante y se vaya, o que lo insulte, o le gruña, o baje la cabeza
y ponga cara de sentirse avergonzado. Si cualquiera de estas cosas
sucede, siga insistiendo en lograr un acuerdo, repitiendo variaciones de
la frase tres, como por ejemplo:

Realmente me gustaría que cooperases en esto.
Quisiera que me dieras alguna idea sobre cómo solucionar este
problema.

Si después de tres o cuatro repeticiones aún no ha logrado una respuesta que suene medianamente cooperativa, siga repitiendo variaciones de la frase tres y comience a agregar ofertas preliminares de negociación, siempre en "frases primera persona".

Estoy dispuesto a preparar la cena todas las noches si tú te encargas de las tareas del jardín.

Me sentiría bien si tú te encargaras de mantener el living limpio.

Me sentiría mejor si pudiese contar con tres horas de trabajo intenso de tu parte todos los sábados.

O bien, si está trabajando en otro ítem:

Realmente disfrutaría tener un perro si supiese que tú lo limpias y atiendes.

Estoy dispuesto a que tengamos el equipo estereofónico funcionando durante dos horas por la noche, si puedo estar seguro de que durante el resto del día habrá silencio.

Exponga su proposición y espere la respuesta, y si ésta es otro rechazo simplemente repita alguna otra variación de su proposición.

Tómese todo el tiempo que necesite: hable en forma pausada y serena. Cada vez que haga una proposición cortés y justa como las que mencionamos y se quede esperando, su adolescente se sentirá presionado para responder. Deje que esa presión actúe. Puede esperar hasta quince minutos entre cada proposición.

Si usted se mantiene en esa posición, tranquilo y sereno, ignorando cualquier intento de distraer su atención y manteniéndose firme en sus planteos, podrá lograr alguna respuesta que demuestre cierta disposición a aceptar un trato. Por ejemplo:

Dave: Bien. ¿Y qué quieres que haga yo al respecto? (no haga caso al tono de voz en que le contesten. Tenga presente que su objetivo es lograr un acuerdo verbal).

Padre: Me sentiría bien si te ocuparas del césped del jardín.

Dave: ¡No voy a hacer un trabajo de negros como ése! (No preste atención a lo razonables o irracionales que puedan ser las respuestas de su adolescente. Concéntrese en su objetivo).

Padre: Quiero poder contar con que cada uno en la familia haga una parte razonable del trabajo de la casa.

Dave: ¿Y por qué no obligas a Sally a cumplir con su parte? (no le haga caso a las tácticas de distracción; concéntrese en su objetivo, que es lograr un acuerdo verbal).

Padre: Me sentiría mejor si alguien se ocupara de preparar las cenas o se encargase del planchado.

Dave: ¡Oh. . .! (mala palabra). Entonces me haré cargo del planchado. (No preste atención a las malas palabras ni al tono agrio y mal dispuesto. Lo que usted quiere es obtener un acuerdo, hacer un trato).

Padre: ¡Eso me parece perfecto!

Si al cabo de quince o veinte minutos su hijo o su hija sigue firme en su posición de no hablar sobre lo que él consideraría un trato justo o si abandona sencillamente la habitación o se niega directamente a hablar con usted, deje de lado el tema por el momento y dispóngase a repetir todo el procedimiento dentro de algunas horas o al día siguiente. *Haga tres intentos* —o más, si usted quiere— antes de decidir que su hijo no lo ayudará a resolver ese problema. Cuando llegue a ese punto, y sienta que le ha dado amplia oportunidad para proponer algo, plantee una sola vez y muy claramente qué es lo que considera un trato justo, y qué es lo que espera. Nada más. Dígalo en "frases primera persona" e incluya la menor cantidad que le sea posible de "tú" en lo que tiene que decir.

Pienso que sería razonable que yo contase contigo para limpiar y ordenar el living, y eso es lo que haré.

Pienso que sería razonable que si yo hago las compras y las pago, tú las acarrees a casa y las guardes. Eso es lo que espero que hagas.

Pienso que sería razonable que decidieras asistir regularmente al colegio, o que pagaras por tu alojamiento y comida, o te hicieras cargo de algunas de las tareas de la casa. Espero que te decidas por cumplir con una de esas tres alternativas.

Pienso que sería razonable que si algo se rompe en la casa, quien lo rompa también lo pague, y espero que hagas eso.

Si usted logró arribar a algún acuerdo verbal, concluya esta etapa señalándole a su adolescente un resumen claro y simple de lo que usted espera:

Entonces yo prepararé las cenas y cuento con que tú limpiarás el living y la cocina.

Entonces yo haré mi parte de la tarea, y doy por sentado que plancharás la ropa cada semana.

Entonces, quedamos en claro que cuando yo estoy afuera no habrá nadie en casa, salvo tú.

Entonces, quedamos en que todo lo que se rompa en la casa será pagado por quien lo rompa.

Bien, entonces espero no tener que aguantar el equipo estereofónico, salvo entre las 21 y las 23.

Si llevó a cabo esta etapa consciente y sinceramente, sentirá, a esta altura de las cosas, que ha dejado en claro que usted es justo y equitativo y desea solucionar el problema en cuestión. También habrá advertido claramente qué es lo que espera que haga su adolescente. Posiblemente, con sólo haber aclarado esto gran parte de su problema habrá quedado resuelto. Pero aun cuando no sea éste el caso, habrá avanzado un buen trecho, ya que quedarán definidas las reglas de juego, qué es lo que usted pretende, y lo que pretende es justo y equitativo.

De ahora en adelante, si realmente se mantiene firme en su posición, es posible que su hijo o su hija acepte llegar a un acuerdo con usted. Si éste es el caso, haga el trato evitando actitudes que puedan humillar al adolescente.

De todos modos, después de comunicar a su hijo o hija lo que usted espera, lea el *segundo paso*, de modo tal que pueda estar preparado para el próximo movimiento. Prepare la frase corta que le pedimos y grábela en su memoria. Luego olvídese del problema hasta que se presente el próximo conflicto relacionado con este ítem. No se preocupe si su adolescente cumple o no con sus tareas. Si lo hace, no preste atención a los métodos que usa. No controle si la tarea ha sido realizada y no recuerde a su hijo o a su hija que la tiene que hacer. En lugar de eso, concentre su atención en disfrutar su propia vida y mientras se sienta cómodo no haga nada con respecto a ese problema.

En algún momento, unas horas o unos días después de que haya expresado qué es lo que quiere, probablemente su placidez interior se verá interrumpida por la punzada de preocupación que le ocasione ese problema específico.

Si lo previsto para su hijo o hija era que debía ayudar con las tareas de la casa, durante unas cuantas horas, los sábados por la mañana, y usted comprueba que estuvo ausente todo el día y no hizo nada, seguramente una sensación mezcla de rabia y angustia surgirá de inmediato.

Si el trabajo era ocuparse del jardín y una mirada a través de la ventana le indica que las hojas sólo han sido juntadas por la mitad y que las herramientas quedaron tiradas, esa sensación de frustración volverá a aparecer.

Si dijo que esperaba que no trajese amigos a la casa mientras usted estuviera afuera y comprueba que sí hubo visitas indeseadas, se sentirá mal.

Si explicó que contaba con no tener que soportar el equipo estereofónico salvo por la noche, y de pronto, en pleno día, siente que el ruido casi le hace estallar los tímpanos, volverá a sentir esa rabia y esa angustia que ya señalamos.

Si aseguró que esperaba que su adolescente se encargase de alimentar al perro y comprueba que a la hora de comer el animal no recibe alimento, se sentirá nuevamente mal.

(Si se da cuenta de que la tarea no ha sido realizada y no siente esa sensación de angustia y rabia, sino que, por alguna razón, siente que está bien. . . ¡no haga nada! Su obligación no es ocuparse de que su hijo realice la tarea, sino, más bien, es la de cuidar de usted mismo. Si no siente ningún malestar al comprobar que la tarea no ha sido realizada, probablemente a usted no le afecta dejar las cosas tal como están. En síntesis, queremos que sea esa sensación de angustia y rabia, y no la tarea en sí misma, lo que guíe su forma de proceder).

Tan pronto perciba ese sentimiento desagradable en relación con el problema sobre el cual está trabajando, y que ha vuelto a aparecer, pase a la Etapa Dos. . . *manteniéndose firme con respecto a lo que usted desea, frente a la presión que ejerce su hijo para obligarlo a claudicar.*

Segundo paso

La finalidad principal de este paso es que adquiera práctica en persistir y que evite ser apartado de su objetivo. Si logra estas dos cosas, considere que este Segundo Paso ha sido un éxito, aunque no haya alcanzado aún su objetivo.

Ahora le diremos lo que parece adecuado que usted haga en este paso.

Prepare una frase breve, en primera persona, que describa qué es lo que desearía que sucediera para aliviar esa sensación de angustia y rabia que siente cuando su objetivo fijado en el Primer Paso no se ha cumplido. *Asegúrese de que esta frase no contenga ningún "tú".*

Si el problema es que no se ha hecho una determinada tarea, diga:
   Quiero que limpies la cocina.
   Quiero una ayuda real y concreta esta mañana.
   Quiero que limpies todo lo que el perro ensució.

Si el problema es algo que no puede ser modificado, porque ya se produjo, diga:
   Realmente, quisiera tener la certeza de que no va a venir nadie a esta casa sin mi permiso previo.
   Quiero estar seguro de que no voy a volver a escuchar malas palabras en esta casa.

Si su hijo tomó algo suyo en "préstamo" sin pedirlo, diga:

Quiero que me devuelvas mi blusa en las mismas condiciones en que estaba —lavada y planchada— y quiero tener la certeza de que nadie, de aquí en más, va a tocar mi guardarropas sin pedir permiso.

O bien:
Quiero que se cuiden los animales que están en mi casa.
Quiero que me paguen esa cuenta telefónica.
No quiero marihuana en mi casa.
Quiero que se arregle ese agujero en la pared.

Una vez formulada su afirmación, memorícela y téngala a mano para aplicarla en el momento en que sea necesario.

Tome conciencia de que está defendiendo un acuerdo que asegura para ambas partes involucradas una solución justa y equitativa. Su hijo necesita que persevere en su exigencia para que se cumpla este acuerdo. También necesita saber que usted puede mantenerse firme en su posición y que lo hará sin ceder a las presiones que él ejerza, que no son sino una forma de comprobar hasta dónde llega su firmeza. Su adolescente puede llegar a tenderle todo tipo de trampas para desviarlo de su camino y derivar la conversación hacia otros terrenos. Será su misión evitar que *su* parte de la conversación se desvíe, resistiendo la tentación de engancharse con los temas laterales que su hijo o su hija saque a relucir.

Usted comenzará la conversación sobre el tema que *usted* ha elegido y desea tratar. Haga el firme propósito de mantenerse consecuente con su idea, y de que ningún otro tema, por más importante que el mismo pueda resultar en otros momentos o en otros contextos, será capaz de desviarlo del planteo que usted desea hacer.

Esté dispuesto a concentrar toda su atención en la tarea de plantear su deseo. No hable desde la habitación de al lado o por encima de su hombro. Entre en la habitación en la que se encuentra, acérquese lo necesario y enfrente directamente a su adolescente mientras le habla.

La próxima vez que vea a su hijo o su hija después de haber experimentado la "punzada" de rabia y angustia, diríjase hacia él o ella y formule un *pedido amable*. Esta es, probablemente, la única pregunta que recomendamos que formule a su adolescente, y tiene una finalidad definida que no es conseguir cooperación (probablemente no lo logre) sino dejar sentada una buena base para el diálogo que seguirá. Le recordará a su adolescente que usted siente que tiene derechos, que es cortés y que continuará cuidando de usted mismo.

Bárbara, por favor, ¿limpiarías la cocina?
Jim, ¿quieres ocuparte del jardín por favor?
Megan, ¿quieres decirme, por favor, qué es lo que harás? ¿Irás al colegio o pagarás por tu habitación y tu comida?

Peter, por favor, ¿vas a darle de comer al perro?
Steve, ¿me puedes pagar, por favor, tu cuenta telefónica?

La respuesta que su hijo o su hija dé a ese amable pedido puede dejarlo satisfecho o hacerlo sentirse muy descontento. Si la respuesta que recibe le calma la angustia y comienza a sentirse mejor, simplemente replique con una frase en primera persona, describiendo esa sensación de satisfacción.

Dan: Por supuesto, papá, me había olvidado totalmente. Ya lo hago.
Padre: Así me gusta.

Bárbara: Lo siento, mamá; estuve ocupada con otra cosa, pero en media hora tendrás los platos lavados y secados.
Madre: Eso me hace sentir bien.

Megan: Oh, me olvidé de contarte, papá. Fui a ver al rector esta mañana y volveré a asistir a clase a partir del lunes.
Padre: Realmente, me alegra escuchar eso.

Sin embargo, es mucho más probable que la respuesta de su hijo o de su hija haga que continúe sintiendo la vieja angustia, se sienta un fracasado y piense que finalmente no hará nunca la tarea ACORDADA. Su adolescente le dirá algo así como:

¡Pero tengo que hacer mis deberes ahora!
¡Está bien, está bien... después lo hago!
Hoy no es mi turno...
¿Por qué tengo que hacer yo todo el trabajo sucio?
o
No quiero.
¡No me molestes más! (o algo peor)
Te pagaría la cuenta telefónica, pero no tengo dinero.
Nada de lo que me enseñan en el colegio me sirve para algo.

Todas éstas son respuestas destinadas a desviarlo del objeto central de la discusión y llevarlo a otro terreno: que usted asuma la responsabilidad por la tarea escolar de él, que no hable más del asunto, que discuta sobre qué le toca hacer a quién y cuándo, y polemice y reprenda, etcétera, etcétera. Usted ya le ha dado a su hijo una buena oportunidad para que mencione todos estos problemas en la conversación del Primer Paso, y si los plantea ahora no es sino justo ignorarlos. Resístase a ser involucrado en esos temas laterales. En lugar de ello comience a contestar utilizando las *frases positivas que constan de tres partes.*
La *primera* parte de la frase está destinada a comunicar a su hijo o

hija que usted lo escuchó. Puede contener un "tú", porque será simplemente una repetición de lo que oyó que expresaba su adolescente. Para elaborar esa primera parte de su frase simplemente escuche lo que dice su hijo o hija, resúmalo y luego repítalo. Encontrará que frases tales como "Yo comprendo esto. . ." "Estás diciendo que. . ." y a veces simplemente "Hmm, Hmm" son buenos principios para esta parte de la frase.

> Me dices que tienes que hacer los deberes. . .
> Veo que lo quieres hacer más tarde. . .
> Afirmas que hoy no te toca a ti. . .
> Te preguntas por qué tienes que hacerlo. . .
> Me dices que no lo harás. . .
> o
> Tengo entendido que no tienes dinero. . .
> No te gustan las materias del colegio. . .

La *segunda* parte de su frase es la conjunción copulativa "y". Probablemente usted se sienta tentado a reemplazar esa "y" por "pero". Sin embargo, pensamos que poner "y" es más efectivo. En esta frase le pedimos que exprese dos deseos o sentimientos: los de su hijo y los suyos. Si los conectamos con la palabra "pero", eso implica que hay un conflicto entre ambas posiciones y que sólo una o la otra tiene razón de ser. En cambio, la "y" implica que hay dos deseos que pueden coexistir. Evite todo intento de convertir esa conversación en un conflicto.

La *tercera* parte de la frase es la afirmación en primera persona que usted ya tenía preparada.

De modo que la frase completa sería:

(1)	(2)	(3)
Veo que lo quieres hacer más tarde	y	yo quiero que la cocina esté limpia.
Afirmas que hoy no te toca a ti hacerlo	y	Yo quiero que se me ayude esta mañana.
Te preguntas por qué tienes que hacerlo	y	yo quiero que se limpie la suciedad del perro.

Su hijo o hija probablemente responda con otra trampa; manéjela de la misma manera, simplemente reflejando lo que él o ella dice, agregando un "y" y refirmando su propio deseo o necesidad, formulado en primera persona. Usted podrá permanecer *amable y sereno* mientras continúe respondiendo de esta manera, ya que no tiene que gastar energía en pensar en lo que va a contestar, pues ya tiene todo el esquema armado y su frase refirmativa preparada y, además, sabe que, sea cual fuere el resultado de ese incidente, continuará tratando de conseguir lo que desea hasta lograrlo. Eso significa que no puede perder. De tal modo, se encuentra en una buena posición para mantenerse calmo y sereno. Deje que sea su adolescente quien grite, haga escenas, se preocupe e intente manipular la situación. Eso, de por sí, representa un cambio considerable con respecto a lo cotidiano.

Prepárese para enfrentar las más diversas maniobras de distracción. A continuación le damos algunas de las que hemos escuchado, juntamente con las posibles respuestas a las mismas.

Adolescente: ¡Siempre me perseguís con algo!
Usted: Dices que siempre te persigo con algo, y yo quiero que se limpie la cocina.
Adolescente: ¡Yo no te importo nada!
Usted: Veo que piensas que tú no me importas. . . y yo quiero que se limpie la cocina.
Adolescente: ¿Por qué tengo que hacer más tareas que Carol?
Usted: Hm, hm. . . te preguntas por qué Carol no se encarga de más tareas. . . y yo quiero que se limpie la cocina.
Adolescente: ¡La quieres más a ella que a mí!
Usted: Veo que crees que yo la prefiero a ella. . . y yo quiero que se limpie la cocina.
Adolescente: ¡No voy a hacer ese trabajo de negros!
Usted: Mmm, hm. . ., comprendo que no quieras hacer ese trabajo de esclavos. . . y yo quiero que se limpie la cocina.
Adolescente: ¡Lo que pasa es que estás actuando tal como te dijo el psicoterapeuta que lo hicieras!
Usted: Mm, hm, te das cuenta de que estoy hablando tal como me enseñó el psicoterapeuta. . . y yo quiero que se limpie la cocina.

Fíjese que en esta discusión:

usted no necesita responder preguntas.

usted no necesita justificar sus exigencias.

usted no necesita demostrar que lo que se pretende es justo.

Lo único que tiene que hacer es ser fiel a su yo interior, defendiendo lo que usted desea obtener.

Si su adolescente lo deja plantado —trota hacia su habitación o sale corriendo de la casa— no corra detrás de él o ella, sino dedíquese simplemente a sus propias tareas y espere hasta que se vuelvan a encontrar. Entonces comience la nueva conversación, diciendo: "Nigel, quisiera que se limpie la cocina".

¿Durante cuánto tiempo conviene mantener esta posición? Hasta que usted obtenga una respuesta *que calme la punzada* que siente ante la no cooperación de su adolescente, es decir, hasta que se sienta razonablemente tranquilo de que logrará lo que desea. . . o hasta haber repetido su frase una veintena de veces. Cuente con los dedos a medida que responde: eso, además, lo puede mantener más calmo y suficientemente ocupado como para no ser enganchado en las distintas maniobras de distracción que pondrá en práctica su adolescente.

Si después de repetir su esquema veinte veces su adolescente todavía se rehúsa a hacer lo que usted desea, deje de lado la frase de tres partes utilizada hasta el momento. A esta altura de las cosas, deje de prestar atención a su adolescente. Asegúrese muy especialmente de NO PRESTARLE "ATENCION NEGATIVA" DE NINGUN TIPO. Si se siente desalentado o frustrado, trate de sobreponerse a estos sentimientos y permítase sentir satisfacción por el hecho de haber logrado mantener su posición durante todo el tiempo con su frase de tres partes. Ahora, o bien haga usted mismo la tarea en cuestión o consiga que la misma sea hecha por alguna otra persona. Puede hacerlo sintiéndose bien: completó este paso, y eso es un éxito, independientemente de la reacción de su hijo o de su hija y de si el trabajo se hace o no se hace. Felicítese, porque logró defender sus derechos. Permítase disfrutar ese sentimiento de confianza y seguridad que tuvo mientras estuvo defendiendo sus propios intereses.

Tercer paso

El Tercer Paso es, esencialmente, la repetición del Segundo la próxima vez que se presente el problema.

Independientemente de si su Segundo Paso original tuvo como resultado el que su adolescente realizara o no la tarea que usted pretendía que hiciese, lo más probable es que usted vuelva a sentir esa misma vieja "punzada" de angustia y rabia cuando el problema se repita.

Usted pasa por la cocina, ve el desorden y siente la punzada de angustia y rabia.

Usted se da cuenta de que hubo extraños en su casa mientras estuvo afuera, y siente otra vez esa sensación.

Usted recibe una factura por una llamada de larga distancia que no hizo, y volverá a sentirla.

Tan pronto la perciba, recuerde que su obligación es prestarle atención a esa sensación. De modo que, como primer paso, vuélvase hacia su adolescente y pídale cortésmente:

"Bárbara, por favor, ¿puedes limpiar la cocina?"

Puede estar seguro de que su hijo o hija no se sintieron muy a gusto cuando aplicó el Segundo Paso por primera vez. Hemos comprobado que la gente, en general, tanto los adultos como los jóvenes, se sienten muy incómodos al decir "no" a un pedido persistente, justo y formulado en forma cortés y amable, tal como usted lo hizo en el Segundo Paso. Aun si su hijo puso cara de engreído y se resistió firmemente a acceder a su pedido a lo largo de las veinte frases que le fue repitiendo, puede tener la certeza de que no disfrutó para nada de ese momento. Cuando en esta segunda oportunidad repita la frase por segunda o tercera vez, su hijo o hija tomará conciencia de que toda la escena anterior se volverá a repetir. Probablemente diga para sus adentros: "¡Oh, no! ¡Empezamos de nuevo con esto!". Y es muy posible que opten por acceder a lo que se les pide, antes de pasar nuevamente por todo el proceso, al final del cual, además, se siente culpable... siempre que le dé la oportunidad de no quedar humillado. Esta es una de las razones por las cuales le pedimos que permanezca cortés y sereno, de modo que su adolescente sepa que no se envanecerá por haberle ganado la partida cuando finalmente acepte hacer lo que le está pidiendo. En lugar de jactarse por haber triunfado, hágale saber que se siente muy bien porque él o ella, finalmente, hará lo que usted deseaba:

Adolescente: ¡Ya sé, ya sé, ya sé: quieres que se limpie la cocina! (sale para hacerlo)

Usted: Realmente, el que me ayudes en esto me hace sentir muy bien.

Usted: Quiero el dinero por esta factura telefónica

Adolescente: ¡Sí, papá, ya te escuché! Me había olvidado de esa llamada, pero aquí tienes el dinero.

Usted: Me alegra que hayas cumplido con esto.

Repita el Segundo Paso varias veces: la frecuencia dependerá de: a) si su adolescente da muestra de estar dispuesto a atender a lo solicitado, y b": si realmente siguió las instrucciones para el Segundo Paso a conciencia, manteniéndose cortés, amable y persistente a lo largo de todo el proceso. Si usted puede detectar algún error de su parte, repita esta etapa una y otra vez. Hágalo hasta que le resulte fácil aplicar esta técnica.

"¡Está lavando los platos! ¡Mamá se desmayó!

Es muy posible que cuando haya completado estos tres pasos la situación habrá mejorado considerablemente. En la mayoría de las familias donde se aplicó este método, pudieron registrar una mejoría considerable en la relación con su adolescente a las pocas semanas —e incluso días— de que los padres comenzaron honestamente: 1) a dejar de controlar los ítem de la "lista del adolescente", tal como lo indicáramos en los capítulos 2, 3 y 4; y 2) defender firmemente sus propios derechos en los ítem de la "lista del adulto", tal como acabamos de describirlo.

Si usted nota esta diferencia después de haber hecho todo lo que le hemos indicado, su principal tarea, de aquí en más, será mantener el progreso que logró. Eso lo podrá hacer siguiendo las dos reglas siguientes:

> Voy a confiar en mi adolescente y dejar que sea él quien tome las decisiones relacionadas con los ítem de la "lista del adolescente". Cada vez que comience a sentirme mal en relación con algún ítem de la "lista del adulto", haré algo para atender de inmediato ese problema. Mi primer paso en esa dirección podrá ser, por ejemplo, decirle a mi hijo o hija qué es lo que quiero empleando una frase refirmativa en tres partes.

De todos modos, le sugerimos que lea los dos pasos que aún quedan, y que presentaremos en el próximo capítulo. Es posible que no tenga que ponerlos en práctica, pero el saber que puede recurrir a ellos en caso de necesidad le dará seguridad y confianza en sí mismo. Si sabe con certeza que defenderá su posición, es mucho menos probable que realmente tenga necesidad de hacerlo.

Si su problema subsiste, pese a que ha seguido conscientemente los pasos primero, segundo y tercero, quizá sea por dos motivos. Ambos pueden tener vigencia en su caso. Uno es que no ha seguido con suficiente dedicación y meticulosidad las instrucciones de los capítulos precedentes, de modo tal que todavía hay demasiada mezcla de responsabilidades entre usted y su hijo o hija. Puede ser que todavía esté forcejeando, de alguna manera, para ejercer el control sobre los ítem de la "lista del adolescente", y quizás todavía esté viendo a su adolescente como incapaz de tomar sus propias y responsables decisiones, juzgándolo o sintiéndose atrapado en una situación que le incomoda. Si usted no atiende debidamente las necesidades de su hijo o hija con respecto de los ítem de la lista del adolescente, es muy probable que él o ella no tenga voluntad de atender las necesidades de sus padres, con respecto de los ítem de la "lista del adulto".

Si cree que efectivamente algo de esto está sucediendo, revea los capítulos anteriores de este libro y dése tiempo a usted mismo para irse acostumbrando a la filosofía en que se basan. Es posible que dentro de unos meses encuentre que todo el enfoque funciona mejor.

La segunda razón por la cual los tres primeros pasos pueden haber fracasado es que hasta el momento, *su hijo o su hija no crea realmente que usted va a defender firmemente su posición.* Quizás no se mostró lo suficientemente firme y claro al poner en práctica estos pasos, o quizás su adolescente estaba preocupado por otra cosa y por eso no le prestó atención. Quizás su adolescente sienta que, al ser definido como malo e irresponsable, no tiene obligaciones del tipo que tendría si fuera responsable y capaz, y, por lo tanto, no se puede dar el lujo de verlo como a un igual con derechos y necesidades propios, porque al aceptar eso debe asumir también que él tiene esos mismos derechos y responsabilidades. Con esta actitud, el adolescente corre el riesgo de crecer y convertirse en adulto, con la idea de que la otra gente no importa, y que él o ella tiene el derecho de ser cuidado y atendido, sin dar nada en cambio. Ese punto de vista no le servirá para nada cuando tenga que enfrentarse con el mundo en su vida de adulto, y usted le hará un real favor si sigue adelante con el próximo paso, dándole la posibilidad de aprender a ser una persona íntegra y capaz de tratar a los demás de igual a igual.

Prosigamos, pues, con la próxima etapa, asumiendo que hizo un esfuerzo sincero y razonable para completar exitosamente el trabajo previo señalado en este libro y que sea por lo que fuese *su adolescente aún no se ha dado cuenta de que es una persona con sentimientos y necesidades propios, y que usted cuidará de sí mismo como corresponde.*

Capítulo diez

Afirmándose
en su posición

Usted ha hecho un primer y firme intento por atender sus propias necesidades en lo que se refiere a los ítem de la "lista del adulto". Lo hizo comunicando a su hijo o hija, lo más claramente posible, qué es lo que usted quiere. Ese intento fracasó y no consiguió solucionar su problema, de modo que ahora tiene la responsabilidad de encontrar alguna otra manera de atender a sus propias necesidades, de cuidar de su propio yo.

En este capítulo tomaremos una dirección ligeramente distinta. Le pediremos que ejecute determinadas acciones físicas y, más adelante, que use las mismas para cuidar su propio yo, en relación con su hijo o hija. Queremos enfatizar aquí, tal como lo hemos hecho en capítulos anteriores, que el "cuidar de usted" implica que, adoptando las actitudes necesarias para hacerlo, también está atendiendo las necesidades de su adolescente de varias maneras muy importantes.

Antes de comenzar el Cuarto Paso, despeje su mente para tomar un nuevo rumbo, haciendo un "Minnesota Fast".

Minnesota Fast era un campeón de billar ya maduro, que estuvo compitiendo con un jugador muy capaz y mucho más joven, durante varias horas. Habían estado jugando toda la noche, y finalmente, ya sobre la madrugada, parecía que ninguno de los dos exhaustos contrincantes estaba ya en condiciones de ganar. Habían llegado a una impasse. Entonces Minnesota Fast dejó el juego para ir al toilette por unos minutos. Se lavó cuidadosamente las manos y la cara, se mojó el cabello y se peinó, se puso una camisa limpia que había llevado para el caso, y regresó a la sala de juego. Física y mentalmente refrescado, ganó el juego con unos pocos golpes de taco.

A esta altura, usted está, de alguna manera, en la misma situación que Minnesota Fast. Estuvo intentando zanjar el problema con su hijo o con su hija durante mucho tiempo. Asumió una posición valiente, con la que creyó poder solucionarlo, y no lo logró. Ahora, toda la situación puede parecerle estancada, empantanada. Por lo tanto, ha llegado el momento de hacer una pausa al estilo de Minnesota Fats. Hágala, alejándose por un tiempo en forma total de la situación. Dedíquese a algo que realmente le cause placer, y hágalo por lo menos durante algunas horas, de forma tal que se halle tan enfrascado en su actividad y en disfrutar de la misma que ni siquiera piense en su adolescente. Haga una larga y hermosa caminata, o pase un día en la playa, o visite a un amigo por unos días o por unas horas. . . Es decir, haga cualquier cosa que despeje su mente y lo reanime. Luego, reconfortado por este interludio, concéntrese en la próxima etapa, en los próximos pasos a seguir para llegar a solucionar todo el problema.

Si, a esta altura de su trabajo, su adolescente todavía persiste en hacer cosas que figuran en su "lista del adulto", es evidente que desea ejercer poder sobre usted. Y, por lo visto, lo logra, porque sabe qué "botón" oprimir para manejarlo, y en qué forma exacta reaccionará cuando él o ella lo oprime. Usted es predecible. Lamentablemente, una de las cosas en que es predecible es en su relación con su hijo o con su hija. Si ellos insisten lo suficiente, y con suficiente intensidad, y en una forma lo suficientemente desagradable, finalmente lograrán que ceda y actúe de acuerdo con lo que ellos desean, con tal de tener un poco de tranquilidad. El Cuarto Paso establecerá una noción totalmente nueva en la mente de su adolescente, y es que cuando dice algo se mantendrá firme en esa posición, pase lo que pase, sin importar el grado de esfuerzo que su hijo o hija haga para hacerlo cambiar. En otras palabras, la predicción que ellos solían hacer sobre su forma de actuar comenzará a fallar.

Nos parece que es muy importante que su adolescente conozca ese nuevo "yo" suyo, nuevo y un tanto impredecible. De modo que insistimos en que, antes de pasar a la próxima etapa señalada en este capítulo, *se prepare para pasarla bien, convirtiéndose en una persona más audaz, impredecible, espontánea y hasta bromista.*

Hasta aquí, es muy probable que las siguientes afirmaciones reflejen con bastante exactitud lo que sucede entre usted y su adolescente.

Su adolescente hace cosas inmanejables, impredecibles, locas, mientras *usted* asume el papel de la persona responsable y preocupada.

Cuando usted y su adolescente conversan, ambos se concentran en lo que *él o ella* hace, quiere, siente. . . y lo que *usted* quiere, hace y siente tiene poca o ninguna cabida en la conversación.

Usted se preocupa por lo que su adolescente irá a hacer, pero *él o ella* no se preocupa por lo que *usted* hará, ya que lo ve como a una persona estable, totalmente predecible, que tiene todas las soluciones.

Vamos a revertir esto, al menos en parte, para que ambos se encuentren en un nivel de igualdad.

He aquí lo que le sugerimos.

Imagínese que, durante muchos años, ha formado parte de una cuadrilla de presidiarios condenados a trabajos forzados. Usted estuvo cumpliendo con esos trabajos durante tanto tiempo que ya ni siquiera tiene conciencia de la situación, ni de las tareas, ni de los otros prisioneros, ni de la justicia o injusticia de sus circunstancias, sino que simplemente actúa en forma automática, realizando concentradamente las tareas que supone tiene que hacer. Ahora imagínese que, de pronto, lo ponen en libertad. Si bien se encuentra todavía en la misma situación física, es libre. . . Libre de permanecer en la misma situación o de irse, de hacer las tareas que hacía siempre o de cambiar a algo nuevo, distinto, de redefinir toda su situación como una persona libre. Y en el rol de esa persona libre, mire a su alrededor y comience a hablar consigo mismo, una y otra vez, usando las siguientes frases:

Soy libre de hacer lo que quiero: ¿Qué es lo que quiero hacer ya mismo. . . durante los próximos cinco minutos?

¿Correr?

¿Hablar?

¿Acostarme y descansar?

¿Inventar un baile?

¿Ver cuántos colores puedo descubrir sin cambiar de posición?

¿Nada?

Soy libre de hacer lo que quiero: ¿Qué quiero hacer durante las próximas semanas o durante los próximos meses?

¿Comprarme una máquina de escribir?

¿Especular en la bolsa?

¿Rebajar veinte kilos?
¿Aprender a tallar madera?

Soy libre de hacer lo que quiero: ¿Qué es lo que haría si estuviese un poco chiflado?
¿Caminar en cuatro patas?
¿Cambiar de trabajo?
¿Quedarme levantado toda la noche escuchando música?
¿Reír?

Cuando era pequeño, seguramente había muchísimas cosas que quería hacer. La habilidad de imaginar cosas, esa espontánea creatividad, no se ha perdido. Está ahí, dentro de usted, para que la utilice cada vez que lo desee.

Soy libre de hacer lo que quiero: ¿Qué haría en este preciso instante si tuviese cinco años?
¿Estirarme a ver si puedo tocar el cielo raso?
¿Pasar corriendo por debajo del dispositivo de riego por aspersión y refrescarme?
¿Ponerme el traje de baño y revolcarme en la nieve (sí, uno de nosotros una vez hizo precisamente eso).
¿Escaparme de mis hijos por unos días? (sí, uno de nosotros también hizo precisamente eso).

Permítase un amplio margen de libertad al contestar estas preguntas... y deje que las respuestas sean lo más locas posible. Luego elija una de las más locas y póngala en práctica. Podría ser algo así como estos ejemplos que hemos inventado.

Usted es la madre de Tony, y éste una noche regresa después de las tres de la mañana. Entra lo más sigilosamente posible, para que no lo descubra y lo reprenda con alguna de estas frase: "Se suponía que estarías en casa a las once" "Llegas tardísimo" "¿Dónde estuviste?" "No saldrás más". Pero cuando Tony abre la puerta de calle, se sorprende al escuchar música mexicana a todo volumen. Al entrar, la ve a usted tirada en el suelo, escribiendo muy concentrada, rodeada de un desparramo de papeles, tazas de café vacías y discos. Su hijo exclama, sorprendido: "¿Qué estás haciendo?" (posiblemente sea la primera vez que EL pregunta qué es lo que USTED está haciendo). "Decidí quedarme levantada y aprender todas las letras en castellano de mis discos", es su respuesta.
Usted lleva a su hija al colegio, como lo hace habitualmente antes de ir hacia el trabajo. En un cruce, donde usted siempre dobla hacia la izquierda, hoy toma hacia la derecha. Su hija le pregunta, incrédula: "¿Adónde vas, papá?" (si usted recuerda bien, es la primera vez que ELLA le pregunta

adónde está yendo USTED). Usted responde: "Tomo el atajo por River Road. Calculé mentalmente la cantidad de kilómetros, y quiero ver si mi estimación es correcta".

Su hija Alison ha intentado entrar varias veces al baño durante la última media hora y comprueba que usted sigue ocupándolo. Finalmente dice: "Mamá, qué estás HACIENDO ahí adentro?" (es seguramente la primera vez que ELLA le pregunta por qué USTED está demorando tanto en el baño.) Usted responde: "Estoy tomando un baño de espuma y comiendo una pizza picante que me preparé".

Todas éstas son cosas "un poco locas". Le pedimos que lleve a la práctica la mayor cantidad posible de cosas como éstas; de hecho, acostúmbrese a hacerlas siempre. La cantidad sólo está limitada por su propia creatividad, y hemos descubierto que, una vez que se le ocurrieron algunas, las ideas surgen más fluidamente. Es tan divertido hacer esas cosas "disparatadas", que una vez que haya comenzado a hacerlas será fácil convertirlas en un hábito, no sólo para desorientar a su adolescente sino porque serán divertidas para usted mismo.

Esta forma de actuar "alocadamente" está destinada a balancear lo impredecible que es su adolescente, para que:

> Al menos durante una parte del tiempo, cuando hable con su adolescente, ambos enfoquen su atención en lo que *usted* quiere, en lo que *usted* está haciendo y en cómo *usted* se siente.

Al menos durante una parte del tiempo, *usted* no se preocupe por nada. Si hay alguien que se preocupa, ése será su *hijo o hija*, preguntándose qué será lo próximo que haga, porque comenzarán a verlo como una persona impredecible. Como ser humano, en esencia, siempre fue impredecible, pero su adolescente no lo sabía y el descubrirlo será una de las cosas más divertidas que él o ella pueda aprender. Su hijo o hija no sabe todo sobre usted. Y —como ha de notar cuando ponga esta etapa en práctica— *tampoco usted mismo* lo sabe. Y también para usted será divertido y agradable descubrir ese nuevo "yo".

Ya había comenzado a hacer estas cosas a lo largo del capítulo 6. Le habíamos pedido allí que se fuera habituando a consultarse a sí mismo, sobre cómo se sentía y qué era lo que quería hacer, ser o tener. Le pedimos que realizara pequeñas cosas espontáneas y divertidas, y que permitiera a su "señalizador interior" expresarse espontáneamente en "frases primera persona" a lo largo del día: "Yo quiero", "Yo siento" "A mí me gusta" "Voy a. . .".

Ahora es el momento de sopesar todo esto. Si trabaja seriamente, pronto se sentirá más y más libre, más y más cómodo hablando de esta manera delante de su adolescente, de sus amigos, delante de los vecinos, de la gente que encuentra en el centro de compras y delante de sus familiares.

Tenga presente que no le pedimos que haga algo que hiera a otros. Simplemente le pedimos que realice cosas que hagan que *usted* se sienta más contento, más libre, más seguro de que puede contar con usted mismo para atender a sus propios deseos.

Cuando haya practicado su espontaneidad y su forma de actuar un tanto impredecible durante el tiempo suficiente como para sentirse cómodo en este papel, pase al Cuarto Paso.

Cuarto paso

En esta etapa su tarea es *establecer la credibilidad de su palabra*, probar a su hijo que realmente pondrá en práctica lo que dice que hará. En esta estapa nos estamos preparando para una confrontación y un ultimátum, una "huelga paternal" a ser puesta en práctica en caso de que ciertos problemas serios no se resuelvan antes de llegar a ese extremo. Pero antes del verdadero ultimátum es vital que su adolescente crea que realmente va a hacer lo que dice que hará. Sólo si su adolescente no duda de eso podrá creerle cuando usted plantee su intención de "declararse en huelga". Si, en el momento en que formula su ultimátum, el joven o la joven no cree que habla en serio y decide que finalmente va a volver a ceder, puede llevar las cosas muy cerca de la línea fronteriza de peligro, continuando su inconducta sólo para ver qué sucede realmente y comprobar si hablaba en serio: Por otra parte, si el adolescente sabe que su planteo es realmente un ultimátum, porque usted *siempre hace lo que promete* hacer, él o ella puede hacer una elección responsable, es decir: o bien llegar a un compromiso con usted, o, de lo contrario, seguir en su actitud y atenerse a las consecuencias.

Esta etapa es, pues, un "pre-ultimátum", destinado a establecer en la mente de su hijo o de su hija la seguridad de que usted cumplirá con su palabra.

En este paso deberá hacer una serie de demostraciones dramáticas. Eso requerirá coraje e ingenio de su parte. También puede resultar divertido. He aquí cómo proceder.

Primero elija algunas situaciones menores que le fastidian. No necesariamente tiene que ser algo que haga su adolescente, aunque bien podría serlo. Trate de que sea algo pequeño, que se repita a menudo, como por ejemplo:

> Alguien siempre deja el dentífrico en el lavamanos en lugar de guardarlo en el cajón correspondiente.
>
> Los chicos discuten ruidosamente cuando están todos sentados a la mesa a la hora de la cena.
>
> Siempre hay cosas tiradas en la escalera, y temo que un día voy a tropezar con alguna de ellas subiendo o bajando.

Segundo, emplee a fondo toda su imaginación para inventar algo que usted pueda hacer si ese hecho se repite. Su acción deberá cumplir con los siguientes requisitos:

a) El solo hecho de ponerla en práctica le hará sentirse mejor; aliviará la "punzada" de rabia y angustia.

b) No lastimará a nadie, ni estará directamente dirigida a su adolescente.

c) Podrá ser un poco loca. . . irracional, extravagante, inesperada o sorprendente.

d) será lo suficientemente dramática como para que otros —especialmente su hijo o su hija— no puedan dejar de notarlo.

e) Tendrá alguna relación con el incidente que le molesta, pero sin acusar a nadie ni prestar atención negativa.

f) Será algo que usted pueda realizar por sí misma, sin la ayuda de nadie.

He aquí algunas de las cosas que podría hacer, por ejemplo, en relación con los incidentes mencionados anteriormente:

Escriba una enorme nota en el espejo del baño —con dentífrico— diciendo que desea que el dentífrico sea guardado en su lugar

Coloque su cena ceremoniosamente en una bandeja, llévela a su dormitorio, cierre la puerta y coma sola, con toda tranquilidad y sin tener que soportar las discusiones de nadie.

Tome todo cuanto encuentre en la escalera y tírelo al jardín, sobre el techo o al baño (esto no sólo estará referido a las pertenencias de su adolescente, sino a todo lo que haya tirado en la escalera).

Más adelante hablaremos más en detalle sobre las cosas que usted podrá hacer, pero primero queremos aclarar para qué sirven.

Una vez que haya pensado hacer algo como lo indicado, que esté dispuesto a hacer, téngalo presente en su mente y

Tercero, anuncie a su familia qué es lo que usted pretende con respecto del ítem respectivo . . . en forma suave, serena, con una frase en primera persona, que no contenga "tú" ni "ustedes".

Quisiera que el dentífrico se guardase en el cajón
De verdad quisiera en la mesa una atmósfera de paz y tranquilidad durante la cena.
No quiero más cosas tiradas sobre la escalera.

Esta es una forma de "mini-establecer" qué es lo que usted considera justo.

Cuarto, espere hasta que la situación se repita (usted puede estar seguro de que se repetirá)

Quinto, repita a su familia qué es lo que desea en esos casos, esta vez *dígales qué es lo que usted hará si no consigue que se cumpla lo que usted quiere:*

Realmente quisiera que el dentífrico se guardase en el cajón del baño.
Si esto no sucede, escribiré en el espejo con dentífrico.
Realmente quisiera paz y tranquilidad en la mesa. Si no se logra esta atmósfera de cordialidad, llevaré mi cena al dormitorio y comeré solo.
No quiero más cosas tiradas en la escalera. Si encuentro el paso obstruido, arrojaré las cosas a la bañadera.

Aquí usted se dirá a sí mismo: "No es lógico enchastrar el espejo con dentífrico si lo que quiero es un baño limpio y prolijo." Es cierto. No es lógico desde la estrecha perspectiva de la limpieza del baño. Pero su objetivo es mucho más amplio que la limpieza del baño, y desde esa perspectiva más amplia los puntos de vista lógicos de una perspectiva más estrecha bien pueden pasar a ser ilógicos. No se deje atrapar por la lógica, la coherencia y cosas similares. El dentífrico es un medio para establecer la firmeza de sus actos.

Sexto, espere a que la situación se produzca de nuevo (y después de su último planteo es casi seguro que se va a producir) y entonces. . . haga exactamente lo que dijo que haría. Y hágalo con placer.

Y *séptimo*, considere a esta etapa como un suceso si usted comienza a sentir una sensación de excitante alegría, de exultación e incluso de poder al hacer las cosas que le sugerimos previamente. Nuestro objetivo es que alcance una sensación de *libertad* (no está atrapado por su adolescente o por la situación), de *competencia* (es perfectamente capaz de atender sus necesidades interiores) y de *alborozo* (es correcto sentirse alegre y alborozado al comprobar que se es libre y capaz de hacer cosas).

Y bien: ¿Qué cosas puede elegir

Elija algo que usted pueda hacer *con el objeto de sentirse mejor*. No lo haga para dar a su hijo una lección, o para vengarse, ni para presionarlo para que actúe de determinada manera. Elija algo que pueda hacer por sí mismo, y olvidarlo después.

Asegúrese de que la acción que decida realizar esté dirigida a objetos y no a personas y de que cuando llegue el momento de hacerlas actuará con firmeza y seguridad, sin titubeos. En esta etapa le estamos pidiendo pasar a la acción física, y ese tipo de actitud puede tener dos efectos diametralmente opuestos sobre las personas que comparten su vida, dependiendo de cómo desarrolle las mismas. Si actúa en forma alterada, enojada o impulsiva o su acción se dirige directamente a otra persona o a sus pertenencias, provocará que los demás busquen revancha y actúen a su vez incluso volviéndose violentamente contra *usted*. En cambio, si actúa con una sensación deliberada de firmeza y seguridad, de modo que todo el mundo tenga bien claro que está haciendo algo a propósito y considera que le asiste todo el derecho del mundo para actuar así, y no afecta directamente a otras personas o a sus pertenencias, puede inspirar a otros a conducirse en forma más responsable. Es por eso que le pedimos que nunca ataque físicamente a su hijo, que si su acción involucra las pertenencias de su adolescente anuncie claramente su intención de actuar de esa forma y se asegure de que su "yo" interior considere a esta actitud justa y equitativa. Si actúa de esta manera, difícilmente desencadenará violencia.

Asegúrese de que cada acción que decida tomar sea un hecho específico y único, y no una actividad repetitiva y a largo plazo. Hemos visto a algunos padres involucrados en una especie de tira y afloja por decir: "Si tú no arreglas el jardín, yo no lavaré la ropa", a lo que el joven contestaba: "Si tú no lavas la ropa, yo no arreglaré el jardín". Con lo que la situación se vuelve una especie de competencia. El jardín se llena de yuyos y la ropa sucia se acumula, mientras su resentimiento interior crece y crece. Elija hacer algo una sola vez y con eso pondrá punto final al incidente. De esta manera, si el problema se presenta de nuevo usted estará en libertad de manejarlo de otra manera: pero entre tanto la acción tomada lo hará sentirse aliviado

> Si el jardín no está arreglado hasta las cuatro de la tarde, me sentiré tan avergonzado que no soportaré que nadie me vea, y por lo tanto esta noche cuando lleguen las visitas me pondré una máscara

Haga cada cosa lo más drámatica y alocada posible, siempre y cuando lo haga sintiéndose cómodo. No podemos decirle hasta dónde llegar en ese sentido, porque el grado de locura o dramaticidad dependerá mucho de cuál ha sido la atmósfera reinante en su familia y cuál es su estilo particular. En una familia donde por lo general se habla en tono sosegado, cortés y reservado, cualquier actitud levemente dramática puede llegar a tener un gran impacto. En una familia de estilo diferente, por ejemplo una donde cuatro o cinco chicos manejan a un padre o una madre solos, probablemente tendrá que dramatizar mucho más para lograr atraer la atencion. Por ejemplo

La señora I. siempre había sido muy tranquila, callada, sumisa y humilde. Su familia consideró que ya era un gesto dramático cuando, delante de todos, anunció que se serviría una porción adicional de manteca para su papa asada, y efectivamente lo hizo.

La señora B. le dijo a su familia que se escaparía de la casa. Empacó sus cosas y cumplió su amenaza.

En general pensamos que el tipo de padre o madre que considere

interesante leer este libro nada habrán de perder siendo lo más aloca-
dos y dramáticos que puedan. Es posible que uno de sus problemas en
el pasado haya sido siempre que siguió una dirección moderada, convencional, fiel al cumplimiento de lo que consideraba sus obligaciones,
y permitió que todo el comportamiento impredecible corriera por
cuenta de su adolescente. Propóngase, entonces, hacer algunas de las
cosas que nunca hizo hasta ahora, y disfrutar la sensacion de aventura
que esto le puede brindar.

Y finalmente no se preocupe si las cosas no le salen perfectas. Es
preferible sufrir algunos traspiés que continuar en una actitud pasiva y
sentir que los demás hacen con usted lo que quieren.

He aquí algunas cosas que hicieron padres desesperados, con los que
hemos trabajado. Algunas de las mismas fueron inventadas por ellos,
otras sugeridas por nosotros. Algunas de ellas no coincidían con las reglas
que habíamos fijado, lo cual, sin lugar a dudas, redujo su eficacia, pero,
sin embargo, el solo hecho de hacerlas significó una gran mejoría frente a
lo que venía sucediendo en la relación adulto-adolescente.

*El señor D, una persona muy tranquila y callada, se sentía totalmente
abrumado porque sus bulliciosos y violentos hijastros lo ignoraban abiertamente, lo insultaban o lo trataban en forma despectiva. Cuando le
sugerimos que hiciese algo dramático para demostrarles que él estaba allí
y haría lo que decía que iba a hacer, recordó que él les había comprado el
televisor que ellos estaban usando y que estaba en una habitación del
primer piso. Por supuesto que el ruido infernal del televisor y el hecho de
que los chicos se pasaran el tiempo frente al aparato y lo ignoraran a él era
una de las cosas de las cuales se quejaba. Decidió que la próxima vez que
los chicos lo ignorasen o insultasen nada le costaría tomar el televisor,
llevarlo hasta la ventana y tirarlo al jardín. "Quiero sentir que soy tratado
como una persona aquí. Cuando sienta que ese no es el caso, tiraré el
televisor por la ventana."*

*La señora W, una mujer sensible y vital, comunicó a su familia que
estaba harta de que la despertasen en medio de la noche, porque alguien
entraba en la casa alrededor de las dos o tres de la mañana, y que la
próxima vez que alguien la despertase saldría a la calle gritando. Unos
días más tarde, su hijo Mattew (16) una vez más regresó a casa muy tarde.
La señora W. se levantó de la cama, se puso la salida, salió al medio de la
calle y gritó a voz en cuello, repitiendo su frase tres veces: "¡Mattew W. es
un desconsiderado!". Luego volvió a su casa y se metió en la cama.*

*La señora C. dijo a su familia que deseaba que alguien vaciara el
recipiente de desperdicios y que le parecía injusto tener que hacerlo ella,
cuando tenía tantas otras tareas de qué ocuparse para la familia. Le
sugerimos que la próxima vez que viese que el recipiente de residuos estaba
lleno anunciase: "Si el recipiente de la basura no se vacía hasta hoy por la
tarde, serviré su contenido para la cena". La idea era sacar su mejor vajilla
y platería, y que sirviese a su familia, artísticamente presentados, la borra*

de café, las cáscaras de naranja y de papas y otros desperdicios

La señora G. decidió durante una sesión que tuvo con nosotros, juntamente con su esposo, anunciar a su familia: "Me pone muy mal cuando la ropa sucia es simplemente tirada en el suelo en lugar de que la pongan en el canasto para la ropa de lavar. La próxima vez que encuentre ropa tirada en el suelo, la voy a tirar por la ventana. La ropa de su esposo estaba incluida en la que venía apareciendo desparramada por el suelo. Sin embargo, el señor G. respondió: "Me parece perfecto".

El señor M. quería hacer más ejercicio y decidió usar este deseo para solucionar otro problema que le estaba molestando. Dijo a sus hijos: "Me resulta sumamente difícil conducir el automóvil cuando mis 'pasajeros' gritan y se pelean. La próxima vez que esto suceda detendré el vehículo y seguiré mi camino a pie".

"Si los artículos de limpieza quedan tirados una vez más en el hall de entrada, los tiraré todos a la basura".

Una vez que haya expresado varias afirmaciones como las citadas, probablemente sentirá que su adolescente está comenzando a verlo con una óptica diferente. Puede ser que interprete actitudes sorprendidas o pensativas cuando su hijo o hija lo miren, o bien puede ser que comiencen a preguntarle si estará en casa o se preparará la cena, e incluso quizás lleguen a hacer algo considerado por usted, como por ejemplo preguntarle si desea compartir el tentempié que se estuvieron preparando. Y lo que es más importante aún, sentirá que se está volviendo más confiado y cómodo haciendo cosas positivas para "cuidar" de usted. Comenzará a notar que cuando se presenta una situación problemática y siente la famosa "punzada", su primer pensamiento es: "¿Qué puedo hacer para sentirme mejor?" en lugar de: "Mi hijo se está comportando mal". Usted sentirá una nueva esperanza y la feliz sensación de que "No tengo que aguantar que me traten mal. ¡Puedo cuidar de mí mismo!".

Ahora, comience a extender gradualmente ese enfoque a otras cosas más importantes que le han venido molestando, incluyendo finalmente los ítem de la "lista del adulto" que aún siguen constituyendo un problema para usted.

He aquí algunos ejemplos de cómo los padres pueden usar este Cuarto Paso para tratar de solucionar los problemas de la "lista del adulto" que no han encontrado solución en las etapas anteriores:

Andy, realmente quisiera poner punto final a esa historia de suciedad del perro que aparece tirada por todas partes. Ya no lo toleraré más. Si vuelvo a ver que no se ha limpiado lo que que el perro ensució, lo voy a regalar.

Sandy, no me gusta que llegue gente a mi casa cuando no estoy y sin que yo lo sepa. Si me entero de que eso está sucediendo nuevamente, tomaré un ama de llaves durante una semana.

Paul, si no recibo mi dinero por la llamada de larga distancia a Nueva Zelanda hasta el jueves, le colocaré un candado al teléfono.

Carol, quiero sentirme segura en mi propia casa. Si me vuelve a desaparecer dinero o ropa te aseguro que llamaré a la policía para que investigue.

"Si siguen rompiendo cosas en la casa, la voy a vender".

Los cuatro pasos que usted acaba de completar resumen nuestras recomendaciones básicas para solucionar los problemas incluidos en la "lista del adulto". Si usted ha trabajado a fondo poniendo en práctica todo lo que le recomendamos en este libro, y si perseveró aplicando el Cuarto Paso a varios de sus problemas, creemos que ya no se sentirá tan impotente como antes frente a los problemas con su adolescente, sino que por el contrario se sentirá más y más capaz de cuidar de usted mismo cuando dichos problemas se presenten. A esta altura de los acontecimientos logrará contactarse con su hijo o con su hija no sólo como alguien que respeta profundamente los derechos de su adolescente, sino como una persona mucho más definida, alguien a quien realmente hay que respetar. Para la gran mayoría de los lectores de este libro los problemas que estuvieron teniendo habrán cambiado para mejor. De ahora en adelante, lo que tienen que hacer es mantener esa mejoría y continuar practicando las cosas aprendidas.

Para algunos padres que se encuentran en situaciones especialmente difíciles describiremos un paso más: la "huelga de padres". Le advertimos que puede pasar a esa etapa solamente si ha trabajado sinceramente a través de todo el resto del libro, y aun en este caso sólo si los problemas que usted vive son realmente serios y dolorosos. Esta etapa a veces puede ayudar cuando todo lo demás ha fracasado, y pensamos que es una actitud que usted debe adoptar como alternativa positiva en lugar de permanecer en una situación que es degradante y dolorosa para usted. Sin embargo, no recomendamos recurrir a esta solución extrema cuando los enfoques previamente citados prometen ya surtir algún efecto o si los problemas que quedan por resolver no son de vital importancia. En este último caso, será preferible poner en práctica más intensivamente y a fondo las habilidades que ya ha adquirido, o quizás dejar las cosas como están por un tiempo para ver cómo se van acomodando.

La señora T. se sentía terriblemente presionada por las cosas que su hija Natalie (16) hacía, y pidió nuestra ayuda para encontrarle lugar en un internado. Nosotros le pedimos que en lugar de eso permitiera que la asesoráramos, y ella aceptó. Natalie se negó a venir a nuestras sesiones en forma regular, pero la madre lo hizo y trabajó muy duramente, de acuerdo con lo que especificamos en este libro. Después de algunos meses, casi todos los problemas se habían solucionado, y su relacion con la hija era cordial. Tenían largas y amables charlas y la madre sentía que había una corriente de afecto entre ambas. Sin embargo, dos cosas continuaban preocupándola: Natalie seguía manteniendo una vida sexual muy activa (cosa que chocaba y preocupaba a la madre) y continuaba con su costumbre de desparramar su ropa por el vestíbulo de la casa (cosa que simplemente fastidiaba a su madre). La señora T. decidió no forzar más cambios, sino quedarse satisfecha con los logros obtenidos. Decidió hacer algo concreto parar prevenir consecuencias a la vida sexual de Natalie ayudando a su hija en la utilización de anticonceptivos, a fin de calmar su preocupación (la de la madre) con respecto de un posible embarazo. También decidió hacer de cuenta que tenía un oso domesticado (su hija) que por naturaleza acostumbraba desparramar cosas, pero que, a pesar de eso, quería mantenerlo en la casa. Colocó una gran caja de cartón en el armario ubicado al final del vestíbulo y metía adentro de la misma toda la ropa que encontraba cuando volvía a casa al final de su jornada laboral.

Para esta madre no hubiese sido adecuado pasar al Quinto Paso. Tenía muy pocos problemas sin resolver, era evidente que podría atender los mismos si continuaba trabajando con los métodos que ya describimos en este libro. Para otros padres, sin embargo, esta etapa puede ser la única actitud lo suficientemente terminante como para modificar una situación dada. Nos parece indicada, por ejemplo, cuando un adolescente está manejando a su familia como un dictador o asume actitudes de adulto (por ejemplo, teniendo actividad sexual, incluso hijos, o conduciendo automóviles) sin asumir la responsabilidad inherente a las mismas, viviendo como un parásito a costillas de la familia, negándose rotundamente a cuidar de él o de ella mismo (a). Los adolescentes no son sino personas, y, como cualquier persona, pueden volverse dictadores, tiranos, manipuladores, si la situación se lo permite. En tales casos puede resultar necesario que se tomen medidas drásticas, como una "huelga de padres", para que todo el mundo en la familia vuelva a vivir en un nivel más sano y racional.

Carolyn (16) ignoraba a sus padres la mayor parte del tiempo. Cuando se dignaba hablarles, generalmente lo hacía para expresarles su desprecio o darles órdenes. Había obtenido plena libertad con respecto de los ítem de la "lista del adolescente" y, simplemente, ignoraba los intentos de sus padres por defender su posición en lo referente a los ítem de la "lista del adulto". Parecía estar tan profundamente convencida de que ellos no tenían ningún derecho, que la única manera de hacerla cambiar de posición, probablemente, era concretar una "huelga de padres".

Gary (15) había dejado embarazada a su amiga de quince años, y después informó a su familia que la traería a vivir con ellos. Sus padres se opusieron diciendo, entre otras cosas, que no les gustaba la idea de que los dos menores tuviesen relaciones sexuales cohabitando en la habitación de su hijo. Gary reaccionaba ante todas esas objeciones con berrinches y ataques neuróticos, amenazando suicidarse si no le autorizaban lo pedido. Sin embargo accedió a que su amiga no ocupara el mismo dormitorio; se instalaría en el cuarto de costura de su madre. Al día siguiente, trajo a su amiga con muchos bolsos y cajas. Una hora después, los dos adolescentes preguntaron a la madre de Gary, como lo más natural del mundo, qué les serviría para la cena.

Estos padres tenían tan poca experiencia en defender sus propios derechos, la situación se desarrolló en forma tan acelerada, que nos pareció que ya no había tiempo para entrenar a los padres de Gary en técnicas de autoafirmación. Recomendamos una "huelga paterna" inmediata y firme; se le informaría a Gary que él tenía derecho a elegir vivir como un adulto con su amiga sólo si asumía las responsabilidades correspondientes. Evidentemente, vivir como una pareja de niños en la casa de sus padres no era una alternativa posible.

Bárbara (15) se negaba a ir al colegio y en lugar de eso invitaba a amigos, bastante salvajes, a pasar el rato con ella, mientras su madre estaba afuera trabajando. Su madre le dijo qué era lo que ella quería, llegó a acuerdos verbales con su hija, conversó con las autoridades del colegio. Bárbara siempre cooperaba en elaborar acuerdos y prometía cumplirlos, pero después seguía como antes sin preocuparse por cumplir con sus promesas. Coincidimos en que lo adecuado sería que la madre de Bárbara se declarase en huelga.

Le pedimos que analice su situación y decida cuál cree usted que es la dirección correcta para su caso. Si las cosas han mejorado a través del trabajo que hizo en base a este libro, evidentemente usted está haciendo las cosas bien, y su tarea ahora consiste en aprender a aplicar las técnicas en forma cada vez más eficiente. Por otro lado, si los ítem de la "lista del adulto" siguen constituyendo un problema serio para usted y considera que una huelga es una solución adecuada y equitativa, pase al Quinto Paso con firmeza y confianza.

Quinto paso

Hasta ahora, todo lo que hemos sugerido que usted hiciera presuponía que seguía cumpliendo su papel dentro de una relación convencional entre padres e hijos, es decir que convivía con su adolescente y no sólo le suministraba bienes materiales —un hogar, ropa, comida, quizás una asignación mensual de dinero, etcétera— sino que le daba todo tipo de apoyo moral y afectivo. Sin embargo, si la relación padre-hijo ha de mantenerse equilibrada, al igual que cualquier otra relación, debe ser una calle de doble mano. Los padres necesitan sentir cierta gratificación por proveer cuidados y apoyo material y espiritual, que generalmente se logra al saber que el adolescente se desarrolla normalmente al percibir una relación razonablemente buena y una sensación de amar y ser amado. Esa sensación de gratificación debe ser lo suficientemente intensa como para que el padre sienta placer al brindar su apoyo. Si no recibe compensación alguna por sus esfuerzos, no se es fiel a usted mismo. Se obliga a dar sin recibir un beneficio razonable y probablemente tampoco su hijo se beneficie plenamente con esa relación. Un adolescente que rehúsa firmemente establecer una relación de cooperación con sus padres necesita realizar un aprendizaje fundamental sobre algunos conceptos vitales, y es muy posible que ese aprendizaje sólo lo pueda hacer cuando se le retire parte o la totalidad del apoyo paterno.

Si esta relación la tuviese con otra persona cualquiera —un amigo, un jefe, un empleado, un vecino, su pareja— y se sintiese tratado en forma injusta luego de brindarse por entero, es muy probable que ya hubiese considerado la posibilidad de poner cierta distancia entre usted y la otra persona o de romper totalmente la relación. No vemos ningún motivo válido por el cual la relación con su hijo o hija deba ser tratada en forma distinta, especialmente teniendo en cuenta que la futura independencia de su adolescente es, desde su inicio, una meta inherente a esta relación particular. Lo mejor es que esta relación sea atendida como una relación entre dos seres humanos, *donde ambos tienen plena libertad de seguir su propio camino cuando así lo deseen.* Es por eso que nuestra recomendación básica para el Quinto Paso es que usted *anuncie su intención de salir de la relación convencional padre-hijo si no sucede algo que le haga sentirse más feliz con esta relación. Y luego, que cumpla con esa DECISION.*

Comprendemos que para algunos padres esto no es tan fácil, aun cuando los hijos se estén extraiimitando más allá de lo razonable. Usted puede ser uno de esos padres. Quizá tenga razones muy fuertes para desear mantener la continuidad de la relación padre-hijo en forma tradicional, a pesar de los problemas que está viviendo. Una de esas razones puede ser la actitud de nuestra sociedad. Hoy en día si su pareja lo estuviera tratando como lo trata su adolescente, la sociedad —entendiendo por tal parientes, amigos, el encuadramiento legal, etc.— generalmente lo apoyará en su idea de obtener el divorcio (si usted desea divorciarse). Sin embargo, esa misma sociedad puede llegar a realizar esfuerzos increíbles para persuadirlo de que tiene que continuar siendo responsable de su hijo y aguantar cualquier cosa que éste haga, por malo y negativo que eso fuese. Salvo que tenga el dinero suficiente como para pagar un internado privado, probablemente le resultará mucho más difícil separarse de esta relación que de cualquier otra.

Esta actitud de nuestra sociedad puede ser una presion muy real, que incluso hará que tema conducirse de acuerdo con lo que le dicta su sentido común. Tanto usted como su hijo tienen conciencia de esa actitud, y creemos que ése es uno de los factores que contribuyen a *convertir* la relación padre-hijo en una calle de una sola mano. En otras palabras, *tanto usted como su adolescente pueden llegar a creer que ni tienen libertad para retirarse de esa relación o sociedad.* Y por causa de esta creencia es posible que usted aguante más de lo que normalmente aguantaría y que su hijo o hija le cause más problemas de los que normalmente le causaría.

Poner en práctica el Quinto Paso puede ayudarlo a mejorar la relación entre usted y su adolescente, o no. Esté preparado para cualquiera de los dos resultados y siéntase bien llevándolo a cabo, sea cual fuere el mismo. En nuestra opinión, es mejor pasar al Quinto Paso independientemente de cómo resulte que continuar atrapado en una situación que le hace sentirse permanentemente desdichado.

Comience esta estapa con una o dos "huelgas parciales".

Piense en las cosas que hace "para" su hijo o hija, cosas que no haría con tanta dedicación, o en las que no pondría tanto énfasis si no fuese porque las hace para su adolescente. Pueden ser cosas tales como:

Hablar con él o ella, mostrarse preocupado, interesado, afectuoso
Preparar la cena todas la noches
Hacer las compras para dos (o cuatro o seis)
Enseñarle a conducir
Permitirle tener la llave de la casa

Darle su asignación mensual, dinero para el almuerzo o para comprarse ropa.

Lavarle la ropa.

Regresar a su casa todas las noches, tenga o no ganas de hacerlo, porque su hijo o su hija lo espera.

Disponer de una habitación especialmente para esa persona.

Proveerle un lugar donde vivir... una casa o un departamento.

Decida que, a partir de ahora, de todas estas cosas *usted sólo hará las que realmente desee hacer.*

La próxima vez que esté por hacer alguna de ellas, pregúntese si realmente tiene ganas de hacerla. Si la respuesta es sí, hágala. Y si la respuesta es "no", diga:

Esta noche no voy a cocinar (o bien, no voy a hacer las compras esta semana): me hace sentir que estoy dando y no recibo nada a cambio.

Mañana no te llevaré a practicar a conducir el automóvil. Siento que estuve haciendo más de lo que me corresponde, y no voy a seguir dando sin recibir algo a cambio. No estoy dispuesto a seguir brindándome en tanto no mejoren las cosas en casa.

No voy a lavar tu ropa esta semana. Me siento tomado por tonto cuando doy sin recibir nada en cambio. No voy a castigarme de esa manera.

Luego prosiga con sus quehaceres. Si su adolescente reacciona de alguna manera —por ejemplo, cumpliendo con sus tareas o siendo amable con usted— de forma tal que lo haga cambiar de opinión, diga simplemente:

Después de todo, ahora me siento bien haciendo tal y tal cosa.

Si su hijo o hija no hace nada, mantenga su palabra. Absténgase de hacer esas cosas que venía haciendo "para él o ella" hasta que realmente tenga ganas de hacerlas.

A veces los padres titubean en declararse en "huelga" de esta forma porque están atendiendo a *varias* personas y sienten que no pueden dejar de hacer ciertas cosas para uno de ellos sin privar también a los demás. Por favor, no considere que debe soportar cualquier abuso por este motivo. Trate de inventar alguna forma de declararse en "huelga" que *sienta* que no afecta a quienes conviven con usted, pero sí a quien causa el problema. Si eso decididamente no es posible, le recomendamos que igual se declare en huelga. Si bien esto puede molestar o perjudicar a otros miembros de la familia, también puede ser un elemento que los motive para ayudarlo a resolver su problema. Pero ante todo piense que en estos casos es mucho mejor atender a las necesidades de su propio yo y ser leal a sí mismo que priorizar los intereses de los demás.

He aquí unos pocos ejemplos de cómo algunos padres lograron hacer "huelgas" parciales dejando de brindar bienes o servicios que venían prestando a sus adolescentes.

Andy (15) y sus padres parecían estar llevando a cabo una competencia para ponerse de acuerdo sobre la hora en que debía volver Andy por la noche a la casa. Los padres querían cerrar la casa a medianoche. Andy regularmente llegaba minutos u horas después de las doce, y su madre constantemente pasaba noches de insomnio porque no se quedaba tranquila hasta saber que la casa estaba cerrada. Finalmente decidió "cuidar de sí misma", negándose a continuar "enganchada" en ese tira y afloja. Si bien sentía que no podía dejar que Andy se las arreglase como pudiese, le dijo: "Esta casa estará cerrada a partir de medianoche. Si no estás aquí a esa hora, te dejaré tu bolsa de dormir afuera, y espero que no nos molestes hasta la mañana".

Cada vez que Linda (14) se escapaba de la casa, sus padres se preocupaban por su bienestar y sentían una dolorosa incertidumbre sobre si regresaría o no. Trataban de encontrar a su hija y le insistían, a través de amigos, para que regresara. Sin embargo, poco a poco, su padre se fue hartando de pasar por ese proceso doloroso una y otra vez, y sentía que lo que su hija hacía era un abuso para con él y con la madre. De modo que le dijo: "Linda, realmente es un problema para mí cada vez que tú te escapas de casa. La próxima vez que te vayas, pretendo que nos dejes en paz, a mí y a tu madre, durante por lo menos tres días. Entonces te pido que si decides irte nuevamente no regreses antes de ese plazo".

Durante varios meses los padres de Pete hicieron todo lo imaginable para "ayudarlo". El muchacho había comenzado a faltar al colegio, llegaba a su casa a cualquier hora de la noche, traía extraños a la casa mientras sus padres estaban afuera y cosas por el estilo. Pete trataba a sus padres despectivamente y los ignoraba. No contribuía a la vida familiar de ninguna manera. Sus padres le preguntaron qué era lo que le pasaba. Lo llevaron a ver un terapeuta y asistieron a reuniones de consulta con las autoridades del colegio para elaborar algún plan de educación que fuese de su agrado. Nada de lo que hacían los padres lograba producir algún cambio de actitud en Pete. Finalmente el padre se hartó y decidió continuar manteniendo a su hijo en lo que a casa y alimentos se refería, pero no seguiría prestándole su interés y su atención sin obtener nada en cambio. De modo que dejó de hablar con Pete por completo. El muchacho se sorprendió mucho y comenzó a hacer los primeros cambios positivos en mucho tiempo a fin de que su padre volviese a dirigirle la palabra.

La madre de Tony estaba casi loca de preocupación por las actividades de su hijo, que incluían un comportamiento violento en la casa (rompía los muebles cuando le disgustaba algo que sus padres decían), consumir (y probablemente traficar) drogas en su propia casa, tener el equipo estereofónico a todo volumen a cualquier hora y acostarse de noche a altas horas de la madrugada. En un momento dado, la madre se preguntó por qué ella ponía tanto esfuerzo en atender a su hijo cuando Tony (16) no daba ni la más mínima señal de que quería tal atención, de que la apreciara. Entonces le dijo: "Tony, te he dado una habitación por mucho tiempo, pero en realidad yo siempre he querido tener un cuarto de costura para mí. Pretendo que de aquí en adelante me trates como corresponde que se trate a una madre, y si no lo haces dejarás de tener una habitación propia en esta casa, ya que convertiré la tuya en un cuarto de costura para mí".

En estas "huelgas" parciales usted está anunciando, lo más claramente posible, que desea un cambio de la situación. Si está haciendo las cosas que se le aconsejaron hasta ahora en este libro, ha sido marcadamente justo, equitativo, persistente y respetuoso de los derechos de su adolescente. Si no encuentra respuesta a sus planteos, es hora de encarar una "huelga total" que involucre algún tipo de separación.

El primer paso en esta "huelga" es el más difícil: *es decidir qué tipo de separación quiere y puede lograr usted.* Es difícil, porque la idea de "echar a mi hijo a la calle" puede sonar a abandonar a la desgracia a su pobre chiquillo y nadie de nosotros quiere hacer algo así. Sin embargo, el ver a nuestros hijos como indefensos chiquillos desamparados es uno de los hábitos que han originado gran parte de nuestros problemas. De modo que le recomendamos cambiar de enfoque y ver lo que va a hacer de aquí en más. Pregúntese seriamente: "¿Cómo actuaría yo si mi hijo fuese un adulto como yo, que vive en mi casa, y se comporta de esta manera?" "¿Cómo actuaría si mi hijo tuviese dieciocho años?" Y actúe de acuerdo con las respuestas que se dé a estas preguntas. Trate a su hijo como si tratara a un adulto.

Hay diversos tipos de separación que usted puede encarar.

Podría arreglar para que su adolescente se fuera a vivir con un pariente

El hijo del matrimonio A. (16) se estaba comportando como un salvaje. Los padres le dijeron que existía la posibilidad de que pasara el verano en la granja de su tío, trabajando allí para pagar su sustento, y que si en el término de una semana su conducta no mejoraba ésa sería la única alternativa que él tendría, pues quedarse a vivir en la casa de sus padres ya no sería una opción para él.

Legalmente el padre puede proveer el sustento de su hijo menor de cualquier forma adecuada que el padre elija. Usted no está obligado a mantener a sus hijos en su propia casa.

Usted podría enviar a su hijo a un internado;

Si usted puede pagarlo y su hijo está de acuerdo, ésta podría ser una solución satisfactoria para usted. Pero si su hijo no la acepta, la situación cambia. Legalmente está amparado, ya que tiene la autoridad para decidir sobre su hijo menor de edad. Pero, a menudo, los internados se niegan a recibir alumnos renuentes y maldispuestos o con problemas de conducta.

Usted podría dar a su hijo permiso para que fuera a vivir con otra familia, a otro hogar

Eric (16) opinaba que los padres de su amigo eran "simplemente maravillosos", y como la hermana mayor de su amigo se había ido de la casa quedaba allí una habitación libre. Eric negoció el asunto con la madre de su amigo: iría a vivir con ellos pagando una pensión de $ 50 por semana, obteniendo los recursos de un trabajo que hacía después de las horas de clase. Los padres de Eric aceptaron (Después de cuatro meses Eric pidió volver a su casa, y sus padres estuvieron de acuerdo. ¡Había cambiado totalmente!)

Los adolescentes, a menudo, conocen familias que estarían dispuestas a recibirlos, ya sea con contribución económica o sin ella. También es posible que usted conozca una familia con un problema similar al suyo que estaría dispuesta a intercambiar los hijos.

Este tipo de solución, a través de la cual su hijo o su hija viviría con otra familia no emparentada con la suya, tiene una ventaja muy importante. De inmediato se le hace obvio al adolescente que tiene que proceder de forma tal que la otra familia desee efectivamente que él o ella siga viviendo allí. Es casi seguro que su hijo o hija sabrá como hacer para que la otra familia continúe aceptando el arreglo, y el hacerlo es una excelente práctica para su vida de adulto

Usted podría separarse de su adolescente, pero continuar dándole un cierto apoyo económico:

Alison (16) tenía novio y un círculo de amigos fuera de su familia, y prácticamente la única relación con su madre eran sus frecuentes peleas y discusiones. Su madre no se sentía nada feliz con esa situación, y a Alison le desagradaba marcadamente tener que continuar viviendo en su casa. Las dos trataron el tema y la madre decidió darle a Alison $ 200 por mes hasta que llegase a los dieciocho años. Con ese dinero podría elegir dónde vivir.

Usted también podría declarar a las autoridades competentes que su hijo está fuera del control paterno, y que usted desea que un juez se

constituya en su tutor y le prodiguen lo necesario para su subsistencia

Estas autoridades pueden intentar hacerlo cambiar de opinión e incluso pueden llegar a decirle que lo que usted se está proponiendo hacer es imposible. Sin embargo, por lo general, no es así. Probablemente su hijo sea puesto bajo el control de las autoridades competentes, pudiéndosele exigir a usted que contribuya económicamente a su mantenimiento. Sin embargo, cuanto más cercano esté su hijo o hija de los dieciocho años tanto más reacias se mostrarán las autoridades a inmiscuirse en estas situaciones.

Usted podría, lisa y llanamente, echar a su adolescente de la casa

Si su adolescente ha alcanzado la mayoría de edad o se ha emancipado (por ejemplo, por el hecho de haberse casado), la posibilidad de echar de su casa a su hijo o hija está dentro de sus derechos. Si su hijo es menor de edad, tomar una acción semejante no sería legal y no la recomendamos, de la misma manera que no le recomendaríamos ir a 150 km por hora en su automóvil. Si decide asumir esta actitud, tenga presente que lo que está haciendo no es legal y que por lo tanto puede tener consecuencias serias para usted. Quizás decida que el riesgo bien vale la pena. Hemos comprobado que mucha gente menor de dieciocho años lleva una vida independiente, algunos por elección propia, otros porque han sido echados de casa por sus padres. Si bien, en general, no se habla mucho de estos casos, hay todo un segmento de la población que vive de esta manera. Algunos de estos jóvenes regresan a su hogar despues de un tiempo. Otros siguen haciendo su vida propia. Muchos acaban por convertirse en exitosos comerciantes y padres o madres de familia.

Perry (16) pasaba la mayor parte de su tiempo dando vueltas con un grupo de muchachos que se dedicaban a realizar pequeños hurtos y vagar. No quería ni ir al colegio, ni conseguirse un trabajo, ni ayudar en la casa. Utilizaba su hogar como una cómoda pensión, yendo y viniendo como quería y desparramando de paso literatura pornográfica y objetos tales como billeteras despanzurradas, que tenían todo el aspecto de ser producto de algún robo, en su cuarto. Sus padres intentaron llegar a algun tipo de acuerdo con él, sin ningún resultado. Finalmente, cuando Perry los llamó por teléfono después de una ausencia de varios días, su padre le dijo que no regresase a casa

Después que haya decidido qué es lo que hará, vuelva a enfrentarse con su hijo o su hija una vez más, esta vez con una declaración conformada por dos partes importantes.

En la primera, usted le dirá *qué es lo que quiere:*

En la segunda parte, le dirá exactamente *qué es lo que usted hará* si no logra su objetivo (modificación de la conducta del adolescente) *dentro de un cierto plazo.*

Alice, quiero una relación equitativa contigo, en la cual cada uno de nosotros haga un determinado aporte. Tal como lo veo, tu obligación es ir al colegio y recibir una buena educación o, de lo contrario, pagar, al menos en parte, por tu alojamiento y comida y colaborar en las tareas de la casa. Si no veo que cumples con tu obligación en el término de una semana, no continuarás viviendo con nosotros.
Ben, no tengo ningún tipo de satisfacción en nuestra convivencia. Quiero ayuda para mantener esta casa razonablemente ordenada, y además deseo vivir en un clima más placentero. Si dentro de dos semanas las cosas no han cambiado, haré los arreglos necesarios para que, si lo deseas, te vayas a vivir con tu tío, pero no continuaré manteniéndote aquí.
Carol, no me siento feliz viviendo contigo de este modo. Si las cosas no mejoran dentro de algunos días, te digo: no juego más. Se terminó el trato.
Estoy dispuesto a contribuir a tu manutención dondequiera que tú vivas hasta que cumplas los dieciocho años, pero quiero que te vayas de casa.

Una vez que usted haya anunciado su posición frente al problema y demostrado la intención de cumplir con lo que ha prometido, espere hasta que se cumpla el plazo estipulado. Si la situación se modifica en forma positiva y siente que está satisfecho con los logros alcanzados, ha logrado que se produzca un cambio y su tarea es ahora continuar defendiendo su posición. Si la situación no ha mejorado en el plazo fijado, *haga* lo que dijo que haría. Hágalo sin dramatismo, sin culpa, pero también sin titubear, sin dudar.

La señora S. le dijo a su hijo (16) que, salvo que se produjese una mejoría notable en la situación, quería que dejase su casa a fines de junio. El primer día de julio, habiendo comprobado que no hubo cambio alguno, empacó todas las cosas de su hijo en cajas de cartón y las puso delante de la puerta. Luego cerró la casa con llave y se fue a trabajar. (Su hijo recogió sus cosas y se fue a vivir con amigos que eran algunos años mayores que él, y consiguió un trabajo como mecánico, comenzando a mantenerse a sí mismo. Nadie sabe por qué nunca se decidió a hacer eso mientras vivía en su casa, pero todos los involucrados percibieron una clara mejoría de la situación.).
Kay (17) recibía a su novio —de quien estaba embarazada— en su dormitorio, a cualquier hora. Entraba y salía y pasaban juntos las noches cuando querían, a pesar de que la madre de Kay, la señora L., le advirtiera: " Si esto vuelve a suceder una vez más, exijo que los dos se vayan de esta casa". El joven regresó sin permiso, y cuando la señora L. dijo: "Quiero que los dos se vayan de inmediato", el novio de su hija le dio un empellón. La señora L. llamó a la policía. Cuando ésta llegó, la señora L. aceptó no

hacer cargos por la agresión siempre y cuando los dos jóvenes se fueran de la casa. La policía supervisó la mudanza de los dos al departamento de un amigo de ambos.

El echar a su hijo o su hija de la casa probablemente *no* sea el final de la historia. Su "huelga" requiere que dé algunos pasos más

El primero es *mantener un estado de ánimo positivo en el período inmediatamente posterior a la separación.* Seguramente cuando usted echó a su adolescente de su casa, lo estaba viendo como a una persona capaz de cuidar de él mismo y sintió que lo que hacía era positivo, pues tenía la necesidad de defender sus propios derechos y lograr que lo trataran justamente. Mantenga esta actitud aun frente a las presiones que puedan asediarlo luego. Los padres que defienden sus derechos tal como usted lo ha hecho pueden ser, de pronto, asaltados por una sensación de culpa, sobre todo en el caso de la madre. Tanto los hijos como la sociedad suelen aprovecharse de esta sensación de culpa para hacerle cambiar de opinión. Prepárese para mantenerse firme y sereno frente a:

Llamadas telefónicas de vecinos o de la gente con la cual está viviendo su hijo o hija, diciéndole lo maravillosamente bien que se comporta su adolescente y que también usted podría tener una buena relación con él si actuase de tal o cual manera (aunque no utilicen exactamente estas palabras, el mensaje que quieren transmitir es el mismo). Llamadas telefónicas de amigos de su hijo o hija que piden hablar con él o con ella, como si no conociesen la situación, y luego comienzan a presionarlo para que cambie de opinión diciéndole lo asustado y perturbado que está su hijo o su hija, y que él o ella es una maravillosa persona.

Presión de *sus* padres (abuelos del adolescente) u otros parientes que le dicen: "No puedes hacerle esto a tu propio hijo" "¿Qué será de él o ella?".

(Si esto último sucede les puede decir a esos familiares que usted estaría muy de acuerdo si ellos decidieran llevarse a su hijo o a su hija a vivir a su casa.)

Llamadas telefónicas de la policía.

(Tal como en el caso de sus vecinos y otros terceros "preocupados", es probable que la policía conozca sólo la versión de la historia que dio su adolescente. Dado que usted ha trabajado conscientemente a través de todos los pasos previos en este libro, y que no ha pasado al Quinto Paso por algo trivial o insignificante, lo más probable es que con *su* relato del asunto logre no sólo la comprensión sino incluso el apoyo de la policía).

El último y muy importante paso que debe dar para que su "huelga" dé resultado es *ser fiel a usted mismo cuando, como sucede casi siempre, usted y su hijo vuelvan a ponerse en contacto nuevamente.* Unos pocos

días o unas pocas semanas después de la separación es posible que vuelvan a hablarse, ya sea porque su adolescente lo llama por teléfono, ya sea porque usted haya dado el primer paso para volver a contactarse con él o ella. Cuando esto suceda, es posible que se entere de que su hijo o su hija están muy contentos de vivir solos y que, desde el punto de vista de él o ella, les está yendo muy bien. Si esto sucede, tenga presente cuál es su objetivo en toda esta situación. Si el mismo es una relación feliz, serena y a largo plazo, sea amable con su adolescente y trátelo como lo haría con cualquier buen amigo, adulto e independiente. Sin embargo, es mucho más probable que su adolescente no esté tan contento con la situación y que le pida apoyo económico o que usted lo reciba de nuevo en su casa. Si eso sucede, no deje de *consultar a su "yo interior"* para decidir cómo se siente frente a esa posibilidad. Si su "yo interior" se siente bien ante la idea, considere dar el apoyo pedido. Si su "yo interior" siente cierta confianza en que las cosas realmente pueden mejorar, considere reanudar la convivencia con su hijo o con su hija. Dígale muy claramente que decididamente exige ser tratado en forma justa y equitativa y que, en tanto y en cuanto ése sea el trato que usted reciba, no habrá problema en que él o ella regrese a su casa. Si su "yo interior" le dice, en cambio, que nada ha cambiado y que será usted quien seguirá dando cosas sin recibir nada en cambio, diga que "No". La situación no difiere mucho de la que se presenta en el caso de la separación de una pareja. Una vez que la separación se ha efectivizado tiene el derecho de permanecer separado o reanudar la convivencia, *de acuerdo con lo que usted siente que le conviene y es positivo para usted.*

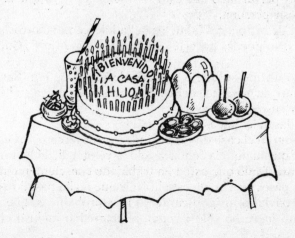

días o unas pocas semanas después de la separación es posible que vuelvan a hablarse, ya sea porque su adolescente lo llama por teléfono, ya sea porque usted haya dado el primer paso para volver a contactarse con él o ella. Cuando esto suceda, es posible que se entere de que su hijo o su hija están muy contentos de vivir solos y que, desde el punto de vista de él o ella, les está yendo muy bien. Si esto sucede, tenga presente cuál es su objetivo en toda esta situación. Si el mismo es una relación feliz, serena y a largo plazo, sea amable con su adolescente y trátelo como lo haría con cualquier buen amigo, adulto e independiente. Sin embargo, es mucho más probable que su adolescente no esté tan contento con la situación y que le pida apoyo económico o que usted lo reciba de nuevo en su casa. Si eso sucede, no deje de *consultar a su "yo interior"* para decidir cómo se siente frente a esa posibilidad. Si su "yo interior" se siente bien ante la idea, considere dar el apoyo pedido. Si su "yo interior" siente cierta confianza en que las cosas realmente pueden mejorar, considere reanudar la convivencia con su hijo o con su hija. Dígale muy claramente que decididamente exige ser tratado en forma justa y equitativa y que, en tanto y en cuanto ése sea el trato que usted reciba, no habrá problema en que él o ella regrese a su casa. Si su "yo interior" le dice, en cambio, que nada ha cambiado y que será usted quien seguirá dando cosas sin recibir nada en cambio, diga que "No". La situación no difiere mucho de la que se presenta en el caso de la separación de una pareja. Una vez que la separación se ha efectivizado tiene el derecho de permanecer separado o reanudar la convivencia, *de acuerdo con lo que usted siente que le conviene y es positivo para usted.*

Capítulo once

Mirando hacia el futuro

Usted acaba de leer todo un libro que contiene ideas sobre cómo relacionarse con su adolescente de una manera nueva, distinta y más positiva. Quizás también ha trabajado intensamente en base a las mismas, para mejorar la relación con su hijo o su hija. ¿Qué es lo que puede esperar, dentro de lo razonable, después de haberse tomado el trabajo de aprender y seguir este programa? ¿Cómo responderá su hijo o hija a todo esto?

En todo cuanto hemos recomendado supusimos que su objetivo básico era tener una relación positiva con su hijo o hija, aunque más no sea dentro de diez años. Y es muy posible que logre exactamente eso si ha actuado tal como lo sugerimos en este libro. . . incluso si ha llegado hasta las últimas consecuencias del capítulo 10, Quinto Paso.

Los padres muchas veces encaran las cosas que sugerimos temblando interiormente. Temen que al dejar de lado los controles sobre los problemas que en realidad son responsabilidad de sus adolescentes, éstos se vuelvan incontrolables, se sientan faltos de cariño o se alejen totalmente. Temen que si defienden sus propios derechos en lo que hace a los ítem de la "lista del adulto", los adolescentes se enojen, se sientan privados de sus derechos y los rechacen. Eso es lo que los padres temen. Sin embargo, en la práctica, suele sucederles todo lo contrario a quienes siguen fielmente y ponen en práctica este programa. El adolescente se descontrola mucho menos de lo pensado y aprende a ser responsable; sabe que sus padres se preocupan por él, que lo quieren, y se produce un acercamiento entre padres e hijos. En lugar de sentir enojo, abandono o rechazo, tiende a sentir respeto hacia sus padres.

Los resultados inmediatos al utilizar este enfoque son, a menudo, primero una breve época de resistencia, seguida luego por una rápida mejoría de la relación padres-hijos. Por ejemplo, cuando usted comienza a defender su propia posición su adolescente puede mostrarse ofendido, o alterado, o hacer escenas, e incluso irse de la casa. Esto dura *hasta que el adolescente se convence que usted está hablando en serio y de que no logrará que usted ceda en su posición.* En ese momento, es posible que todo se vuelva sonrisas y comportamientos amables, a medida que el adolescente comience a cooperar de la forma que sabe que es correcta. Esta conducta cooperativa y alegre suele durar hasta que algo vuelva a sugerir la posibilidad de que usted está dispuesto a ceder y a soportar conductas injustas. Es como si el joven deseara que se le impongan límites, y cuando los percibe se sintiese satisfecho y contento. Hemos visto que esto sucede una y otra vez.

Tom (16), mientras hacía trabajos de carpintería, que constituían su contribución semanal a la familia, alborotaba el ambiente con malas palabras cada vez que no colocaba bien un clavo y tenía que volver a sacarlo. Su padre le dijo: "Tom, no quiero más malas palabras aquí". Tom le respondió con una maldición mascullada. Su padre le dijo: "Veo que estás enojado. . . y yo quiero que no se usen más malas palabras en esta casa". Ante eso, Tom tiró su martillo y salió de la casa, aparentemente furioso. Quince minutos después regresó, levantó su martillo y siguió trabajando mientras silbaba alegremente, sin dar señal de resentimiento.

La madre de Andy (15) estaba muy preocupada porque éste volvía muy tarde por la noche, pero temía tomar alguna decisión al respecto. Le había dicho muchas veces a Andy que quería tener la casa cerrada definitivamente a medianoche, pero él ignoraba ese pedido. La madre temía que en el caso de que continuara insistiendo Andy se enfurecería, se creería rechazado y le haría una escena, con lo que ella se sentiría una mala madre. Finalmente logró decirle: "Andy, la puerta de esta casa se cerrará definitivamente a medianoche. Si no estás en casa para esa hora, dejaré tu bolsa de dormir en el porche". Luego esperó la respuesta: Andy quedó pensativo por un momento, y luego dijo: "Está bien, mamá. Me parece justo."

Los resultados que se observan a más largo plazo, al seguir adelante con este programa, son la mejoría de la relación entre dos personas independientes, el padre y el o la joven, y a veces se logra mayor proximidad que antes.

Después de haber pasado años muy duros de convivencia con su hijo adolescente, los padres de Michel lo echaron de casa cuando éste cumplió los dieciocho años. Michael se fue de casa, pero después de tres semanas regresó preguntando si podía vivir en su casa mientras iba al colegio. Sus padres le dijeron: "Las reglas siguen siendo las mismas, y quien viva en esta casa las debe cumplir". Michael estuvo de acuerdo, se mudó nuevamente a su casa y de ahí en adelante, como por arte de magia, fue un placer convivir con él. Aparentemente, fue necesario que cumpliera dieciocho años para que sus padres se convencieran de que tenían derecho a defender su propia posición y mantenerse firmes en la misma. Y Michael

respondió muy bien cuando, finalmente, obtuvo de ellos la firmeza que necesitaba.

Los padres de Steven (17) se lamentaban del hecho de que éste nunca quería ir a ninguna parte con ellos ni compartir actividad alguna en familia. Siguieron el programa presentado en este libro, dejaron de insistir en eso y comenzaron a salir sin él, simplemente invitándolo pero sin presionarlo para nada. Una de esas salidas fue pasar un fin de semana acampando en la montaña. El viernes por la noche, toda la familia estaba sentada alrededor del fuego del campamento y se vieron gratamente sorprendidos al escuchar que se acercaba un automóvil. . . del cual descendieron Steven y un amigo, que llegaron a compartir la salida, porque QUERIAN hacerlo. El clima alegre, distendido, de franco compañerismo que vivieron esa noche estaba mucho más cerca de lo que los padres de Steven siempre habían deseado que las ingratas veladas que resultaban de obligarlo a Steven a ir con ellos.

En algunas situaciones —especialmente si a los padres les ha costado mucho aplicar el enfoque propuesto en este libro y tienen que ir acostumbrándose lentamente al mismo, al principio los resultados no parecen ser tan positivos, y la relación recién muestra su mejoría con el correr del tiempo. Creemos que aun en el caso de que usted y su adolescente se distancien y vivan separados durante muchos meses, el actuar de acuerdo con la filosofía que presentamos en este libro con seguridad lo ubicará, luego de un tiempo, en una relación más positiva. La relación padre-hijo puede ser muy intensa, tanto que ni usted ni sus hijos la comprendan o la toleren durante los años de la adolescencia. Cuando esta "alta tensión" se vaya disipando un poco y todos los involucrados puedan obtener una perspectiva más realista, es posible que traben amistad nuevamente. Hemos conocido muchas situaciones en las cuales un hombre o una mujer de veinte, veinticinco o más años "vuelven a casa" en el sentido de reencontrarse con sus padres y hacer las paces con ellos. Si usted desea que esto suceda, manténgase abierto a tal posibilidad: es muy probable que se produzca.

Si usted nos ha acompañado durante todo este tiempo y trabajó sincera y honestamente con el programa aquí propuesto, es hora de que usted se felicite a sí mismo por haber hecho y comprendido tanto. Creemos que usted ha logrado un cambio fundamental en su forma de relacionarse con su hijo o con su hija. Puede ser que ahora se sienta cómodo, comprobando que. . .

Los problemas y las crisis entre usted y su adolescente le ofrecen a *usted* una oportunidad para crecer y cambiar.
Usted es un ser humano con igualdad de derechos.
Su hijo o hija es una persona competente y valiosa.
También usted es competente, y no hay situación ante la que deba

sentirse indefenso o impotente; siempre hay algo que pueda hacer para ayudarse a *usted mismo*.

Su tarea es cumplir con su "yo" interior, cuidarlo y dejarlo que se exprese.

Usted es responsable de lo que *usted* hace.

Su adolescente es responsable de lo que él (o ella) hace.

Habiendo llegado hasta este punto, su tarea es mantener estas actitudes. Las mismas se resumen básicamente en dos principios:

Comprender que su hijo o hija es un ser capaz y valioso.

Crea firmemente que él o ella es capaz, confiable y responsable. Comuníquele esta confianza:

1) diciendo directamente: "Confío en que serás capaz de tomar las decisiones correctas para ti"

2) escuchando con respeto, es decir, pensando que él o ella son perfectamente capaces de resolver sus propios problemas.

3) disfrutando con la capacidad de tomar decisiones de su adolescente.

Sentirse gratificado al defender sus propios derechos.

Es fácil estar de acuerdo con estos principios. Aprender a vivirlos en las situaciones, tan diversas, que presenta la vida es sumamente difícil. Es por eso que sugerimos que relea este libro una vez por mes, mientras existan situaciones de tensión entre usted y su adolescente.

Nos interesaría saber cómo ha funcionado este enfoque para usted. . . cuáles han sido sus éxitos y qué problemas tuvo en la aplicación de este método. Si quiere comentarnos su experiencia o tiene algunas preguntas sobre cualquier parte de este libro, no titubee en escribirnos. Si adjunta un sobre con su nombre y dirección con franqueo ya pago, haremos lo posible por contestarle. Diríjase a nosotros a través de nuestros editores, Rigy Publishers, Stonyfell Wineries, Stonyfell SA, 5066 (PO Box 71, Burnside SA 5066).

¡Nuestros mejores deseos para que, con sus esfuerzos, logre la mayor felicidad para usted y para su adolescente!

Bob y Jean Bayard

Nos interesaría saber cómo ha funcionado este enfoque para usted. . . cuáles han sido sus éxitos y qué problemas tuvo en la aplicación de este método. Si quiere comentarnos su experiencia o tiene algunas preguntas sobre cualquier parte de este libro, no titubee en escribirnos. Si adjunta un sobre con su nombre y dirección con franqueo ya pago, haremos lo posible por contestarle. Diríjase a nosotros a través de nuestros editores, Rigy Publishers, Stonyfell Wineries, Stonyfell SA, 5066 (PO Box 71, Burnside SA 5066).

¡Nuestros mejores deseos para que, con sus esfuerzos, logre la mayor felicidad para usted y para su adolescente!

Bob y Jean Bayard

LAS PREGUNTAS QUE HACEN LOS PADRES

¿No es acaso mi tarea el guiar a mi hijo? ¿No necesita de mi guía?
Por supuesto que sí, estamos seguros de que su adolescente necesita que
lo guíe. Haga lo que haga, lo más probable es que su hijo o su hija sea
influenciado por ello, de modo que su conducta ya es una guía para sus
hijos. Lo que importa realmente es hacia dónde apunta esa guía. Si su
ejemplo le enseña a su hijo: "Obedece al pie de la letra lo que yo decido por
ti, porque yo soy el que sabe y tomo decisiones acertadas", o si le dice:
"Eres capaz de tomar tus propias decisiones y de decidir correctamente".
Para brindar una ayuda acertada es necesario que transmita a su hijo
confianza y seguridad para manejar su vida. Por el otro lado, aprenda a
utilizar su habilidad para manejar adecuadamente su propia vida y obtener lo que usted realmente desea.

*¿No es necesario que mi esposo y yo trabajemos en conjunto en este
proyecto, conformando una unidad coherente?*
Consideramos que la coherencia es muy importante, pero no el tipo de
coherencia que indica que usted y su esposo deban manejar cada situación exactamente de la misma forma. Son dos individuos separados, con
diferentes deseos, necesidades y sentimientos. Además, tanto para usted
como para él, estos deseos, necesidades y sentimientos se van modificando
constantemente. De modo que, por lo general, no es posible lograr una
coherencia en el sentido de que ambos tomen la misma decisión sobre
cómo manejar una situación.

Hay una coherencia que es mucho más significativa. Básicamente, deberá
ser coherente consigo misma, en el sentido de que siempre sea guiada por sus
propios sentimientos y deseos, y saber a ciencia cierta que, por más que la
situación cambie, puede contar consigo misma. Si usted es coherente en ese
sentido, sus necesidades, deseos y sentimientos podrán cambiar, y su conducta cambiará consecuentemente. Pero, básicamente, será fiel a su propio
yo. Y eso es lo más importante, tanto para usted como para su adolescente.

Además, si es fiel a usted misma en ese sentido, y uno de sus profundos
deseos o necesidades es una relación feliz con su pareja, usted será leal con
él en el sentido de que aceptará y se identificará con la manera que él tiene

de hacer las cosas, y que no lo saboteará de modo alguno. Usted
confiará en que su esposo es perfectamente capaz de manejar los
problemas que surjan para él a su propia y auténtica manera.

*¿No se supone que los padres deben fijar límites? ¿Cómo puedo fijar
límites si ni siquiera he de controlar lo que mi adolescente hace?*

Sí, es importante fijar límites. Y usted debe hacerlo, no con relación
a cómo su hijo se debe comportar, sino respecto de *cómo usted desea ser
tratado.* Usted puede comunicar claramente qué tipo de tratamiento
pretende, establecer su posición firmemente para lograrlo, y finalmente hacer saber que si no logra su objetivo cuidará de sus propias
necesidades hasta alcanzarlo.

*¿Acaso mi hija no es responsabilidad mía? Ella no pidió que la trajeran
al mundo.*

Hemos escuchado ese comentario de "No pedí nacer" "No pidió nacer"
(o ser adoptado), tanto por parte de padres como de hijos, generalmente
para justificar una relación de "mano única", en la cual los padres se
sienten culpables y obligados y el hijo resentido por no recibir más de lo
que recibe. Es un comentario que se nos antoja carente de toda lógica. En
el contexto en que se lo utiliza en estos casos, también se puede decir que
los padres tampoco pidieron ser traídos al mundo. Pensamos que el haber
nacido es más bien un don, un regalo, y que la esencia del mismo es el
derecho y la obligación de asumir la responsabilidad por uno mismo.
¿Qué otra cosa realmente pertenece a cada individuo?

No, no creemos que su hijo o hija sea su responsabilidad, porque no
es su propiedad. Su adolescente es responsable de él mismo; y usted es
responsable de usted mismo.

¿No es acaso egoísta cuidar de mí mismo?

No. En el sentido en que lo describimos aquí, es todo lo contrario.

Ser altruista y brindarse a otros nos parece una de las formas de vida
más elevadas. Sin embargo tiene un cierto componente paradójico.
Sólo tiene sentido dar o brindarse a otros *si uno realmente desea
hacerlo;* es decir, si haciéndolo, simultáneamente, se cuida a usted
mismo; si da porque a usted le hace bien ver que otros se sientan
felices. Si usted se brinda sólo por obligación, porque tiene que hacerlo, o lo hace a regañadientes o esperando alguna retribución, el dar y el
brindarse se transforman en algo muy distinto.

Pensamos que es importante aprender ese dar-porque-uno-quiere-
dar, y el primer paso en esa dirección es aprender a cuidar de uno
mismo. Nuestra experiencia nos enseña que cuando la gente es sensible
y leal para con sus propios deseos y necesidades descubre que una de
sus más profundas necesidades es ayudar a otros, amar y vivir solida-
riamente con los demás. Y es así como el cuidar de otros se vuelve una
de las formas más profundas de cuidar de uno mismo.

*Estos son tiempos muy difíciles para la gente joven. Me da pena mi hija
y deseo ayudarla.*

Comprendemos sus sentimientos pero, al mismo tiempo, le advertimos que es un punto de vista muy perjudicial para su hija. La ayudaría mucho más inculcándole confianza en sí misma y haciéndole saber que usted está convencido de que sabrá arreglarse perfectamente en la vida bajo las circunstancias más adversas.

¿Qué hay de la autoestima de mi hija? A menudo le repito que la quiero, para que ella tenga sensación de que la cuidan y se preocupan por ella.

Estamos de acuerdo con que la autoestima de una jovencita y su convicción de que sabrá arreglárselas sola es muy importante. De ahí que la pregunta es: ¿Qué puede hacer usted, el padre o la madre, para reforzar esa autoestima? Pensamos que lo más positivo es modificar la imagen que tiene de su hija y comenzar a verla como una persona capaz y eficiente, y dejar que ese enfoque sea la línea rectora en su conducta para con ella.

¿De qué manera puede ayudar a mi hijo el que YO cambie? El solo hecho de que yo modifique mis actitudes no podrá ayudarlo si no se preocupa por cambiar él también.

Sí que puede ayudar.

Muchas de las inconductas de su hijo pueden tener relación con la forma en que usted se conduce. Si usted modifica esa conducta, su hijo ya no podrá actuar de la misma manera, y probablemente, desde el punto de vista paterno, el cambio de la actitud de su hija sea positivo.

Por otro lado, parte de su inconducta puede originarse simplemente en la manera de ser de él, independientemente de lo que usted sea o haga. Usted puede aprender a dejar de agregar su preocupación —totalmente inútil— a esa forma de actuar.

Y ciertamente usted puede asumir la responsabilidad de ser feliz con su propia forma de vida. Eso no sólo lo ayudará, sino que probablemente sea lo más efectivo que pueda hacer para maximizar las probabilidades de que su hijo cambie en forma favorable.

¿Quiere decir que lo deje librado a la buena de Dios y no me preocupe más de él?

Una cosa es decir: "Por mí haz lo que quieras" y otra muy distinta es decir: "Me preocupa que hagas tal o cual cosa, vas a sufrir tal o cual consecuencia. Y, sin embargo, tengo fe en tu habilidad para hacer lo que sea mejor para ti. Y me importa mucho qué es lo que haces o cómo te va."

¿Pero qué hay acerca de nuestro acercamiento afectivo? Solíamos tener una relación muy buena y, de pronto, sentí que mi hijo se apartaba.

Cuando tenían una relación de gran acercamiento, usted era el adulto, y su hijo era un pequeñín. Usted decía qué era qué cosa, y él generalmente obedecía a lo que le decía. Los años de la adolescencia son una preparación para el tiempo en que ambos sean grandes y ninguno tenga nada que decirle al otro. De modo que su hijo o hija se está apartando del papel de "yo pequeñín" para prepararse para su tiempo de "yo grande". Ese alejamiento es natural y, por lo general, sólo temporario. Tenga paciencia, y el acercamiento con su hijo o hija seguramente volverá en una forma adulta más estable.

¿Y los peligros que lo acechan? Dejar hacer a mi hijo lo que él quiere me asusta, porque puede sucederle algo grave.

Nos importan mucho los adolescentes... lo suficiente como para decir una verdad que a veces es dolorosa: si usted continúa tratando de controlar a su hijo o hija, lo está empujando hacia el peligro. Si, en cambio, lo ayuda a asumir responsabilidad por sus actos, lo capacitará para desarrollar la mejor protección que pueda tener contra todo tipo de peligros: una inteligencia lúcida, claramente pensante, que lo ayudará a cuidar de sí mismo.

¿Qué pasa si mi pareja no quiere cooperar conmigo en la aplicación de este programa?

Aquí le queremos decir dos cosas importantes.

1) Los principios aquí descriptos no sólo se aplican a adolescentes. Sirven para cualquier tipo de relaciones. Si la forma en que su pareja

se relacione con usted y/o con sus hijos constituye un problema, haga una lista de estos problemas, divídalos en ítem que afectan la vida de su pareja y en ítem que afectan su propia vida y aplique los principios descriptos en este libro para resolver los problemas que se planteen.

2) Asegúrese de "permitir" que su pareja y su adolescente tengan su propia relación, que asumirá la forma que mejor les parezca a ellos. Por ejemplo, si usted quiere tener con su hijo una relación distendida y afectuosa y lo está logrando, mientras que su pareja y su hijo aparentemente se relacionan a través de órdenes, resentimientos y recriminaciones... déjelos. Limítese a atender los problemas que afectan su propia vida y la forma en que usted se está relacionando con los demás.

Aun en el caso de que su pareja coopere pero no haga las cosas de la misma forma en que las hace usted, no trate de forzar su conducta, deje que su pareja haga las cosas como mejor le convenga.

¿Los padres no tienen derechos?

¿Cómo puede dudar de ello?

Por supuesto que usted tiene derechos... ¡Y su tarea es defenderlos!

PADRES FRENTE AL PROBLEMA: SUS EXPERIENCIAS

Una madre que encaró dos veces el mismo problema

Incluso aquellos padres a quienes les cuesta mucho dejar de lado los controles que ejercen sobre la vida de sus hijos, pueden aprender a hacerlo y beneficiarse con ello. Para la señora F. eso representó un trabajo intenso y persistente, pero el resultado que obtuvo bien valió la pena.

Había quedado viuda cuando sus dos hijos eran aún muy pequeños y mantenía a su familia con su pensión. Las cosas anduvieron bien hasta que Gary, su hijo menor, cumplió 14 años. Hasta ese momento había sido medianamente obediente y no creaba problemas ni en la escuela ni en su casa. Por ejemplo, aun cuando prefería salir a jugar después del colegio, hacía sus deberes antes, refunfuñando pero obedientemente. Pero de pronto las cosas cambiaron. Comenzó a negarse a hacer sus tareas del colegio antes de terminar la cena, y a veces directamente no las hacía. Al cabo de unos meses, su rendimiento decayó de satisfactorio a no satisfactorio, con problemas de disciplina y ocasionales rabonas. Además, comenzaba a pasar el tiempo con otro muchacho, y juntos se dedicaban a hacer travesuras en el vecindario.

La señora F., una persona muy dulce y suave, se sintió bastante impotente ante la problemática conducta de Gary, y no encontró manera de hacerlo cambiar de actitud a pesar de sus reprimendas, ruegos, lágrimas, de apelar al recuerdo de su padre, etcétera. Tanto la señora F. como Gary parecían creer que si él se comportaba medianamente bien en el colegio y en general, lo hacía por su madre y no por él mismo.

Después de una reunión especialmente dura y difícil con el maestro de Gary, a quien el muchacho había tratado en forma impertinente, la señora F. nos llamó por teléfono pidiendo ayuda y asesoramiento. Y comenzamos a trabajar con ella y con Gary. Sin embargo, bien pronto Gary comenzó a "olvidarse" de asistir a nuestras reuniones y finalmente dijo que no vendría más. Nosotros actuamos como solemos hacerlo en estos casos: continuamos trabajando con la señora F. Al igual que muchos otros padres, ella tuvo grandes dificultades en dejar de lado la idea de que ella debía controlar permanentemente las actividades de Gary. Sin embargo, gradualmente la misma realidad de su impotencia la fue llevando a intentar un método distinto. Y poco a poco comenzó a aplicar el enfoque que aconsejamos en este libro. Y un día las cosas parecieron modificarse para peor (esto suele suceder, tal como lo hemos descripto en el capítulo 4). Gary y su amigo fueron llevados a la comisaría por haber tirado cohetes encendidos al interior de varios vehículos que circulaban por la zona. Por lo tanto, tuvo que sufrir todo el impacto del sistema legal, y fue condenado a realizar trabajos para la comunidad durante varias semanas los domingos por la tarde.

Durante el resto del verano, y hasta bien entrado el otoño, la señora F., lenta pero constantemente, fue traspasando a su hijo la responsabilidad de tomar decisiones. Durante ese período, Gary también lenta pero constantemente comenzó a volverse más responsable. Aun cuando había pequeños trastornos, los problemas se fueron reduciendo poco a poco hasta que finalmente, en la primavera siguiente, Gary ya no tenía dificultades en el colegio ni fuera de él, y él y su madre se llevaban perfectamente bien, en una relación franca y amistosa.

¿Final feliz? Se equivocan.

Alrededor de esa misma época, la hermana mayor de Gary, que acababa de cumplir 17 años, comenzó a mostrar un comportamiento diferente. Hasta entonces no había causado ningún problema, andaba bien en el colegio y trataba con cariño a su abuelo inválido que vivía con ellos... En resumen, el tipo de adolescente que todo padre desearía tener. De pronto, Sally comenzó a cambiar radicalmente, al menos desde el punto de vista de su madre. Empezó a faltar al colegio, ya antes había salido con muchachos, pero siempre habían sido "chicos buenos" que su madre aprobaba. Además, las relaciones no habían pasado de flirteos de adolescente. Ahora, de pronto, había comenzado a salir con un muchacho varios años mayor que ella que vivía en la misma cuadra y que solía regresar a su casa en su viejo camión totalmente borracho. Sally comenzó a tener relaciones sexuales con ese muchacho en forma tan obvia, que su madre no pudo menos que darse cuenta. Un día, mientras su madre se encontraba afuera pero su abuelo estaba en su cuarto, ubicado al lado del de Sally, ésta trajo al muchacho a la casa y tuvo con él contactos sexuales ruidosos y hasta denigrantes para una mujer, sabiendo con certeza que su abuelo informaría de este hecho a su madre.

A esta altura de los hechos, la señora F. volvió a recurrir a nosotros para que la asesoráramos sobre ese nuevo problema, y Sally estuvo de acuerdo en venir con ella. Ambas habían tenido siempre una muy buena y afectuosa relación, y en esa oportunidad las dos la reafirmaron. Sally prometió romper las relaciones con su amigo. Sin embargo, poco tiempo después dejó de venir a las sesiones y comenzó a ver al muchacho a escondidas de su madre. La señora F. estaba desesperada. A pesar de que había pasado por los mismos problemas con Gary y finalmente había logrado dejar de lado los controles que ejercía sobre él, ¡seguía luchando desesperadamente por controlar a Sally! Era como si estuviese comenzando totalmente de nuevo. Y nuevamente comenzó a trabajar, lenta pero firmemente, hasta aprender a dejar de lado sus hábitos de ejercer el control sobre su hija. Entre tanto, Sally rompió con su amigo, pero en cambio entabló una relación con otro muchacho de 21 años, quien al poco tiempo fue internado en una granja-prisión. Allí podía recibir llamadas telefónicas a determinadas horas, y Sally mantenía con él largas conversaciones, con el consiguiente incremento de la cuenta telefónica.

Instamos a la señora F. a que delegara en Sally la totalidad de la responsabilidad de su vida, incluyendo su vida amorosa y sexual. La señora F. se concentraría exclusivamente en cosas que la afectaban a ella personalmente, tales como pagar las facturas telefónicas de Sally.

En una especie de "recaída" en cuanto a aplicar sus viejos sistemas de control, la señora F. estuvo considerando el obligar a Sally a dejar su trabajo, con el pretexto de que "pudiese dedicar más tiempo a sus estudios", pero en realidad era porque, de esa manera, Sally no podría pagar sus cuentas telefónicas y la madre podría usar eso como pretexto para prohibirle llamar a su amigo. Afortunadamente, fue relativamente fácil convencer a la señora F. de que ese plan no funcionaría.

Para la señora F., aplicar este sistema por segunda vez resultó tan difícil como la primera. Al igual que con Gary, sin embargo, finalmente tuvo éxito. Cuando su hija cumplió los 18 y dejó el colegio, madre e hija estaban nuevamente en buenos términos, casi como cuando Sally era más pequeña, pero sin ese ingrediente de relación "niño-adulto". Por el contrario, la relación era más bien la de dos adultos que se quieren mucho. Actualmente, Sally continúa su educación en la universidad local, vive en su casa y ya no tiene amigos indeseables. La señora F. está muy contenta de cómo han ido evolucionando las cosas. Sally rompió su relación con su novio espontáneamente, comentando, como al pasar: "Considero que él (el encarcelado) no es la clase de tipo que me conviene".

Un esfuerzo tenaz

El señor y la señora B. vivieron lo que podría haberse convertido en una situación sumamente problemática. Narraremos su historia con cierto detalle, a fin de ilustrar lo que puede suceder cuando los padres se abocan con total dedicación a modificar sus circunstancias.

Andy (12) había venido enloqueciendo a sus padres y a sus maestros durante años antes de que nosotros lo viéramos. Sus padres nos informaron que habían perdido todo control sobre el chico. Cada vez que intentaban aconsejarle o corregirlo, se volvía violento, haciendo cosas tales como romper los parabrisas del coche, azotar a los perros alsacianos de los padres y amenazando con agredir físicamente al resto de la familia. Estos incidentes generalmente terminaban en que el señor B. daba una tunda al muchacho y la señora B. lo reprendía por desafiarla. Había sido expulsado de dos colegios porque se mostraba intratable, tanto en ellos como en la casa. El rector del tercer colegio, al que asistía en el momento de iniciar la consulta con nosotros, aconsejó a los padres internarlo en una clínica psiquiátrica durante un mes para su observación.

Además, Andy estaba dando un pésimo ejemplo a su hermano menor, Dennis (9), y uno de los grandes problemas de sus padres era que usaba las cosas de Dennis sin pedir permiso. Cierta vez, Andy tomó la guitarra de su hermano y su padre le dijo que no la podía usar. Andy respondió con sarcasmo y amenazas que enfurecieron a su padre. Cuando la discusión se fue haciendo más acalorada, Andy tomó la gata de su madre, que estaba preñada y a punto de parir, y corrió con ella hacia el jardín del frente, amenazando tirar al animal por encima de la cerca si su padre no se callaba. El señor B. consiguió alcanzarlo justo a tiempo para salvar a la gata, pero al hacerlo golpeó a Andy violentamente en la espalda. Andy inmediatamente llamó por teléfono a la policía para quejarse de que era golpeado por su padre. Cuando la policía llegó, el chico les dijo que estaba tan furioso que mataría a sus padres esa noche.

Cuando comenzamos a trabajar con este problema, consideramos seriamente la posibilidad de un tratamiento psiquiátrico, internándolo en un lugar adecuado, debido a las terribles amenazas de Andy y a su historial de comportamiento violento. Sin embargo, finalmente pensamos que sería mucho más eficaz ayudar a la familia a convivir pacíficamente. Dos factores nos indujeron básicamente a tomar ese segundo curso de acción:

1. A pesar de sus terribles amenazas, Andy realmente nunca había lastimado a nadie. Los perros que golpeaba (los golpeaba con la palma de la mano) eran perros grandes y fuertes, y no se los veía atemorizados ni mucho menos. Se las había ingeniado para correr exactamente a la velocidad necesaria como para ser alcanzado por su padre antes de arrojar a la gata por encima de la cerca. Y resultó que el parabrisas del automóvil no fue roto a propósito, sino que había sido un accidente secundario, consecuencia de una escena que nada tenía que ver con el ataque de furia.

2. Veíamos que los padres tenían actitudes que, de modificarse, podrían producir un cambio radical en el desarrollo de los acontecimientos. Además, los padres estaban realmente ansiosos por trabajar con la intensidad que fuese necesaria para mejorar las cosas. Se sentían terriblemente desdichados en la situación actual pero, al mismo tiempo, no tenían ni el menor deseo de deshacerse de su hijo internán-

dolo en alguna institución especializada. El señor B. dijo: "¡Haré cualquier cosa!". Le tomamos la palabra, y dimos a ambos padres instrucciones bien definidas.

En primer lugar, les pedimos a los dos que dejasen de lado algunos de sus comportamientos prometiéndoles que les iríamos dando apoyo en las actitudes con que debían reemplazar los mismos. El señor B. accedió a no pegarle más a Andy, por más intensa que fuese la provocación. El padre al golpear le estaba dando a Andy un modelo de violencia que éste imitaba constantemente. La señora B. accedió a abstenerse de reprender a Andy, hiciere éste lo que hiciere.

Andy se había negado a ir al colegio el día en que fuimos a ver a la familia y estaba jugando en la casa mientras conversábamos. En su presencia, dijimos a los padres que ellos estaban contraviniendo la ley al permitir a su hijo que faltara al colegio. En vista de que no tenían medios para obligarlo a ir, y ya que le habían ordenado ir al colegio sin que él les hiciese caso, de ahí en más no debían prestarle *ninguna atención* durante las horas de clase. Debían actuar como si no estuviese en la casa (esta actitud estaba destinada a privar a Andy de la atención que generalmente se le prestaba cuando faltaba al colegio).

Después, el padre y la madre hicieron listas separadas de las cosas que Andy hacía y que les molestaban. Cada uno enumeró por lo menos dieciocho ítem. Con el permiso de ellos, enumeramos algunos de los mismos:

La lista del señor B.:

Le grita a su madre, cosa que me saca de quicio.

Siempre nos da la contra. Si todos queremos ir a comer pescado y papas fritas, él tiene que pedir una hamburguesa.

Cree que no tiene que ayudar para nada en la casa.

Rompe cosas cuando se enoja.

Me hace pasar vergüenza, teniendo berrinches cuando salimos a alguna parte.

Llama por teléfono —¡llamada de larga distancia!— a su abuela, para quejarse de nosotros.

Roba cosas de mi habitación. Usa mis herramentas sin pedir permiso y nunca las vuelvo a ver.

Espera que me encuentre permanentemente dispuesto a llevarlo adonde quiera y cuando quiera que sea.

La lista de la señora B.:

No se levanta a tiempo para ir al colegio. Se olvida de tomar nota de los deberes para no tener que hacerlos.

Deja la cocina hecha un chiquero todas las mañanas.

Se va de casa sin pedir permiso cuando sabe que estamos por ir a alguna parte.

Deja el baño desordenado (deja ropa sucia tirada en todos lados, no desagota la bañadera).

Entra y cambia de canal cuando estoy mirando televisión.

Se porta como un idiota cuando hay visitas. Me hace sentirme avergonzada de él.

Actúa como un animal cuando salimos a comer. Cuando salimos con él, mi estómago acaba hecho un nudo a causa de los nervios y no disfruto para nada de la salida.

Cuando estoy hablando por teléfono, grita a propósito para que yo no pueda escuchar nada.

Quiere ir a todos lados (cines, teatros, parque de diversión, etc.) y no acepta negativas.

Ambos padres tenían en sus listas los siguientes ítem, formulados de distinta manera:

No limpia ni ordena su sector del cuarto de los muchachos.

Escupe en todos lados.

Pega a los perros cuando se enoja.

No quiere ir a la cama cuando corresponde.

Incita a Dennis a hacer cosas peligrosas: robar, jugar con fuego o con cuchillos, tirar piedras, etc.

Durante la primera semana, trabajamos con el señor y la señora B. en los ítem de la "lista del adolescente". He aquí lo que hicimos con respecto de algunos de ellos:

La queja del señor B. de que Andy gritaba a su madre

El señor B. se declaró conforme con mantenerse fuera de la discusión entre su esposa y Andy. Decidió que cada vez que Andy comenzara a gritarle a la señora B., él saldría de la habitación y se pondría a trabajar en su taller.

Andy no limpia su sector del dormitorio

Ambos padres dijeron a sus hijos que confiaban en que los dos muchachos se las ingeniarían para llegar a un arreglo para limpiar y ordenar su cuarto en forma equitativa, y que ellos (los padres) no se meterían más en ese asunto.

El que Andy se negara a levantarse a horario y a tomar nota de sus deberes

El señor B. le dijo a Andy con toda firmeza que de ahí en más no se inmiscuiría más en los temas escolares, que Andy y sus maestros eran quienes tenían que solucionar esos problemas.

El que Andy quisiese salir a divertirse, no aceptando negativas

La señora B. le dijo a Andy que se había dado cuenta de que Andy podría cuidarse perfectamente y que de ahí en adelante sería él quien tendría que decidir sobre adónde quería y podía ir.

Unas horas después de que le dijo eso, Andy probó su sinceridad diciendo en tono provocativo: "Mamá, voy a ir a la bicicletería". Antes, la madre hubiese contestado automáticamente: "No, no te permito ir". Esta vez simplemente dijo: "Bien, es decisión tuya". Andy pareció muy sorprendido al recibir esa respuesta. Un minuto después asomó nuevamente la cabeza por la puerta y le dijo: "Mamá, *dije* que iría a la bicicletería". La señora B. dijo "Mm Hm". Andy evidentemente seguía sin poder creerle, y gritó, enojado "Mamá, ¿no me escuchaste? *¡Te dije que iría a la bicicletería!* La señora B. respondió en tono informal: "Bien, hasta luego entonces".

Andy no fue a la bicicletería, pero aparentemente se quedó pensando seriamente en la nueva actitud de su madre. Durante varias semanas continuó pidiéndole permiso para ir a distintos lados, aunque hacia el final ya había captado el esquema de la respuesta, y decía "Ay, mamá. . .¿puedo ir a lo de Ohn?. . .¡Sí, ya sé, ya sé, es decisión mía!".

Se queda levantado hasta tarde

El matrimonio B. dijo a sus hijos que consideraba que ya eran lo suficientemente grandes como para saber cuándo tenían que ir a dormir, y a partir de ese momento no tocaron más el tema.

El señor y la señora B. también comenzaron a centrar su atención mucho más en las cosas que *ellos* querían hacer, y mucho menos en Andy y su comportamiento. Durante la primera semana, salieron dos veces a cenar afuera, dejando a los dos chicos en casa. Andy, furioso, los acusó de que nunca lo llevaban a ninguna parte, y el señor B. le dijo que con mucho gusto lo llevaría adonde quisiera en cuanto le diese seguridad de no tener que sentirse abochornado por su comportamiento, pero de ninguna manera antes. El padre estaba totalmente dispuesto a que la próxima vez que Andy hiciese una escena en un restaurante saldría de allí y lo dejaría plantado. Aparentemente, el solo hecho de haber tomado esa decisión fue suficiente, ya que nunca tuvo que ponerla en práctica.

Al cabo de una semana, aproximadamente, ambos se sentían cómodos con el hecho de haber dejado de controlar los ítem de la "lista del adolescente". A continuación comenzaron a trabajar con los ítem que afectaban la vida de los padres.

La señora B. se concentró, en un principio, en el desorden que Andy dejaba en la cocina después del desayuno. La primera vez que vio a Andy después de que éste dejase todo hecho un chiquero, fue cuando regresó del colegio. Durante varios días, en cuanto lo veía por la tarde, le decía: "Andy, por favor, ¿quieres limpiar la cocina?". Andy respondía con chistes, negándose, acusándola ("¡No me quieres!") y así sucesivamente, pero la señora B. insistió, repitiendo tres o cuatro veces su "frase refirmativa en tres partes".

El señor B. eligió primero el problema de que Andy usaba sus herramientas. Estaba decidido a insistir ante Andy que quería sentirse seguro de que nadie se las tocaría, ¡pero el problema ni siquiera se presentó!

La conclusión a la que llegamos después del trabajo intensivo de los esposos B. fue la siguiente: A Andy le GUSTABA que le diesen responsabilidades, y cuando sintió que se las daban dejó de comportarse como un tonto.

Al cabo de dos meses después de haber comenzado a trabajar en su problema con Andy, los esposos B informaron que prácticamente no tenían más problemas. Según ellos dijeron, Andy se "había domesticado". Ambos informaron que se sentían efectivamente mucho más cerca de Andy de lo que nunca lo habían estado antes. Cuando les preguntamos qué había pasado con los ítem que figuraban en sus listas, nos informaron sobre los que aún podían recordar:

Colegio
Andy asistía al colegio regularmente. Había obtenido varias notas malas por olvidar sus deberes, y una vez un maestro envió una nota a la señora B. Ella entregó esa nota a Andy, quien le dijo que él sabía de qué se trataba la misma, que sabía que era su responsabilidad ocuparse del tema y que así lo haría.

Cuando les preguntamos qué era lo que pasaba con el problema de no levantarse por las mañanas, la señora B. sólo dijo: "Perfecto".

Gritar a su madre
Esto había desaparecido casi durante los primeros días. El señor B. tuvo necesidad de abandonar la habitación una sola vez cuando Andy y su esposa discutieron. Tuvo oportunidad de decir: "Me siento muy incómodo en esta situación, me iré de la habitación". Y así lo hizo. Una sola vez hubo un incidente desagradable durante todo ese período: Andy dijo a sus padres que había dejado la bicicleta en el colegio y que iría a buscarla. La señora B. sabía que el colegio estaría cerrado y, en una momentánea "regre-

sión" a sus antiguos hábitos, le dijo que no le permitiría ir. En otro momento, Andy hubiese tenido un berrinche, y se hubiese producido toda una escena dramática. Pero esta vez simplemente dijo: "Es asunto mío", tomó su campera y se fue hacia el colegio. Su madre lo pensó unos instantes y decidió que Andy tenía razón.

Limpiar su habitación

Ya no era problema. Dennis tenía a su cargo limpiar toda la habitación, como parte de un acuerdo al que los dos muchachos habían llegado.

Desorden y suciedad en cocina y baño

Andy seguía dejando cosas desordenadas ocasionalmente. Su padre dijo: "Cuando lo hace, simplemente le digo: «quiero que limpies todo esto». De vez en cuando necesita que le haga recordar, pero basta con decirle: «YO no dejé ese desorden en el baño» para que vaya de inmediato a limpiarlo."

Quedarse levantado hasta tarde

Esto ya no era problema. Durante las primeras noches, en las cuales los padres no dijeron nada en cuanto a que los chicos se tenían que ir a dormir, los dos muchachos se quedaron despiertos casi toda la noche. El señor B. comentó: "Eso los debe haber agotado. A partir de la tercera noche, se fueron a dormir a horas razonables e incluso apagaban la luz."

Escupir

Eso había desaparecido. "Nunca se lo mencionamos, y nunca se lo vimos hacer de nuevo".

Robar cosas de los padres

Tampoco eso se volvió a producir. "Simplemente le dijimos que nuestra habitación era terreno prohibido para él".

Exigencias de que lo lleven a ver espectáculos

Eso no se repitió. Una mañana, Andy pidió muy cortésmente a su padre que lo llevase a ver un partido de fútbol aquella noche. Y el señor B. lo llevó gustoso, ya que la relación era sumamente cordial entre ambos.

Salidas

Andy seguía siendo muy "independiente" en esto. Si su madre le objetaba sus salidas, Andy le respondía: "Yo tengo ganas de salir, y si llego a tener problemas será asunto mío". Y salía.

No alimentar a los perros

Andy seguía sin dar de comer a los perros. Dijo a sus padres que no tenía tiempo de hacerlo antes de ir al colegio, y sugirió que Dennis lo hiciese en su lugar. El, a su vez, se ofreció voluntariamente para hacer otras tareas en el patio y en el jardín.

Molestar a perros y al gato.

Esta actitud no se volvió a repetir.

Cambiar de canal cuando sus padres estaban viendo televisión

Andy ya no hacía eso. Sin embargo, al poco tiempo, Dennis intentó hacerlo unas cuantas veces. Su madre le dijo: "Este nuevo sistema no sólo se aplica a Andy, sino también a ti". Y no hubo más problemas.

Hacer pasar un mal rato a sus padres cuando había visitas

Este problema se revirtió totalmente. El abuelo de Andy estuvo de visita durante unas semanas y en lugar de los malos ratos que Andy siempre hacía pasar a sus padres en ocasión de otras visitas, esta vez la señora B. contó que "estuvo amoroso con mi padre. Incluso lloró cuando el abuelo se volvió a ir."

Un efecto adicional

Los padres se habían olvidado de mencionar en su lista el hecho de que Andy (desde hacía años) se venía mordiendo las uñas. Sin que dijesen una sola palabra al respecto, esa manía había desaparecido por completo.

De hecho, dos meses después de haber comenzado a trabajar aplicando este programa, los padres ya no tenían por qué preocuparse por el comportamiento de Andy. En cambio, habían comenzado a aplicar las habilidades adquiridas en función de él para manejar su relación con diversos amigos y parientes que, evidentemente, se venían aprovechando de ellos. El hermano de la señora B., por ejemplo, habitualmente tomaba en préstamo el automóvil del señor B., a veces incluso sin pedir permiso, y, sin embargo, se negaba a prestarle al señor B. su motocicleta, sabiendo que de este modo dejaba a la familia B sin medio de locomoción. Otro pariente había venido a visitarlos, y se instaló durante semanas en el taller del fondo, donde recibía a sus amigas, bebiendo y escuchando música a todo volumen, para gran preocupación de los esposos B, en primer lugar por el ejemplo pésimo que eso constituía para sus dos hijos. Al principio les resultó muy difícil al señor y a la señora B hablar con esos dos parientes, pero cuando finalmente lograron hacerlo se sorprendieron al comprobar que, de ahí en adelante, las relaciones con los mismos mejoraron marcadamente. Todo esto ayudó a reafirmar su nueva forma de manejar a Andy.

Parecía casi increíble que Andy hubiese cambiado tanto sólo en base a lo que los padres habían hecho, y el matrimonio B casi no lo podía creer. En cierto modo se inclinaban a pensar que la mejoría era atribuible al hecho de que Andy se hizo de nuevos amigos y, muy especialmente, a una chica muy dulce y simpática de su misma clase, con la que tenían una amistad muy especial. Coincidimos en que su nueva amiguita era un elemento positivo en toda la situación, pero creemos que el grueso del mérito es atribuible a los padres y a la forma tan positiva en que lograron modificar sus conductas personales.

Los hijos son únicos

La forma en que un joven se va desarrollando es determinada, en gran parte, por algo inherente al adolescente. Creemos que la manera en que se desarrollaron los acontecimientos para la señora H. y sus dos hijos ilustra eso muy claramente.

La señora H. era una señora amable, de corazón tierno y muy "blanda". Si sus dos hijos hubiesen sido como Tom (10), probablemente nunca hubiese tenido problemas. Tom se parecía mucho a ella. Sin embargo, Tim (12) se parecía mucho a su ex esposo, un hombre muy testarudo, muy autosuficiente y recio, gran amante de la vida al aire libre y de las aventuras en la naturaleza.

A Tim le encantaba jugar, solo o con un amigo, junto al río cercano, donde construía cabañas con ramas, cazaba ratones y sapos y pescaba a lo largo de la orilla. La señora H. no sólo se preocupaba mucho por toda esta actividad, sino incluso porque para llegar hasta el río Tim tenía que cruzar una esquina de muchísimo tránsito. Tim pensaba que la preocupación de su madre era tonta y simplemente hacía lo que quería hacer. También la "llevaba por delante" en otras cosas, como por ejemplo para que le diese dinero o le comprase cosas que él quería. Y su madre era realmente arcilla en sus manos. Tim sabía que era suficiente con hacerle terribles escenas para conseguir lo que quería, y se había convertido en todo un campeón en eso.

La señora H. simplemente no era capaz de cuidar de ella misma y atender a sus propias necesidades en la medida en que eso hubiese sido necesario con Tim. Logró introducir algunos cambios en su conducta de acuerdo con nuestras instrucciones, y tomó conciencia de que eran cosas que realmente le ayudaban a mejorar la situación. También admitió que otras cosas, que ella simplemente no se sentía capaz de hacer, hubiesen sido muy

positivas. Pero Tim era un muchacho demasiado fuerte para ella,
y decidió ver si alguien de la familia estaría dispuesto a tenerlo.
Su hermana y su cuñado —que se dedicaba a la pesca comercial— se habían encariñado mucho con Tim y se declararon
dispuestos a tenerlo con ellos. Tim vive ahora con sus tíos. Sus
problemas de conducta desaparecieron. Durante los veranos, Tim
sale a pescar con su tío y, evidentemente, esa actividad le agrada
y le hace mucho bien. La señora H. y Tom viven muy bien juntos.

Un segundo matrimonio

Para el señor y la señora M., la principal preocupación de su
lista de ítem del adulto era preservar su propia relación, prote-
giéndola contra la conducta agresiva de sus hijas e hijastras,
situación que los estaba separando. El señor y la señora M.
llevaban casados cerca de un año cuando los vimos por primera
vez. Ambos tenían hijos de matrimonios previos: la señora M.
tenía dos niñas de cinco y trece años, y el señor M. una hija de 12.
Cuando acudieron a nosotros por primera vez, el problema —que
se había iniciado con las dos niñas mayores— se había agravado
a tal punto, que la pareja estaba al borde de la separación. A
primera vista, las cosas que habían llevado a los padres hasta ese
punto extremo no eran nada graves. Las dos chicas hacían cosas
tales como dejar la cocina o el living sucio y desordenado o no
guardar sus bicicletas. La dificultad radicaba en el hecho de que
los padres trataban a sus dos hijas de modo diferente. La señora
M. se quejaba de que su esposo era demasiado estricto en cuanto
a la disciplina, especialmente con la hija de ella, y que pasaba por
alto muchas de las cosas que su propio "angelito" hacía. El señor
M. decía que enseñar la disciplina básica a las niñas era tarea de
su mujer, pero como ella no lo hacía lo tenía que hacer él. Esto lo
fastidiaba mucho, especialmente porque, según él afirmaba, era
la hija de ella quien causaba todos los problemas. La señora M.
afirmaba con igual énfasis que la fuente de todos los males era la
hija de él. (Creemos que ambos estaban en lo cierto. Los niños —y
la gente en general— pueden ser ángeles o demonios en forma
selectiva, según con quien estén tratando).

Era evidente que las dos chicas actuaban en forma bien calcu-
lada para separar a la pareja. La hija del señor M. hacía todas
aquellas cosas que sabía que enfadarían especialmente a la nueva
esposa de su padre, y su hijastra sabía perfectamente qué era lo
que más irritaba al señor M. El incidente que había aportado la
gota que colmó el vaso fue el asunto con la bicicleta de la hija de
la señora M. El señor M. trabajaba en un turno nocturno y cuando
llegaba a su casa a medianoche quería dejar la puerta del garaje

abierta para entrar sin más trámite. Una noche, por enésima vez, encontró que la bicicleta de su hijastra le estaba bloqueando el camino. A raíz de ello hizo una escena que involucró a toda la familia.

Persuadimos al matrimonio M. de que intentara un enfoque con el cual se concentraría en cuidar su propia relación, estar juntos codo con codo en lugar de enfrentados. Lo ideal sería que ambos aplicasen un método de disciplina uniforme, *dentro de lo posible*. Pero si no lo lograban, cada uno debía emplear el método que prefiriera(*). El problema de cada una de las chicas debía ser manejado por el padre o por la madre, indistintamente, dependiendo de quién lo notase primero. Y ni el padre ni la madre escucharían historias sobre lo malos que eran el padrastro o la madrastra. Además decidieron referirse a cada una de las chicas como "mi hija" y a pedirles a sus respectivas hijastras que los llamasen papá y mamá, en lugar de llamarlos por sus nombres de pila.

Los M. estaban muy motivados para salvar su matrimonio, ya que se trataba de una relación esencialmente buena. De modo que lograron modificar su conducta para con sus hijas. Por ejemplo, cierta vez, la señora M. anunció a ambas jovencitas: "Quiero que en la sala de juegos no haya platos sucios tirados". Después de las respuestas habituales que suelen recibir los padres de sus hijos en estos casos ("Yo no fui." "Ni yo tampoco."), logró que la casa se mantuviese razonablemente limpia y ordenada. Un efecto colateral importante fue que ella misma se dio cuenta de que, en realidad, el orden no le importaba todo lo que ella creía que le importaba. Daba mucho más importancia a una buena relación entre los integrantes de la familia.

El padre anunció a ambas chicas que si veía alguna bicicleta bloqueándole el paso cuando quisiera entrar con su coche al garaje, no se fijaría de quién era: las despertaría a las dos para que bajasen a guardarlas. Y lo hizo. Como se podrá usted imaginar, las bicicletas pronto fueron guardadas en el lugar correspondiente.

El señor y la señora M. están casados ahora desde hace siete años, y las dos hijas mayores ya son grandes. Las adolescentes

(*) En todo nuestro trabajo, enfatizamos siempre que no es necesario que los padres adopten una actitud uniforme frente a sus hijos, siempre y cuando no se saboteen mutuamente en forma deliberada. Por ejemplo, las bicicletas eran el problema del Sr. M. Si el que las mismas estuviesen tiradas en el medio del garaje no molestaba a la Sra. M., ella podía (y debía) perfectamente ignorar ese problema y dejar que las chicas lo solucionasen con el Sr. M. Por supuesto que no debía tampoco alentar a las niñas a que dejasen sus bicicletas tiradas en cualquier lado —eso hubiese sido sabotaje— sino que simplemente debía mantenerse apartada del problema, asumiendo una actitud neutral.

pronto dejaron de lado su conducta provocativa y tanto el padre como la madre comenzaron a sentir afecto profundo hacia ambas muchachas. El favoritismo desapareció. Los padres son muy felices juntos, y muy felices también con sus tres hijas. Las jovencitas desde hace mucho tiempo abandonaron la conducta tendiente a dividir a los padres, y se sienten muy cómodas con su familia.

Un segundo matrimonio que no funcionó

No todas las familias constituidas después de un "segundo matrimonio" son tan exitosas como la de los M. La familia L. no funcionó.

El señor y la señora L. trajeron cada uno un hijo de 14 años a su nuevo matrimonio. Uno de ellos, el hijo del señor L., desarrolló una actividad particularmente intensa con el objetivo evidente de causar problemas entre los padres. Era extremadamente hosco y malhumorado con su madrastra, y cuando hablamos con él a solas dijo con toda claridad que quería que su propia madre y su padre se uniesen de nuevo, aunque sabía que eso era algo muy poco probable. También dijo que a pesar de que su madrastra lo tratase tan bien como trataba a su propio hijo (y él opinaba que lo trataba en forma excelente), él no se comportaría mejor con ella.

Aun cuando cada uno de los padres reconoció claramente que el comportamiento de los dos muchachos —especialmente del hijo del padre— estaba separándolos, no fueron capaces de modificar su manera de tratarlos, es decir, transfiriendo las responsabilidades por sus propias acciones a sus hijos, y mantenerse unidos como un buen equipo para solucionar los ítem que afectaban su vida de adultos, máxime teniendo en cuenta que éstos eran tan serios que deterioraban su relación. En este caso, el principal problema eran la displicencia y el mal humor de uno de los muchachos en presencia de su madrastra. Sin embargo, los padres no lograron cambiar de actitud y, en el momento en que estamos escribiendo esto, están al borde de la separación.

Un esfuerzo a largo plazo

La señora Z. tenía el hábito de ignorar sus propios deseos y concentrar la mayor parte de su energía en controlar la vida de su hijo. Su historia demuestra que aun los hábitos más arraigados pueden ser cambiados con el tiempo, y que de ese cambio resulta una mejor calidad de vida.

La señora Z., programadora de computación, había criado sola a su hijo Ted (14 años), prácticamente desde su más tierna infancia. Su padre hacía mucho que se había ido, y nadie sabía nada de su paradero. La señora Z. también tenía una malformación en una pierna, lo que significaba que, a no ser que se tratase de distancias muy cortas, tenía que andar con muletas. Invertía mucha energía preocupándose sobre si Ted le "salía bien", y tenía una imaginación sumamente exagerada. En un principio nos llamó por teléfono para pedir ayuda para Ted, porque temía que dejase embarazada a una chica de 11 años que vivía en el departamento de al lado. No tenía pruebas de ningún tipo de que entre los dos chicos hubiese relaciones sexuales, y cuando nosotros analizamos el caso tal cosa nos pareció altamente improbable. Sin embargo, ella seguía fantaseando y preocupándose, pensando qué sucedería en caso de que esa chica realmente quedase embarazada: si ella sería responsable; qué sucedería con Ted; qué haría la otra madre, y así sucesivamente. Se imaginaba que todo el mundo en la ciudad iba a enterarse del asunto por los diarios; que dirían que Ted era el padre de la criatura; que tendría que casarse con la chica y no terminaría el colegio; que tendría que vivir toda su vida como un obrero por falta de preparación, etcétera, etcétera. Otro problema que la preocupaba tenía que ver con la forma en que ambos convivían, y que Ted no colaboraba para nada con las tareas de la casa. A causa de su pierna defectuosa no le era posible llevar mucho peso ni sacar la basura, y tenía dificultades en limpiar la bañadera. Estas y otras tareas de limpieza habían sido establecidas como obligaciones de Ted, pero él siempre lograba rehuir las mismas.

Ted pareció un chico básicamente sano y estable, con una leve tendencia a hacer travesuras, pero, en términos generales, normales y confiables. Andaba bien en el colegio, y se buscaba trabajos ocasionales, tales como cortar el césped, por iniciativa propia. Su principal problema era que su madre lo controlaba tan estrictamente que tenía la sensación de estar prisionero, de no poder manejar su propia vida. Aun cuando conseguía sus pequeñas changas, su madre lo presionaba para asegurarse de que haría el trabajo exactamente como ella consideraba que debía hacerse, de que el cliente quedase completamente satisfecho. La madre temía y se preocupaba porque alguien no estuviese conforme con lo que su hijo hacía.

La señora Z. tuvo que hacer muchos sacrificios personales a fin de criar a su hijo, y, a lo largo de los años, se había concentrado total y absolutamente en la vida y en el bienestar de Ted, olvidando casi por completo cuáles eran sus propios deseos. En nuestro trabajo con ella, la apoyamos en la dificilísima tarea (para ella) de dejar de controlar la vida de su hijo y, en lugar de ello, asumir la responsabilidad de ser feliz ella misma.

Trabajamos con la señora Z. durante mucho tiempo. A lo largo de aproximadamente dos años fue cambiando muy gradualmente y, poco a poco, le fue posible dejar que Ted manejase su propia vida. Cada nuevo ítem que encarábamos era para ella una lucha terrible. Ted quería empezar a trabajar. Quería ir de campamento con un muchacho mayor, que ella reconocía como competente y experto en campamentos y con quien además ella simpatizaba. Ted quería llevar a una chica al cine. Quería rendir un examen de ciencias. Cada una de estas cosas la preocupaba, y realmente era genial en imaginar todo tipo de catástrofes exóticas que podrían ocurrir. Sin embargo, fue encarando la modificación de sus actitudes ante cada problema a medida que los mismos iban surgiendo. Y al cabo de dos años pensaba con cierto irónico humor en su anterior personalidad. Podía reírse al recordar su preocupación de que Ted dejase embarazada a la pequeña vecinita, y sentirse satisfecha de que realmente su hijo se estuviera convirtiendo en un muchacho muy agradable, a pesar de que ella había dejado de controlarlo y él estaba haciendo las cosas a su manera.

Durante ese período, incluso aprendió a cuidar mejor de ella misma y de su propia vida. Descubrió que le encantaba salir los fines de semana con dos amigas, y comenzó a hacerlo regularmente. Le gustaba mucho ir al teatro y a conciertos, y compró dos abonos para una temporada. Si Ted tenía ganas —lo que se daba a menudo—, la acompañaba. De lo contrario, buscaba a otra persona que quisiese ir con ella. Consiguió un modesto cambio en el trabajo que le permitía una mayor satisfacción laboral. Tomó conciencia de que odiaba el departamento en que vivía y se mudó a uno más bonito. Le dijo a Ted que necesitaría una ayuda adicional de su parte para pagarlo, y Ted, quien también deseaba vivir mejor, accedió entusiasmado.

Ted tiene ahora casi 17, está terminando su colegio secundario y durante todo el último año estuvo trabajando en una cafetería por la noche, donde hoy es encargado. A veces remolonea cuando se trata de sacar la basura, pero generalmente basta con que su madre se lo recuerde una vez para que lo haga. La limpieza de la bañera se ha solucionado con el cambio de vivienda, ya que el nuevo departamento tiene una ducha, cosa que ambos prefieren. Madre e hijo conviven muy armoniosamente. Ted se hizo de muy buenos amigos en su nuevo vecindario, y la madre los acepta de buen grado. A la señora Z. le llevó casi dos años llegar a aceptar de verdad que tanto para ella como para su hijo es positivo que cada uno asuma la responsabilidad por su propia vida, pero ahora está cosechando los frutos de ese esfuerzo.

LOS AUTORES

Jean y Bob Bayard son un equipo desde hace treinta y seis años. Ambos son psicólogos y tienen su consultorio en California. Han criado cinco hijos; cuando el menor de ellos alcanzó los dieciocho años, los Bayard habían pasado treinta y dos años consecutivos criando y educando hijos. A esa altura se puede decir que tenían experiencia de primera mano respecto de casi todos los problemas que se discuten en este libro.

Jean es psicoterapeuta y se especializa en ayudar a la mujer para realizarse en todo su potencial interior. Es escritora, estudiosa de la filosofía y apoya al movimiento Greenpeace y todo intento sincero de cuidar mejor al ser humano y a su entorno.

Bob, en un principio, era físico y gerente de investigación y desarrollo técnico. Esta tarea incluyó un año en Tailandia como experto en asesoramiento técnico para las Naciones Unidas. En 1975, a la edad de cincuenta y cinco años, se graduó de doctor en psicología, y desde entonces viene trabajando con su esposa como psicoterapeuta. Se especializa en problemas de la pareja y de la familia.